高等院校**通识教育**"十三五"规划教材

大学生就业与创新创业指导

张大汉 ⊕ 主编

崔晶晶 薛林 陈娜 李一 杜勇 ⊕ 副主编

人民邮电出版社

北 京

图书在版编目（CIP）数据

大学生就业与创新创业指导 / 张大汉主编. -- 北京：
人民邮电出版社，2021.3
高等院校通识教育"十三五"规划教材
ISBN 978-7-115-54184-0

Ⅰ. ①大… Ⅱ. ①张… Ⅲ. ①大学生－创业－高等学
校－教材 Ⅳ. ①G647.38

中国版本图书馆CIP数据核字(2020)第095011号

内 容 提 要

本书通过系统的知识和丰富的案例，详细分析了大学生在就业与创新创业过程中可能遇到的各种问题及相应的应对措施。全书分为就业篇和创新创业篇。就业篇的内容包括就业准备、面试与笔试、就业权益与保障、就业心理与调适、职业适应与职业发展。创新创业篇的内容包括创新意识与创新思维、大学生创业基础、创业的流程、大学生创业案例剖析、中国"互联网+"大学生创新创业大赛。

本书旨在引导大学生树立正确的就业和创业观念，帮助大学生合理地规划自己的就业和创业道路。

本书可作为高等院校"大学生就业与创新创业"课程的教材，也可供有志于创业的社会人士参考。

◆ 主　　编　张大汉
　　副主编　崔晶晶　薛林　陈娜　李一　杜勇
　　责任编辑　王亚娜
　　责任印制　王郁　马振武
◆ 人民邮电出版社出版发行　　北京市丰台区成寿寺路 11 号
　　邮编　100164　电子邮件　315@ptpress.com.cn
　　网址　https://www.ptpress.com.cn
　　北京七彩京通数码快印有限公司印刷
◆ 开本：787×1092　1/16
　　印张：14　　　　　　　　2021 年 3 月第 1 版
　　字数：339 千字　　　　　2024 年 9 月北京第 7 次印刷

定价：36.00 元

读者服务热线：**(010)81055256**　印装质量热线：**(010)81055316**
反盗版热线：**(010)81055315**
广告经营许可证：京东市监广登字 20170147 号

本书编委会

主　编：张大汉

副主编：崔晶晶　薛　林　陈　娜　李　一　杜　勇

编　委：周　欢　王宗尧　羊　枫　杨　静　张　敏
　　　　吴明阳　敬　雯

前　言

PREFACE

　　大学生有朝气、有激情、有梦想，敢于拼搏，并且拥有一定的专业知识与专业技能，是现代化建设的生力军。各级政府针对大学生在就业与创业过程中遇到的问题，采取了很多措施扶持与帮助大学生；各高校也都开设了"大学生就业与创新创业"课程指导大学生，并对课程给予了越来越高的重视。本书就是为相关课程编写的教材，旨在帮助大学生了解我国的就业形势，熟悉就业创业政策，树立科学的、符合我国国情和市场规律的就业观念，并在此基础上不断地完善自我，培养自己的创新意识和创新思维。

　　本书分为就业篇与创新创业篇两篇。

● 就业篇

　　就业篇主要针对大学生在就业方面遇到的问题，对就业准备、面试与笔试、就业权益与保障、就业心理与调适、职业适应与职业发展等内容进行了介绍。这些内容具有很强的实用性，能为大学生就业提供有效的指导，对大学生就业具有十分重要的意义。

● 创新创业篇

　　创新创业篇诠释了创新思维与创新意识的内涵，并针对大学生在创业过程中遇到的实际问题，提供了较全面的指导。本篇重点介绍了创新意识与创新思维、大学生创业基础、创业的流程、大学生创业案例剖析、中国"互联网＋"大学生创新创业大赛等内容。

　　本书具有以下特点。

　　（1）内容与时俱进。本书内容除涵盖传统的就业与创新创业知识外，还补充了中国"互联网＋"大学生创新创业大赛的内容，帮助大学生丰富知识面，紧跟时代发展的步伐。

前　言

PREFACE

　　（2）案例真实生动。本书含有大量案例，包括大学生就业案例、创业案例等。这些案例真实生动，具有很强的可读性和参考性，大学生可以进行借鉴。

　　（3）知识容量有效扩充。读者可以通过扫描书中的二维码获取相应的拓展资料，包括拓展知识、相关模板、测试题等。

　　本书由张大汉任主编，崔晶晶、薛林、陈娜、李一和杜勇任副主编。

　　本书在编写过程中，参考和使用了有关资料，在此谨向这些资料的作者致以诚挚的谢意。

编　者

2020 年 12 月

目　录

CONTENTS

就业篇

第一章

就业准备　//2

第二章

面试与笔试　//31

目　录

CONTENTS

目　录
CONTENTS

创新创业篇

第六章

创新意识与创新思维　　// 99

第七章

大学生创业基础　　// 115

目 录

CONTENTS

目　录
CONTENTS

PART 01

就业篇

主要内容：

◆ 就业准备；

◆ 面试与笔试；

◆ 就业权益与保障；

◆ 就业心理与调适；

◆ 职业适应与职业发展。

第一章
就业准备

网络信息时代的人才竞争日益激烈，为即将到来的就业做好充分准备已成为大学生学习和生活中非常重要的内容。大学生如果在大学期间不进行充分且有效的就业准备，势必会造成时间和精力的浪费，甚至不能成功就业。因此，大学生应该从踏进校园的那一刻起就开始为将来的就业做准备，努力争取和创造属于自己的就业机会。

学习目标

◆ 了解大学生的就业形势。
◆ 了解大学生就业的主要途径和求职过程。
◆ 了解大学生提升职业能力的方法。
◆ 掌握自荐材料的制作方法。

案例导入

张静和江明华都是某大学动漫设计专业的大四学生。张静在大四下学期就在一些大型的人才招聘网站上注册了账号，向一些游戏公司和网络公司的人事部门发送了自己的个人简历。与此同时，张静还参加了专业的动漫设计培训班，并参与了一些公司商业项目的制作。这不仅让张静学习到前沿的动漫制作技术，而且提高了她的艺术修养，开阔了她的视野。没过多久，张静就收到了很多单位的面试通知。由于她对动漫制作行业的理解较为深刻，最终获得了某大型网络公司的录取通知。

江明华的经历则与张静不同。江明华在大四上学期参加了研究生入学考试，但由于专业成绩不理想，最终未能通过。江明华性格外向，喜欢与人交际，且具有一定的管理能力，所以她决定放弃原本的动漫设计专业，转向工商管理。江明华经过不懈努力，最终成功通过了某财经大学工商管理专业的研究生招生考试。

从以上两个案例中可以看出，每个大学生对自己的未来都有不同的期望与判断，无论选择哪一种就业途径，都没有绝对的"对"与"错"，关键在于大学生是否对自己有清晰的认识与分析，以及做出就业选择之后，是否做了相应的努力。张静就是在做好专业知识准备的同时，利用多种方式提升自己，积极就业；而江明华则是根据自己的特长，选择了继续深造。由此可见，大学生就业前所做的准备，对于个人今后的就业、创业而言，是必不可少的重要工作。

第一节 大学生的就业形势

就业形势反映了一段时间内就业市场的整体趋势，不同阶段、不同时期，就业形势都会有所不同，大学生应理性地分析与应对。

一、就业现状

目前，影响就业形势的重要因素包括逐年上升的毕业生人数、就业需求的结构性变化、专业需求的变化等。下面对大学生的就业现状进行简要介绍。

1. 人力的供给与需求存在矛盾

随着我国高等教育的不断发展，以及人们对文化教育重视程度的不断提高，高等教育进入大众化时代。普通高校都进行了大规模扩招，高校毕业生人数快速增长。图 1-1 所示为 2010—2019 年 10 年间我国高校毕业生的人数。从图中可以看出，2018 年高校毕业生人数突破 800 万人，2019 年则达到 834 万人。自 2010 年以来，全国高校毕业生人数按照 1.7% ~ 4.6% 的增长率逐年增长，10 年间高校毕业生总人数达 7360 万人。

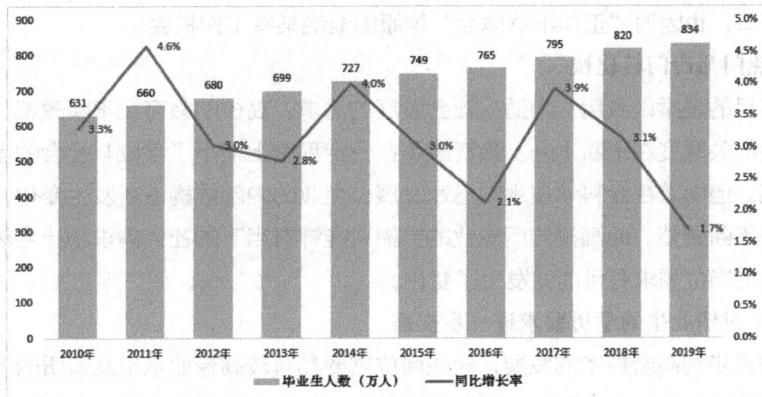

图 1-1 2010—2019 年高校毕业生人数统计

与此对应的是，作为人力的需求方，国有大型企业的转型，打破了传统的分配供给制，中小型企业对人才的要求也日益精细化，大学生慢慢失去了学历的优势。

阅读材料

不要好高骛远

郭铭莱是某大学市场营销管理专业的本科生。临近毕业，一家大型国企来学校招聘市场营销专业的大学生。除了几个已经找到不错工作的学生，几乎所有市场营销专业的大学生都参加了这场招聘会，就连其他专业的同学也蜂拥而至。最后，这家企业只在郭铭莱所在班级上挑选了 3 名学生，剩下的同学只能失望而归。

后来，陆续有一些企业来学校招聘市场营销专业的大学生，但每次只招聘两三个人，有时还要求研究生学历。郭铭莱测算了一下，企业来学校招聘市场营销专业本科生的总人数只有 20 人左右，只占总人数的 1/3。于是郭铭莱放低了对企业性质、薪酬的要求，终于找到了一份工作。

2. 就业需求发生结构性变化

就业需求的结构性变化主要体现在用人单位需求的变化与大学生的职业价值取向和就业观的变化两个方面。

（1）用人单位需求的变化

发达地区、省会城市、北上广等地区为大学生提供了良好的生活环境和较好的发展前景，从而成为人才的主要输入地，也是大多数大学生首先考虑的工作目的地。因此，这些地区的人才竞争激烈，很多大学生未能有效就业。与此相反，在离省会城市相对较远的三线城市会有些岗位招不到大学生。

（2）大学生的职业价值取向和就业观的变化

大学生的职业价值取向和就业观的变化也在一定程度上影响了大学生的就业。

据北京市社会科学院经济科学研究所在《中国教育报》上公布的调查结果，在选择用人单位时，更多的大学生倾向于选择去大城市、大企业就业。虽然有的用人单位缺少某些专业的人才，一些大学生即使专业对口，也因为"工作不够体面"等原因拒绝某些工作机会。

3. 专业的热门与冷门转化快

学习的最终目的是学以致用。为适应社会发展的需求，高校的教育在不断改革，其专业设置、课程设置与社会的关联度在不断上升。教育改革在一定程度上缩小了学校与社会的差距，缩短了理论与实践的距离。但随着社会科学技术的迅速发展，企业的内部结构不断发生变化，岗位的设置、人员的需求都在不断调整。而高校热门专业的扩招只能针对当下的社会需求和社会热点，等到大学生毕业时，企业的岗位需求有可能就发生了变化。

4. 用人单位对毕业生的学历要求进一步提高

随着社会的进步与高新技术的发展，一些岗位需要具有较高专业水平及素质的人才。从近年各地专门针对毕业生举办的双选会来看，用人单位对毕业生的学历提出了更高层次的要求。

5. 用人单位对毕业生的综合能力要求高于学习成绩

随着社会经济的发展，用人单位的择才观念也在发生变化。调查显示，除了专业能力要求，用人单位还对毕业生提出了明确的非专业能力的要求，依次为环境适应能力、人际交往能力、自我表达能力、专业能力、外语能力等。综合能力已成为影响大学生成功就业的直接因素。

二、就业意识

当代大学生的就业意识不强也是造成其就业困难的原因之一。

大学生提高就业意识的前提是，首先要对自己有一个客观而准确的定位，然后再通过以下方法来提高自身的就业意识。

①大学生要及时了解和掌握最新的就业形势、政策和信息，培养积极乐观的就业心态，制定科学合理的就业期望值，树立正确的就业观。

②大学生要学会全方位地获取各种就业信息，比如，通过网络平台、各种现场招聘会等，或专业老师、校友的信息资源，还可以在实习期间与实习单位的人事部门进行沟通，深入挖掘就业信息，然后再根据自身的情况进行选择，做到有的放矢。

③大学生要学会调适自身的心理，注重身心健康，在就业、择业的过程中树立正确的世界观、人生观和价值观，减少优越感，做好到基层支援西部、服务农村等的就业准备。

④大学生要培养发散思维，勇于创新，将自己在大学期间所学的知识与社会需求进行有机结合，并钻研相关的创业扶持政策，寻找新的商机，敢于创业，以创业带动就业。

三、求职计划

进入大学校园后，有些大学生的目标很明确，或考研或在毕业后就业；但有些大学生对未来还很迷茫，不知道自己毕业后应该从事什么样的工作。对未来缺乏规划的大学生，在面对日后的就业压力时就会感到手足无措。因此，大学生需要做好求职计划，在制订求职计划之前需要做好以下准备工作。

1. 正确地进行自我规划

首先，大学生要树立正确的职业理想，根据职业目标规划自己的学习和实践内容；其次，大学生要客观地进行自我认识和职业分析，对自己的性格、兴趣、技能及价值观进行全面的分析，正确认识自己的优势和劣势；再次，大学生需要根据职业和社会发展的需求，构建合理的知识结构；最后，大学生要培养职业所需的素质和技能，这样才能在未来的职业生涯中不断成长。

2. 培养适应社会的能力

时代在前行，行业的发展充满了各种各样的变数。因此，大学生要积极主动地适应社会和环境的变化，而不是消极等待。在不影响专业知识学习的基础上，大学生要积极地走向社会，融入社会，这样才能在步入岗位前缩短自己的适应期，并在以后的职业生涯中迅速进入职业角色。

3. 保持正确的择业心态

大学生要破除传统的就业观念，实现就业多元化。例如，有的大学生将公务员作为首选，也有的大学生立志进入世界 500 强企业。大学生要正确地认识自己，不盲目攀比，不好高骛远，树立"人职匹配"的大众化就业观，保持平常心，这样才可能实现阳光就业。

大学生在制作求职计划时，首先要确定求职意愿目标，然后针对自身的条件和意愿目标的要求进行分析和评估，最后再制订详细的求职计划。

例文   **求职计划**

一、目前的求职计划

1. 通过××网站向××公司发送自己的简历及自荐信。

2. 注明自己是××专业，以及自己应聘的岗位和薪资期望。

3. 打电话了解该公司具体的用人条件，咨询是否有可能被录用。

4. 培养自己的人际交往能力、语言表达能力、逻辑思维能力和沟通能力，提高自己的职业素养，强化求职心理素质，相信自己能成功。

二、近期的求职计划（1～2年）

1. 树立正确的就业观，先就业后择业，脚踏实地。

2. 通过学校的就业指导中心、网络等多种途径收集就业信息，加大简历的投递量。

3. 通过学校的双选会、大型人才招聘会，尽可能地寻找一份和自己所学专业相关的工作。

三、长期的求职计划（3～5年）

1. 加强身体锻炼，继续通过各种渠道寻找合适的工作。

2. 巩固专业知识，拓宽知识结构，以便扩大自己的就业途径。

3. 扩大自己的人际交往圈。

4. 一切从实际出发，树立可行的目标，朝着目标努力奋斗。

四、就业帮扶政策与措施

虽然大学生在就业时可能会面临各种困难，但是也拥有很多机遇。无论是国家出台的各种鼓励与支持政策，还是各高校和各单位提供的机会平台，对大学生来说都是很好的机遇。《教育部关于应对新冠肺炎疫情做好2020届全国普通高等学校毕业生就业创业工作的通知》的主要内容如下。

1. 强化担当，加强对高校毕业生就业工作的组织领导

① 强化统筹部署。各地各高校要强化组织领导，把促进高校毕业生就业摆上领导班子重要议事日程。各省级教育部门要深入研判本地高校毕业生就业形势，抓紧制定本地促进高校毕业生就业工作方案，加强工作部署和对高校的督导检查，确保本地高校毕业生就业局势稳定。

② 强化部门协同。要充分发挥各省（区、市）就业工作领导小组的统筹协调作用，教育部门要

主动协调并会同人力资源社会保障、发展改革、卫生健康、公安、财政等部门，加强工作协调和信息沟通，把高校毕业生作为公共就业服务的重点群体，充分用好公共就业人才服务资源，共同制定稳定高校毕业生就业的政策措施，合力促进毕业生就业创业。

③ 强化高校责任。各高校要把做好毕业生就业工作作为当前一项紧迫的政治任务，认真落实"一把手"工程，主要负责同志要亲自部署，分管领导要靠前指挥，院系领导要落实责任，进一步健全校内相关机构分工负责、协同推进、院系联动、全员参与的工作机制。要主动作为，细化本校就业工作安排，精心组织就业活动。及时掌握毕业生求职心态和就业进展，帮助学生解决就业过程中面临的困难和问题，充分体现对毕业生的关心关爱。

2. 创新方式，提升网上就业服务能力

④ 组织网上就业大市场。教育系统在疫情没有得到有效缓解之前，要暂停举办各类高校毕业生现场招聘活动。要充分利用部、省、校三级联通的就业网络体系以及社会招聘网站，联合举办"2020届高校毕业生全国网络联合招聘——24365校园招聘服务"活动（24小时365天招聘活动），各地各高校要组织毕业生积极参加上述网上招聘活动。要建立严格的信息审核机制，确保招聘单位及岗位信息真实准确。各高校要及时发布毕业生学科专业及生源信息，多渠道主动联系用人单位，充分发挥学术资源、校友资源作用，调动辅导员、班主任、专业教师、研究生导师等，举全校之力为毕业生提供就业信息和服务。

⑤ 优化网上就业服务。各地各高校要加快建设"互联网＋就业"智慧平台，丰富和完善线上业务办理相关功能，加快与人力资源社会保障部门招聘网站链接与信息共享，鼓励毕业生和用人单位通过网络进行供需对接。有条件的地区和高校要根据毕业生求职意愿和用人单位需求，实现人岗信息智能匹配、精准推送。积极推动实行网上面试、网上签约。要利用网络为留学回国毕业生提供便捷的学历学位认证服务，做好相关就业信息服务。

⑥ 强化线上就业创业指导。充分利用各类国家、省和高校教育资源，开发、共享一批线上就业创业精品课程和就业创业讲座视频，方便毕业生点播观看。汇总发布各地各高校毕业生就业创业政策汇编及就业创业网站等信息，方便毕业生查阅使用。

3. 拓宽渠道，促进毕业生就业并增加升学深造机会

⑦ 促进毕业生多渠道就业。各地各高校要积极配合有关部门组织好"特岗计划""大学生村官""三支一扶""西部计划"等基层项目以及事业单位、国有企业招聘，并及时发布调整后的笔试面试时间等信息。聚力服务脱贫攻坚和乡村振兴战略，引导毕业生到中西部地区、东北地区、艰苦边远地区基层，到现代农业、社会公共服务等领域就业创业。落实好基层就业学费补偿贷款代偿、考研加分等优惠政策。建立校企合作对接平台，在重点区域、重大工程、重大项目、重要领域中加强人才供需对接。深入挖掘互联网、大数据、人工智能和实体经济深度融合创造的就业机会，充分利用平台经济、众包经济、共享经济等新经济形态平台，支持毕业生以新就业形态、灵活多样方式实现多元化就业。会同有关部门落实大学生创业优惠政策，加强创业平台建设，举办中国"互联网＋"大学生创新创业大赛，鼓励和支持更多毕业生自主创业。

⑧ 积极引导大学毕业生参军入伍。各地各高校要深入贯彻落实习近平总书记给南开大学新入伍大学生回信精神，配合兵役机关落实好国务院、中央军委关于今年征兵工作部署，针对毕业生群体

开展精准宣传动员和重点征集。

⑨ 加大高校毕业生补充教师队伍力度。各地教育部门要积极会同有关部门，通过挖潜创新、统筹调剂等多种方式加强编制配备，招录更多高校毕业生到中小学、幼儿园特别是到急需教师的高中和幼儿园任教，落实应届公费师范生全部入编入岗，补齐缺口满足发展需要。

⑩ 持续推送大学生到国际组织实习任职。要加大政策支持力度，及时收集发布国际组织招聘信息，组织开展专家讲座、训练营、国际交流等活动，进一步拓宽实习任职渠道。

⑪ 增加毕业生升学深造机会。扩大今年硕士研究生招生规模，主要向国家战略和民生领域急需的临床医学、公共卫生与预防医学、集成电路、软件、新材料、先进制造、人工智能等相关学科和专业学位类别倾斜，向中西部和东北地区高校倾斜。扩大今年普通高等学校专升本规模，主要由职业教育本科和应用型本科高校向产业升级和改善民生急需的专业招生，向电子信息类、计算机类、生物医学工程类和预防医学、健康服务与管理、应急管理、养老服务管理、护理等专业倾斜。

4. 关心关爱，做好重点群体就业帮扶

⑫ 加强思想教育和就业心理辅导。针对当前就业形势和疫情影响，各地各高校要及时了解掌握毕业生思想动态和心理状况，有针对性地开展教育引导工作。有条件的地区和高校要开通就业心理咨询和就业帮扶热线，疏导毕业生就业焦虑情绪，缓解就业心理压力。

⑬ 强化湖北等重点地区和重点群体就业帮扶。扩大农村义务教育阶段学校教师特设岗位计划在湖北高校招募规模。配合有关部门，增加中央基层项目在湖北高校的招募计划。更大力度扩大湖北省普通高校专升本招生计划。举办面向湖北高校以及湖北籍学生的专场网上招聘活动，高校要协调用人单位适当延长招聘时间、推迟体检时间、推迟签约录取。同时，高校要全面掌握建档立卡贫困家庭、身体残疾等毕业生情况，实行分类帮扶和"一人一策"动态管理，优先推荐岗位。

5. 规范管理，提升就业工作服务水平

⑭ 维护毕业生就业权益。各地各高校要坚决反对任何形式的就业歧视，在教育系统招聘活动中，不得发布拒绝招录疫情严重地区高校毕业生的招聘信息，严禁设置性别、民族等歧视性条件和院校、培养方式（全日制和非全日制）等限制性条件。加强对学生的就业安全教育，严密防范招聘陷阱、就业欺诈、"培训贷"等不法行为，并配合有关部门予以打击。

⑮ 改革完善就业统计制度。加强高校毕业生就业状况统计监测，启动高校毕业生就业状况布点监测工作。各高校要严格遵守就业签约工作"四不准"要求（不准以任何方式强迫毕业生签订就业协议和劳动合同，不准将毕业证书、学位证书发放与毕业生签约挂钩，不准以户档托管为由劝说毕业生签订虚假就业协议，不准将毕业生顶岗实习、见习证明材料作为就业证明材料），确保数据真实准确。我部将委托第三方对就业信息进行核查，各地也要建立就业状况核查机制，对发现的弄虚作假情况，要依法依规对相关责任人员严肃问责。

⑯ 健全就业状况反馈机制。启动毕业生和用人单位大规模线上跟踪调查，并及时将调查结果反馈高校招生、学科专业设置和人才培养工作，促进高校专业结构调整和人才培养模式改革。

⑰ 适当延长毕业生择业时间。各地各高校可视情况适当延长就业签约时间，及时为已落实工

作单位的毕业生办理就业手续。要配合有关部门引导用人单位推迟面试和录取时间，对延迟离校应届毕业生推迟报到、落户等时限。要与人力资源社会保障部门做好离校未就业毕业生信息衔接和服务接续工作，为离校未就业毕业生持续提供就业服务。对离校时未落实工作单位的高校毕业生，可按规定将户口、档案在学校保留两年，并为落实单位的毕业生按应届毕业生身份及时办理就业手续。

> **提醒**
>
> 　　即将就业的大学生应随时查看学校公布的就业信息，把握就业机会。同时，大学生需要多关注地方的就业网站信息，了解地方出台的就业支持政策。

五、科学的就业方法

　　在当前的就业形势下，大学生应该怎样应对呢？大学生除了要具备良好的心理素质，还应掌握科学的就业方法。

1. 认清就业形势，把握就业时机

　　大学生应理性地看待目前的就业形势，把握社会发展的趋势。我国不断发展的经济给大学生带来了新的机遇和挑战，国家也出台了一系列政策大力促进就业。对这些机遇和挑战，大学生既要积极把握，又要理性选择，切忌盲目跟风，要全面冷静地分析自身的情况和社会发展趋势，调整心态，不断地充实自己，把握就业机会。

2. 提升个人能力，增强就业竞争力

　　目前，用人单位对人才的要求越来越高，大学生在校学习期间，除了努力学习专业知识，还必须培养良好的职业道德，树立正确的世界观、人生观和价值观。

　　大学生还应当具有创新精神，培养灵活的思维方式，面对激烈的社会竞争，能视变化为机遇、视困难为挑战，对生活和未来充满期望、充满热情。同时，大学生还要注重提升个人能力，这些能力包括处理信息的能力、处理人际关系的能力、系统看待事物的能力、处理人与资源的能力、运用技术的能力等。只有这样，大学生才能在就业时更具竞争力。

3. 找准自己的位置

　　大学生在择业中最为重要的是找准自己的位置，将目标落实到一个具体的工作岗位。要选择适合自己的岗位，首先要从搜集信息入手——信息越多，选择的余地就越大；信息越可靠，越有利于自己做出决定。

　　其次，大学生要善于筛选信息。筛选信息要从主客观两个方面着手：从主观来讲，大学生要考虑自己适合哪些单位、哪些职业；从客观来讲，大学生要考虑用人单位的工作性质、发展前景、人才结构、需求情况等是否与自己的预期相符。只有综合考虑主客观因素，大学生才能在择业的过程中不迷失方向，通过理性的"双向选择"寻找到适合自己的工作。

第二节　艺术类毕业生的就业形势

近年来随着高等教育的不断发展，报考艺术类专业的大学生越来越多。下面将介绍艺术类毕业生的就业现状、就业挑战与机遇。

一、艺术类毕业生的就业现状

艺术类毕业生作为高校毕业生中比较特殊的一个群体，就业面相对狭窄，这就使艺术类毕业生的就业形势相对困难。究其原因，主要有以下 3 个方面。

1. 社会及就业体制因素

近年来许多高校纷纷开办艺术专业以吸收更多的生源，促使艺术类毕业生人数增加，导致供需关系不平衡，这是造成艺术类毕业生就业难的原因之一。

2. 艺术市场自身的特点

通常情况下，个体的基本生活得以满足是其进行精神文化消费的前提，精神文化消费需求的增加，则是导致艺术市场形成和发展的前提。但是，目前大众精神文化消费需求还不足以形成规模，艺术类毕业生从事艺术表演的市场需求较小。

3. 艺术类毕业生的自身因素

社会需要基础扎实、能力强、素质高的毕业生，而一些艺术类毕业生存在综合能力偏弱、自我定位不准确、就业心理准备不足等情况，这些都是影响就业的障碍。

（1）综合能力偏弱

由于艺术类专业的特点，一些大学生在校期间更注重专业知识的学习，忽视了文化课的学习，综合能力较差，如缺乏基本的语言表达能力和团队协作能力，这就使艺术类毕业生在就业、面试过程中失去了优势。艺术类毕业生的综合能力与社会要求尚有差距，还有一些艺术类毕业生不了解社会对人才的需求条件，这些都是造成艺术类毕业生就业困难的主要原因。

（2）自我定位不准确

相对于其他专业而言，艺术类专业的大学生在时间和金钱上投入较高，这就提升了艺术类毕业生择业时的心理成本，导致其就业期望值过高，趋向于高薪、专业对口和经济发达地区。但在供大于求的就业市场上，用人单位对艺术类毕业生的要求也越来越高。这种矛盾就形成了个人期望值和现实需求之间的较大差距。

据调查，很多艺术类毕业生把高校、专业艺术团体和中小学作为首选，然而这些单位的岗位设置大多处于饱和状态，能吸收的艺术类毕业生很少。大部分艺术类毕业生会选择演艺公司、设计公司或者在企事业机关从事业余的文艺演出，还有部分艺术类毕业生可能暂时处于失业状态或着手准备自己创业。

（3）就业心理准备不足

面对初次就业，有些艺术类毕业生缺乏足够的心理准备，不能在强大的就业压力面前及时调整心态，一旦遇到困难和失败，容易产生抑郁心理。有的艺术类毕业生过于自信，不善于全面地认识和分析问题，不能正确地剖析自我，当他们所追求的理想不能实现时，就会产生严重的失落心理。

二、艺术类毕业生的就业挑战与机遇

艺术类毕业生的就业既面临崭新的机遇，又面临严峻的挑战。

1. 面临的机遇

艺术类毕业生面临的机遇体现在以下两个方面。

（1）就业前景更加广阔

随着文化体制改革的不断深入，国家从政策和财力上对文化艺术事业的发展给予了大力支持，这必将促进文化产业的快速发展，社会对文化艺术人才的需求也将相应增长。为满足人们不断提高的文化生活需求，越来越多的行业需要专业人才，如动画行业、装饰行业。

又如，随着各类文化娱乐活动的逐渐升温，舞台美术专业人才已成为人才市场的稀缺资源。另外，市场对广播电视编导、视觉艺术方面的人才需求也一直呈上升趋势，如全国各电视台、电影制片厂、网络公司等影视单位。

（2）就业渠道更加多元化

文化体制改革的推进使艺术类毕业生的就业形式趋于多元化。文化体制改革的重点内容之一是推进经营性文化事业单位转制、加快国有文化企业公司改造和鼓励非公有资本进入文化产业。在这个大环境下，艺术类毕业生的就业途径和方式更加灵活多样。

除此之外，国家在促进文化产业大发展战略的同时，还制定了一系列鼓励高校毕业生自主创业和灵活就业的重要举措，这对于艺术类毕业生无疑是好的契机。实际上，有不少艺术类大学生在校期间就已经把课堂所学与市场需求相结合，在大二、大三时就开始做兼职工作。他们在毕业后如果没有找到满意的工作，就会选择灵活就业。

2. 面临的挑战

艺术类毕业生也面临其他专业毕业生的共性问题，如就业竞争激烈、就业地域差异明显等。

（1）就业竞争激烈

从全国范围来看，艺术类专业的发展如火如荼，大多数本专科院校都开设了艺术类专业，专业人才的市场竞争越来越激烈。目前，全国有将近100所院校开设了文化艺术管理类专业，而现阶段社会能提供的艺术管理类岗位却十分有限。这也是导致艺术类毕业生的就业竞争越来越激烈的主要原因之一。

（2）就业地域差异明显

艺术类毕业生在就业区域、就业单位性质的选择上依然存在明显的趋同现象，即"高薪酬、大城市、事业机关单位"，这些仍然是多数艺术类毕业生的首选。但实际上能够实现这种愿望的毕业生只有很小一部分。虽然也有不少的艺术类毕业生在择业时会考虑单位性质，但相对于单位性质而言，艺术类毕业生更看重地域，究其原因，主要是部分艺术类毕业生的就业期望值过高，不愿意选择到基层或偏远地区就业。

作为艺术类毕业生，要想改变当前就业难的局面就要转变就业观念，到基层建功立业，同时要努力学习，提高自身的综合素质，并转变自身的就业思维方式，树立先就业、后择业、敢创业的理念。

第三节　大学生就业的主要方式

面临求职择业的大学生，只有选择正确的就业方式才可能成功就业。当代大学生的就业方式是"自主择业，双向选择"，从过去的单一化走向多样化。下面分别介绍大学生就业的主要方式。

一、即时就业

即时就业指大学生在毕业之前，通过学校推荐或参加招聘会，与用人单位签订就业协议书，毕业后即到签约单位就业的就业方式。即时就业在当前的就业环境下，对大学生提高自信心、积累工作经验都是很有帮助的。目前，大学生实现即时就业的方式呈现多元化的趋势，主要表现为以下两种。

1. 供需见面，双向选择

"供需见面，双向选择"是大学生实现即时就业的重要方式。每年 11 月，各高等院校就会陆续举办用人单位和毕业生的供需见面会。毕业生和用人单位经过双向选择、相互确定后，签订《就业协议书》；或者毕业生直接进入用人单位实习，待毕业后，正式签订劳动合同，成为用人单位的正式员工。

2. 参加国家公务员考试，被录用就业

我国对国家机关行政人员实行公务员制度，国家每年都会招考公务员，因此，报考国家公务员也成为一部分大学生就业的渠道。

国家行政机关录用公务员，采取公开考试、严格考察、平等竞争、择优录取的办法。国家公务员录用考试包括笔试和面试两个环节。考试的内容根据公务员应具备的基本能力和不同职位类别分别设置。一般考试内容包括公共科目和专业科目，其中公共科目普遍包含"行政职业能力测验"和"申论"，专业科目则依据不同的职位类别分别设置。

二、延时就业

延时就业指大学生在毕业时未找到满意的工作，或由于其他原因暂缓就业，或先回家庭所在地，然后再就业的就业方式。

对最终需要踏上工作之路的大学生来说，可以延时就业，但不能一直延时。未及时就业，容易给他人留下"就业期望值过高"或"自身素质不高"的印象。有的大学生在择业过程中存在"等"和"靠"的思想，导致"延时就业"，造成"不就业"的情况，只好回家依靠父母，过"啃老族"的生活。

三、自主创业

自主创业已成为目前大学生一种新的就业途径。自主创业指大学生毕业后不是"寻求"工作，而是选择自己或与他人合作创办公司。自主创业将大学生从雇员的位置提升到雇主的位置，同时也对大学生的知识、能力和综合素质等方面提出了更高的要求。要实现自主创业，大学生应具有良好的自我认知能力、科学规划能力、团队管理能力、谈判能力、处理突发事件的能力、社会交往能力等多种能力。

为支持大学生自主创业，国家和地方出台了很多优惠政策，涉及融资、开业、税收、创业培训、创业指导等方面。根据国家有关规定，应届毕业生创业可享受免费风险评估、免费政策培训、无偿贷款担保、部分税费减免等优惠政策。

四、升学深造

升学深造主要包括参加全国硕士研究生招生考试、普通高等教育专升本考试、成人高等教育专升本考试、对口升学考试及高等教育自学考试等。大学生通过深造，一方面可以提高学历层次，另一方面也能缓解社会就业压力。每个大学生的学习能力、身体、经济等方面的条件都是不同的，要结合自己的特点和未来的职业规划，做出适合自己的选择。不管是选择就业还是选择升学深造，大学生都必须摆正位置、调整心态，要理性选择，不可盲目跟风，只有这样才有利于自身的发展。

五、国家项目就业

国家项目就业指大学生通过参加国家、地方的就业项目完成就业的方式，如"大学生志愿服务西部计划""三支一扶""一村一名大学生计划"等。这些项目不仅可以在一定程度上解决当前大学生就业难的问题，还可以让"高知阶层"深入农村，实现国家发展边远地区、缩小城乡差别和区域差别、促进社会全面协调发展的长远战略。

六、灵活就业

灵活就业包括从事自由职业、意向就业等，例如作家、自由撰稿人、翻译工作者、艺术工作者等。与传统的就业模式相比，灵活就业具有灵活性强、自由度大、适用范围广、劳动关系比较松散等特点。

灵活就业在一定程度上不同于正规的全日制工作，当事人与用人单位之间也没有稳定的劳动法律关系，工作内容与收入相对不稳定。同时，这类工作具有"非强制性"的特点，要求当事人有很强的自觉性。

七、出国留学与出国就业

出国留学指大学生毕业后去其他国家继续学习。如果想出国留学，必须参加对应的出国留学考试，如托福、雅思等，考试通过后可以申请拟就读的大学与专业。出国留学不仅对大学生的家庭经济条件是一种考验，对个人的生活、生存能力也是一种考验。

出国就业一般指出国劳务、劳务出口，主要指劳务出口国（输出国）向劳务进口国（输入国）提供劳动力或服务。劳务进口国主要以发达国家为主，如美国、德国、法国、瑞士、加拿大等；劳务出口国以发展中国家居多，如巴基斯坦、印度、菲律宾等。

一般情况下，大学生可以从电视、网络、报纸等媒体中获得各种招收出国劳务人员的信息。申请出国就业（出国劳务）必须具备以下条件。

① 具备进口国需要的专业技术、技能。

② 具备良好的道德修养，遵守进口国的法律和劳动纪律。

③ 具备健康的身体，能够适应进口国的气候环境和劳动环境。

④ 具备必要的语言能力，尤其是能直接和外方交流的外语水平。

第四节　求职过程

在求职过程中，大学生要把求职当成眼下最重要的事情，集中所有的精力去完成。为了实现成功求职，大学生可以把求职过程细分为 3 个阶段，即确定职业目标、寻找求职机会、梳理个人能力。

一、确定职业目标

确定职业目标是顺利找到一份工作的前提，如果职业目标不明，简历都不知道该投向何处，就更不要奢望面试了。那么，大学生怎样才能确定自己的职业目标呢？具体可以通过以下途径来实现。

1. 根据市场来确定

大学生对职业目标的确定一定要符合人才市场的供求规律和竞争法则。一般来说，市场流行的职位招聘量大，相对来说就业也比较容易；但缺点是有可能薪酬比较低，且由于入门标准相对较低，竞争也更激烈。

2. 根据专业来确定

大学生选择继续从事与本专业相关的职业，不仅在面试时占有优势，而且在以后的工作中也具有优势，用人单位在实际招聘中也非常注重这一点。尤其是专业技术类行业，比如财务、计算机、自动化、数据机床及机械设计制造等，用人单位都较为重视大学生的专业知识掌握情况。

3. 根据兴趣来确定

兴趣是最好的老师，也是成功最大的驱动力。大学生应首先确定一个大致的职业方向，再根据自己的兴趣来确定小方向，比如有的大学生喜欢挑战，且不满足现状，希望自己能在短期内获得较高的收益，那么从事销售工作是较好的选择；有的大学生比较喜欢按部就班的工作氛围，则从事文员工作更为合适。

4. 根据性格来确定

大学生可以在确定职业目标之前，先做一些性格测试，参考结果来确定职业方向。比如外向型的性格适合从事和人打交道的职业，比如销售、培训、公关等；内向型的性格适合从事偏技术性的职业，比如财务、软件开发、工程设计等。

通过上面的 4 个途径，大学生可以初步确定职业目标，缩小求职范围。

二、寻找求职机会

寻找求职机会不应随意而行，而应该采取正确的方式。大学生应该对自己进行评价，寻求个人与职业的平衡点。比如，大学生可以尝试回答下列问题。

① 我能做什么？

② 我喜欢做什么？

③ 我讨厌做什么？

④ 我的优势是什么？

⑤ 我应该在哪个方面加以改进？

⑥ 我需要改进我的知识结构和专业技能吗？

⑦ 我愿意远离家乡去工作吗？

大学生在对自己的技能、取向和利益做出回答后，再通过招聘网、招聘会等不同渠道找到符合自己要求的求职机会，并不断跟踪求职进展。在此基础上，大学生便可初步列出与自己的职业综合优势较匹配的用人单位的名单。

三、梳理个人能力

在求职之前，每一个大学生都应明确"我是一个什么样的人？我具备哪些能力？我将来想做什么？我能做什么工作？"等一系列的问题。梳理个人能力的目的，是认识自己、了解自己。因为只有充分地认识自己，大学生才能对自己的职业做出正确的选择，才能选定适合自己发展的职业生涯路线。要梳理的个人能力包括自己的学识、技能、思维方式等多个方面。

阅读材料　　职业迷茫

小蒋是 2018 年毕业的大学本科生，参加工作已有两年多了。刚毕业时，学校推荐小蒋到省城的一家教育机构从事方案制订工作。但由于小蒋的文笔不好，她始终没有做出让领导认可的工作成绩，工作压力也越来越大。于是，小蒋主动辞职了。她的第二份工作是在一家公司做文员，平时负责收发邮件、编辑文档之类的琐碎事务。小蒋感觉工作枯燥乏味且学不到什么东西，于是又辞职了。后来她又陆续找了几份工作，都和前两份工作性质差不多。目前，小蒋在一家外企做经理助理，对于这份工作，小蒋还比较满意。

最近同学聚会，小蒋发现周围的老同学个个都比自己强，以前在学校成绩比她差的同学，现在都已经当上经理了，有的同学还自己开公司。小蒋越想越自卑，可想来想去，除了文员、经理助理，也想不出其他自己可以胜任的工作了。她该怎么办呢？

　　本案例是典型的"职业迷茫"问题。小蒋应该先客观地认识自己的能力，然后再根据自己的性格、兴趣爱好、特长等来选择与之匹配的职业。

第五节　提升职业能力

　　职业能力是个体多种能力的总称，比如一位成功的企业家除了要具备企业管理能力，还要拥有决策能力、创新能力、识人用人能力、应变能力、社交能力和表达能力等。这些能力的总和，就称为企业家的职业能力。那么，职业能力究竟是什么呢？下面将进行介绍。

一、职业能力概述

　　职业能力指一个人完成工作任务，从事与职业相关的活动所必备的本领。它与人的职业活动紧密相连，是在人的职业活动中能得到发展的一种心理特征。简单来说，职业能力就是个体从事职业活动的能力。职业能力的高低决定一个人能否胜任工作以及进入工作状态的快慢。与职业相关的能力大体可以分为以下3种。

1. 一般职业能力

　　一般职业能力指与各种岗位、各种职业有关的共同能力，适用于广泛的职业活动，能满足多种职业的需求。一般职业能力通常与人的思维、感知和意识联系在一起，具有抽象性，如观察能力、想象能力、记忆能力等。简单来说，可以把一般职业能力等同于人的智力。

2. 专业职业能力

　　专业职业能力是职业能力中的核心能力，指个体从事某种具体的职业时必须具备的能力。如今社会职业分工越来越细，一般职业能力越来越难以满足工作的精细化需求，这就要求个体具有更高水平的专业技能。尤其是专业技术岗位，扎实的专业基础是最重要的。

　　比如，作为一名工程师，就必须掌握工程经济、工程法规和工程管理实务等相关专业知识与技能。作为一名大学生，应该提高自己对专业知识的重视程度，稳扎稳打地学好专业基础知识，并时刻关注与专业相关的最新动态。

3. 特殊职业能力

　　特殊职业能力指一个人在具备专业职业能力的基础上，能够通过一些方法提高职业活动效率和质量的能力。国外学者通常把这种在一般专业能力领域以外，但又能对职业活动产生积极影响，甚至起到举足轻重作用的特殊职业能力，称为关键能力。特殊职业能力又可分为方法能力和社会能力。

（1）方法能力

　　方法能力指在职业活动的过程中，个体能够运用各种各样的方式方法来辅助职业活动的顺利开展，达到事半功倍效果的能力。方法能力包括分析判断能力、创新能力、逻辑推理能力和决策能力等。

（2）社会能力

社会能力指个体灵活有效地综合运用环境及自身的内部资源，实现积极发展的能力。社会能力包括组织协调能力、适应能力、语言表达能力和合作交往能力等。

总体来说，一般职业能力、专业职业能力和特殊职业能力三者相互联系、密不可分，没有哪一种职业会只运用其中一种职业能力。比如，要想做一名数学老师，除了要满足智力、数学基础知识等要求，还需要具备教学管理能力、数理能力与形象思维能力等；要想做一名音乐人，除了要满足智力和音乐方面的基础知识等要求，还需要具备乐理能力、察觉细节的能力等。这就要求大学生在不断巩固专业基础知识的同时，既要勤于思考，又要注重对自己特殊职业能力的培养。只有这样，才能增加自己的就业竞争优势。

二、职业能力测验

职业能力是每个职业人都必须具备的能力，这关乎大学生能否胜任某项工作或能否在工作中取得一定的成就，是职业活动得以顺利发展的重要保证。不同的岗位对职业能力有不同的要求，大学生可以通过职业能力测验来了解自己的优势与劣势。从应用角度看，职业能力测验主要包括智力测验和特殊职业能力测验两大类。

1. 智力测验

智力测验是对人智力的科学测验，主要测验一个人的思维能力、学习能力和适应环境的能力。智力的高低通常用智力商数（Intelligence Quotient，IQ）来表示。韦氏智力测验与瑞文标准推理测验是目前国内常用的智力测验方法。

（1）韦氏智力测验

美国医学心理学家大卫·韦克斯勒（David Wechsler）于 1949 年开始主持编制的系列智力测验量表，是目前世界上应用较广泛的智力测验量表之一。它包含言语和操作两个分量表，前者包括常识、理解、算术、类似、记忆广度、词汇解释 6 个分测验，后者包括符号替代、图形补充、图形设计、连环图系、物形配置 5 个分测验。

（2）瑞文标准推理测验

1938 年，英国心理学家瑞文（J. C. Raven）创制了瑞文标准推理测验（Raven's Standard Progressive Matrices，RSPM）。它是一种非文字智力测验，整个测验由 60 张矩阵结构的图组成，分为 5 个单元，单元间的演变过程由易到难，由能直接观察得出结论过渡到由间接抽象推理得出结论。

2. 特殊职业能力测验

用人单位在面试时，一般会对所需的特殊人才岗位的应聘人员进行特殊职业能力测验。这些测验的种类有很多，如音乐能力倾向测验、霍恩美术能力问卷等具体化的职业能力倾向测验。这里主要介绍综合性的职业能力倾向测验——一般能力倾向成套测验（General Aptitude Test Battery，GATB）。

GATB 是由美国劳工部就业保险局于 1934 年组织相关专家在进行了为期 10 年的专门研究后制定出来的。1947 年，美国劳工部正式采用了这套测验，并将其不断地发展完善。GATB 后来在世界范围内造成了很大的影响，许多国家和地区都采用了 GATB 并根据情况进行了调整和修改，均获得了良好的效果。

测试　　　　　　　　　　　**职业能力倾向测试**

〖测试说明〗 本测试由许多与职业能力相关的问题组成，选项和结果都没有对错之分。为了得到相对客观的测试结果，请快速地浏览每个项目，并以第一感觉选出最符合自己行为、感情、态度及习惯的选项。详细测试内容如表 1-1 所示。

表 1-1　职业能力倾向测试表

（一）学习能力倾向（G）	弱（1分）	较弱（2分）	一般（3分）	较强（4分）	强（5分）
1. 能快速且容易地学习新内容					
2. 能快速且准确地解出数学题目					
3. 学习的综合水平					
4. 对课文理解和综合分析的能力					
5. 对学习过的材料的记忆能力					
（二）语言能力倾向（V）	弱（1分）	较弱（2分）	一般（3分）	较强（4分）	强（5分）
1. 表达自己的观点的能力					
2. 阅读和理解的能力					
3. 掌握词汇量的程度					
4. 语文的综合水平					
5. 文学创作能力					
（三）算术能力倾向（N）	弱（1分）	较弱（2分）	一般（3分）	较强（4分）	强（5分）
1. 能做出精确的测量（如测量物体的长、宽等）					
2. 笔算能力					
3. 口算能力					
4. 打算盘的能力					
5. 数学的综合水平					
（四）空间判断能力倾向（S）	弱（1分）	较弱（2分）	一般（3分）	较强（4分）	强（5分）
1. 解决立体几何问题的能力					
2. 画三维的立体图形的能力					
3. 看几何图形的立体感					
4. 想象盒子展开后的平面图的能力					
5. 想象三维物体的能力					

续表

（五）形态知觉能力倾向（P）	弱（1分）	较弱（2分）	一般（3分）	较强（4分）	强（5分）
1. 发现相似图形的细微差别的能力					
2. 识别物体形状差异的能力					
3. 注意物体细节部分的能力					
4. 观察物体的图案是否正确的能力					
5. 对物体进行细致描述的能力					
（六）书写知觉能力倾向（Q）	弱（1分）	较弱（2分）	一般（3分）	较强（4分）	强（5分）
1. 能快速而准确地抄写资料的能力					
2. 发现错别字的能力					
3. 发现计算错误的能力					
4. 在图书馆能快速查找编码卡片的能力					
5. 自我控制能力（如长时间抄写）					
（七）眼手运动协调能力倾向（K）	弱（1分）	较弱（2分）	一般（3分）	较强（4分）	强（5分）
1. 玩电子游戏的能力					
2. 在篮球、排球、足球项目中的运动能力					
3. 在乒乓球、羽毛球项目中的运动能力					
4. 打算盘的能力					
5. 计算机文字录入能力					
（八）手指灵巧度（F）	弱（1分）	较弱（2分）	一般（3分）	较强（4分）	强（5分）
1. 灵巧地使用很小的工具的能力					
2. 快速掌握穿针眼、编织等使用手指的活动的技巧					
3. 用手指做一件小工艺品的能力					
4. 使用计算器的灵巧程度					
5. 弹钢琴的水平					
（九）手腕灵巧度（M）	弱（1分）	较弱（2分）	一般（3分）	较强（4分）	强（5分）
1. 用手把东西分类的能力					
2. 在推拉东西时手的灵活度					
3. 削水果时手的灵活度					
4. 能灵活地使用手工工具					
5. 在绘画、雕刻等手工活动中手的灵活度					

测试分析

在上面的测试选项中，选"强"得 5 分，选"较强"得 4 分，选"一般"得 3 分，选"较弱"得 2 分，选"弱"得 1 分。统计每一类能力倾向的自评分数总和，然后将自评分数总和除以 5，把最终得分填入表 1-2 的对应位置中。

表 1-2　职业能力倾向得分表

职业能力倾向	G	V	N	S	P	Q	K	F	M
得分									

根据结果对照职业能力倾向对照表（见表 1-3），可以将对应的职业类型作为参考来确定职业方向。

表 1-3　职业能力倾向对照表

职业类型	职业能力倾向								
	G	V	N	S	P	Q	K	F	M
生物学家	1	1	1	2	2	3	3	2	3
物理科学技术员	2	3	3	3	2	3	3	3	3
数学家、统计学家	1	1	1	3	3	2	4	4	4
计算机程序编制者	2	2	2	2	3	3	4	4	4
经济学家	1	1	1	4	4	2	4	4	4
社会学家、人类学者	1	1	2	2	2	3	4	4	4
心理学家	1	1	3	4	4	3	4	4	4
历史学家	1	1	4	3	3	3	4	4	4
哲学家	1	1	3	2	2	3	4	4	4
政治学家	1	1	3	4	4	3	4	4	4
社会工作者	2	2	3	4	4	3	4	4	4
法官	1	1	3	4	3	3	4	4	4
律师	1	1	3	4	3	4	4	4	4
职业指导者	2	2	3	4	4	3	4	4	4
大学教师	1	1	3	3	2	3	4	4	4
中学教师	2	2	3	4	3	3	4	4	4
小学、幼儿园教师	2	2	3	3	3	3	3	3	3
营养学家	2	2	2	3	3	3	4	4	4

续表

职业类型	职业能力倾向								
	G	V	N	S	P	Q	K	F	M
画家、雕刻家	2	3	4	2	2	5	2	1	2
产品设计师	2	2	3	2	2	4	2	2	3
舞蹈家	2	2	4	3	4	4	4	4	4
演员	2	2	3	4	4	3	4	4	4
电台播音员	2	2	3	2	2	4	2	2	3
作家、编辑	2	1	3	3	3	3	4	4	4
翻译人员	2	1	4	4	4	3	4	4	4
体育教练	2	2	2	4	4	3	4	4	4
运动员	3	3	4	2	3	4	2	2	2
秘书	3	3	3	4	3	2	3	3	3
统计员	3	3	2	4	3	2	3	3	4
办公室职员	3	4	3	4	4	3	3	3	3
企业经营管理者	2	2	3	4	4	3	4	4	4
警察	3	3	3	4	3	3	3	4	3
导游	3	3	4	3	3	5	3	3	3
驾驶员	3	3	3	3	3	3	3	4	3

三、职业能力的培养

随着社会分工对专业化、精细化要求的提升，出现了许多跨专业的行业。对即将步入社会的大学生而言，需要增强自己的职业能力来增加就业竞争优势。在了解了职业能力的具体内容后，大学生应思考如何结合自身的条件来培养和增强自己的职业能力。下面提出5点建议。

①认真学习专业知识。专业知识的积累能为大学生的知识储备奠定坚实的基础。

②科学规划职业生涯。大学生可以根据职业生涯规划中对职业能力的需求来进行有针对性的能力培养。

③参与职业培训。通过参与职业培训，大学生可以快速、方便地获取有关职业能力方面的知识，可以在培训老师的指导下有规划地培养和提高职业能力。

④多进行反思总结。大学生要将在学校学到的知识与在社会实践中的所学相结合，并不断反思总结，以获得对提升自己职业能力有用的经验。

⑤勇于实践和创新。大学生要从实际出发，做实干者，在实践中总结经验教训、认识客观事物的规律。只有这样才能有所创新，并将创新的成果发扬光大。

第六节 就业信息的搜集和利用

就业信息对每一位大学生而言都是至关重要的。大学生进行职业决策的过程实质上就是对与就业有关的信息进行搜集、处理和转换的过程。大学生在求职过程中，无论是确定职业目标、制订求职计划，还是选择决策方案，都是以就业信息为基础来开展的。下面对就业信息的搜集和利用进行介绍。

一、就业信息的搜集

各高校都设有就业主管部门，社会上也出现了越来越多的招聘就业渠道，可供大学生利用的就业信息搜集渠道、方法日益增多。一般情况下，大学生搜集就业信息的主要渠道有以下5种。

1. 学校就业主管部门

大部分高校都专门设立了为毕业生就业提供服务的机构，例如毕业生就业指导中心、就业工作处、就业办公室等。这些部门提供的就业信息，无论是全国性、地方性还是行业性的，一般来自政府部门或大型企业，准确性、权威性、可信度非一般就业渠道可比。此外，通过这种渠道搜集的就业信息，专业对口性强，可提高大学生的就业成功率。

2. 双选会

双选会是专门为毕业生设立的，它搭建起了毕业生与用人单位之间的桥梁，双方可在都有意愿的前提下签订三方协议。双选会一般是毕业生毕业前一年的11—12月、毕业生毕业当年的3—4月在各高校举行的。每年年底各大城市也会举办相应的大型双选会。

3. 网络平台

随着互联网的不断普及，网络平台已经成为大学生搜集就业信息的主要渠道。网络平台提高了大学生获取就业信息的便捷性，扩展了大学生选择的范围。常见的大学生搜集就业信息的网络平台有以下3种。

（1）专业的招聘网站

互联网上存在大量的招聘网站，每个招聘网站均提供就业信息，大学生可通过各招聘网站罗列的岗位，结合自身的情况与用人单位的情况，遴选就业信息。

（2）企业的官方网站

一些大型的企业会将招聘信息发布到企业的官方网站上，大学生可以有针对性地选择自己感兴趣的就业信息，寻找适合自己的岗位。

（3）地方政府及学校的网络就业平台

地方政府及学校的网络就业平台就像网络版的"双选会"。为了方便大学生更好地就业，越来越多的地方政府和学校设立了这种网络就业平台，将用人单位的招聘信息发布在平台上，供大学生选择。

> **提醒**
>
> 　　在招聘网站上，大学生不仅可以自行寻找岗位，而且可以在网站上留下自己的简历、联系方式、就业目标等关键信息，让用人单位精确地找到自己，然后让工作"主动"地找上门来。

4. 亲朋好友及其他社会关系

　　个人的社会接触面总是有限的，通过拓宽社交范围可以搜集更多的就业信息，比如通过亲朋好友及其他社会关系。他们分布在社会的各个领域、各行各业，因此，通过他们了解和搜集的就业信息专业性非常强，信息的可信度和有效性也非常高。

5. 社会实践、实习活动

扫一扫

社会实践活动

　　大学生的社会实践单位及毕业实习单位等一般是专业对口的单位。在实习过程中，大学生不仅能将自己所学的知识直接运用于管理、生产或其他社会服务，而且可以直接了解用人单位内的人员需求信息。这是第一手的就业信息，大学生应给予充分的重视。

阅读材料

多渠道搜集就业信息

　　在大三下学期，张明就开始积极搜集就业信息。张明先找到班主任，拜托班主任如有合适的用人单位信息就转发给他；然后，他又到学校的就业办公室，咨询就业办公室的老师何时会有地方或学校的双选会，以及近期有无重要的招聘信息；最后，他通过互联网查询了近期各地人才交流会的信息，并根据实际情况做了安排。功夫不负有心人，张明终于在毕业之前找到了称心的工作。

　　在本案例中，张明主动出击，通过多渠道搜集就业信息，为求职做了充分的准备，所以他能顺利找到工作也是情理之中的事情。

二、就业信息的利用

　　就业信息的来源和搜集渠道多种多样，也会存在虚实兼有的情况。因此，大学生要想更有效地利用就业信息，就需对搜集到的信息进行去粗存精、去伪存真的整理与筛选。

1. 筛选就业信息

　　对于搜集到的就业信息，大学生应根据个人的实际情况，有针对性地整理和分析，以确保就业信息的准确性、科学性和有效性。

（1）科学地分析就业信息

　　大学生应对搜集到的就业信息进行分析、鉴别，科学取舍，具体可以从以下3个维度来进行。

① 可信度分析。一般来说，高校就业主管部门提供的就业信息可信度比较高，而通过其他渠道搜集到的就业信息，由于受时间或地域的影响，需要进一步核实，才能判断其可信程度。

② 有效性分析。对就业信息的有效性进行鉴别，应注意该就业信息是否与自己的兴趣、特长、专业以及自己对收入、工作环境、地域等的预期相符，还要注意用人单位对招聘人员的性别、学习成绩、个人素质等方面的要求。

③ 内涵分析。内涵分析包括对用人单位的性质、要求及限定条件等进行分析。

（2）分清主次

大学生在对就业信息进行分析、取舍的同时，还要将就业信息按与自己相关的程度进行排序，重点信息优先，一般信息仅供参考。如果主次不分，就有可能在并不重要的信息上浪费过多的时间和精力，从而错过择业的最佳时机。只有分清主次、把握重点、赢得时间，才有可能抢占就业先机。

（3）深入了解

对于重要的就业信息，大学生应寻根究底，搜集相关资料，仔细了解信息的具体内容，如某一职位的历史、现状、发展前景、要求条件等，并通过合适的方式对该职位的待遇、进修培训、晋级晋升等情况进行了解。对就业信息了解得越深，分析得越透彻，就越能准确地找到适合自己的职业。

2. 合理地运用就业信息

搜集信息、分析筛选信息都是为了最终的运用，就业信息的运用包括自己运用和分享给他人两个方面。

（1）自己运用

筛选就业信息的主要标准是适合自己，无论信息的准确性、及时性、有效性多么高，如果不适合自己，那么它就没有价值。大学生在运用就业信息时，要将自己的实际情况与就业信息进行认真的对比衡量。

（2）分享给他人

扫一扫

就业信息的运用

大学生在搜集就业信息时会遇到有些信息对自己没用，但对他人十分有用的情况。这时可以将其分享给他人使用。这不仅能对他人产生帮助，而且增加了与他人交流信息的机会。通过这种交流，也许会从他人手中获得对自己有益的就业信息。

第七节　自荐材料的准备

一份好的自荐材料在很大程度上决定了大学生能否获得面试的机会，这就要求大学生一定要精心准备自荐材料。自荐材料一般包括就业推荐表、个人简历、自荐信及一些辅助材料。

一、制作自荐材料的原则

准备自荐材料的目的是使用人单位对自己产生兴趣，给予自己面试的机会。用人单位最初都是通过自荐材料来了解求职的大学生的，因此，优秀的自荐材料对大学生的意义重大。大学生在制作自荐材料时，应遵循以下 3 个原则。

1. 内容翔实，格式规范

自荐材料既要能全面地反映大学生的基本情况，又要能反映大学生的求职目标与意向等。所以，自荐材料的内容应全面，突出重点，切忌累赘。尤其要注意的是，自荐材料应内容真实，切忌为了赢得用人单位的好感而弄虚作假，那样只会弄巧成拙。

另外，自荐材料在格式设置方面应尽可能统一、规范，不用特殊、另类的字体，字号大小应符合日常公文的要求，给用人单位留下良好的印象。

2. 富有个性，针对性强

由于不同的用人单位对应聘者的要求不尽相同，自荐材料也要根据不同的单位做相应的调整。下面介绍针对 4 种不同类型的用人单位应如何准备自荐材料。

① 如果想去三资企业，那么最好准备中英文对照的自荐材料。

② 如果想去少数民族地区择业，用当地民族文字撰写的自荐材料效果会较好。

③ 如果想去广告设计类企业，那么自荐材料最好能体现大学生的个性和创意。

④ 如果想从事文字类工作，那么自荐材料最好能体现大学生较好的文字功底。

3. 设计美观，杜绝错误

自荐材料无论是手写还是用计算机制作并打印，都要注重大方、整洁和美观。用人单位在进行招聘时都会在一定程度上重视应聘者自荐材料的美观性。非设计类专业的大学生如果想提高自荐材料的美观性，可套用专业的、经过设计的自荐材料模板，并将其修改成符合自身特点的效果。

除了设计的美观性，自荐材料还要杜绝错误，无论是语法错误，还是错别字、标点符号错误或印刷错误，都应尽量避免。因为任何一个小小的错误都可能给用人单位留下应聘者不认真、不负责的印象。

二、就业推荐表的准备

就业推荐表是学校为毕业生统一设计、印制的求职材料，一般由以下 3 部分内容组成。

① 毕业生本人的情况介绍（附学校教务部门提供的毕业生在校学习成绩）。

② 毕业生所在院系的推荐意见。

③ 毕业生所在学校的就业主管部门的推荐意见。

用人单位对就业推荐表比较重视，在发给毕业生录用通知或正式签约前，一般要求毕业生提供就业推荐表的原件。该表要求手写，毕业生在填写时应认真仔细，做到字迹端正、内容翔实，不可马虎潦草，更不能弄虚作假。

扫一扫

就业推荐表的准备

提醒

毕业生在遇到就业推荐表填写错误或遗失的情况后，应立即向学校的就业主管部门汇报，经主管部门确认属实并出具证明后，毕业生方可到学生就业指导与服务中心办理补发手续。补发以一次为限。除此之外，毕业生不得任意涂改已经盖有公章的就业推荐表。

三、个人简历的编写

个人简历（简称简历）是大学生在学校期间学习、生活的一个缩影。通过简历，用人单位对大学生的学习经历、受教育程度、兴趣、特长等情况能有一个初步了解，进而使大学生获得面试的机会。

1. 简历的格式

简历的格式应便于阅读，使用人单位对大学生有良好的印象。简历一般采用表格的形式，这样比较直观，能清晰地将大学生的个人情况、经历展现出来。

简历的书写格式一般有两种：一种是按时间顺序列出自己的学习、实践经历；另一种是根据需要有选择地列出自己的学习、实践经历，充分体现自己具有的技能、素质。对大学生来说，学习经历较简单，所以一般采用第一种格式。

扫一扫

简历的编写和制作

2. 填写简历的基本原则

用人单位对简历虽然一般没有固定的填写要求，但大学生在填写过程中也应遵循一定的原则：内容真实，突出求职重点，把简历看作宣传自己的广告，陈述有利信息。

（1）内容真实

简历是大学生交给用人单位的第一张"名片"，不可以夸夸其谈，更不可弄虚作假，但可以选择优化处理，即突出展示自己的强项，弱化劣势。比如作为缺乏工作经验的大学生，可以重点突出在校时的实践活动和实习、志愿者等经历，并提炼出自己从中取得的经验，以及这些经验会在今后的工作过程中发挥的效用。

（2）突出求职重点

用人单位一般是招聘适合某一特定职位的人，这个人是众多应聘者中最合适的一位。因此，如果在简历的陈述中没有求职重点，或是把自己描述成一个适合于所有职位的应聘者，那么很有可能无法在众多应聘者中胜出。

（3）把简历当作宣传自己的广告

成功的广告通常简短且富有感召力，大学生也应将简历视为宣传自己的广告，内容限制在一页以内。个人概况的介绍最好不要以段落的形式出现，尽量运用短语，使语言鲜活有力。

（4）陈述有利信息

所谓陈述有利信息，也就是要尽量避免在简历阶段就遭到拒绝。相应的教育背景、技术水平和能力都是求职过程中的有利信息，大学生应在简历中陈述这些信息，这样才有可能打动用人单位并赢得面试机会。

综上所述，在编写简历时，要强调求职目标，语言简短，多用动词，并且避免出现可能会使自己被淘汰的不利信息。

此时，如果有些文字需要特别引起用人单位的注意，可在这些文字上加着重号、下画线或加粗字体以示提醒。

四、自荐信的编写

自荐信实质上就是简短的自我介绍信，是自荐材料的一部分。自荐信的格式和一般书信大致相同，包括称呼、正文、结尾、落款。开头要写明"××同志：您好！"等字样，结尾写上"祝工作顺利"等祝愿的话，并表示热切希望能获得面试的机会，最后写明自己的学校名称、通信地址、联系方式、姓名和时间。

自荐信是展示个人才能、个性的主要工具，大学生可根据应聘职位的需求，重点描述自己与该职位匹配的特长或事件。一份成功的自荐信应具有以下特点。

① 有针对性。大学生应对用人单位的整体情况和应聘的职位有所了解，以免脱离实际，说外行话。

② 实事求是。个人的优点要突出，缺点也不要隐瞒，不可夸夸其谈、弄虚作假。当然，对缺点的说明要适度。

③ 言简意赅。自荐信应在重点突出、内容完整的前提下，尽可能简明扼要，多用短句，每段只表达一个主题，且语法及标点一定要准确无误。

④ 具体明确。在自荐信中不要使用模糊、笼统的字眼，要多使用实例、数字等具体的说明文字，如"我设计的进销存管理系统为公司创收超过50万元"会比"我设计的进销存管理系统使公司创收颇丰"更具说服力。

📑 阅读材料　　　　**别样的自荐材料助他求职成功**

　　　王明应聘了一家软件公司的市场主管职位。他精心准备了自荐材料，而且附上了一份该公司产品的市场调研报告。王明在产品特性、客户需求、竞争对手等方面做了充分的调研，并写出了自己对市场的理解及未来工作的目标。在众多的自荐材料中，王明的材料得到格外的关注。王明因为别样的自荐材料获得了面试机会，后因出色的面试表现被用人单位录用。

🚩 自我测评

1. 了解本专业最近3年毕业生的就业方式，看看还有哪些有效的就业方式是本书中没有介绍的。

2. 结合自身的情况，谈谈你的求职计划。

3. 通过本章的学习，谈谈你对职业能力的认识。

4. 为自己准备一份简历，注意简历的格式。

5. 阅读下面的简历例文，分析该简历是否恰当，并说明原因。

个人简历

姓名：沈明天　　性别：男　　　　年龄：22　　　健康状况：良好

政治面貌：群众　　　　　　　籍贯：四川省 ×× 市

家庭背景：职工家庭　　　　　所学专业：市场营销

学历：本科　　　　　　　　　毕业院校：×× 大学商学院

联系电话：18080××××××　地址：×× 市 ××××××××

E-mail：××××@×××.com.cn

求职意向：产品营销、活动策划、市场调查等方向。

主修课程：商务谈判、组织行为学、大学英语、调查统计学。

个人技能：先后自学并掌握了产品促销、零售学、市场调查等方面的知识。

计算机水平：能熟练使用计算机，并自学掌握了 Photoshop 图像处理软件的使用。

荣誉证书：注册会计师证、驾驶证、优秀大学生荣誉证书、一等奖学金。

社会实践

　　2018 年 7 月，×× 公司，业务员实习 2 个月（获得实习证明）。

　　2018 年 10 月，×× 超市，临时促销员 15 天。

　　2019 年 7 月，×× 投资公司，理财顾问，实习 1 个月（获得实习证明）。

自我评价

　　缺点：嫉妒心强、做事情不能持之以恒。

　　优点：活泼开朗，乐观向上，适应力强，勤奋好学，脚踏实地，认真负责；

　　　　　有较强的组织能力和活动策划能力；

　　　　　有较强的语言表达能力，文笔流畅；

　　　　　有很强的团队合作能力。

兴趣爱好：羽毛球、游泳、长跑，写作。

　　小结：我认为我是一个有责任心、有理想的青年，对自己所要追求的理想，一刻未曾停止。希望凭借我的实力及真诚，成为企业的一员。我会运用我的理论知识，为公司创造更多的价值。

提示

（1）整个简历看上去没有什么大问题，但仔细一看还是存在多处漏洞。首先，求职意向不明确，列举了产品营销、活动策划、市场调查等多种意向。

（2）其次，该简历存在"证据不足"现象。比如，"能熟练使用计算机""有很强的团队合作能力"，这些都需要提供证据来支持。

（3）最后，用词欠妥。用人单位比较反感简历中写一些比较主观的词语。比如，小结中的"我认为……"，这样的语言容易给用人单位留下自负的印象。

6．阅读下面的自荐信例文。假如你代表用人单位，这封自荐信是否能打动你？如果不能，请说明原因。

自荐信

尊敬的领导：

您好！

非常感谢您在百忙之中阅读我的自荐信。

我的名字叫李××，来自云南大理。在大学4年里，我努力培养自己的兴趣爱好，使自己变得更加成熟。在校期间，我结交了很多朋友，通过结交朋友我懂得了沟通与倾听的魅力，也让自己学会了很多人与人之间的相处之道。另外，在校期间我也经常阅读课外书籍，在增长知识的同时，还学到了很多做人的道理，比如只有诚实努力才能成功。除此之外，我还专门阅读了很多关于销售的书籍，积累了一些理论知识，只是还没有验证的机会，希望领导给予我一个展示自己的机会。

时间如梭，现在的我深深懂得：昨天的成绩已成为历史，未来的辉煌要用今天脚踏实地、坚持不懈的努力才能实现。离校时，我携带着所学的知识和年轻人满腔的热情，真诚地向贵单位自荐。尽管我在众多的应聘者中，不是最优秀的，但我仍然自信，我有能力在贵公司干得出色。给我一次机会，我会尽职尽责，让您满意。在此，我期待您的慧眼垂青，相信您的信任与我的实力将为我们带来共同的成功。

　　尊敬的领导，希望您能给我一个机会来向您展示我的能力。在此，衷心地希望贵公司的业绩不断攀高，再一次感谢领导抽时间阅读我的自荐信。

　　此致

敬礼！

自荐人：李××

提示

　　（1）这篇自荐信的大多内容都是空话、套话，毫无新意，很难引起用人单位的兴趣。

　　（2）一封完整的自荐信，不但要有称谓，而且在落款部分要写明时间、姓名。细节往往决定成败。

　　（3）大学生在自荐信中务必写清自己所在的院校，要让用人单位对自己有个清楚的认知。

第二章
面试与笔试

面试是大学生进入职场的一个必不可少的环节，求职岗位不同，面试的题目、形式、考察的内容也各不相同。但不论应聘何种类型的职位，如果大学生能够掌握一些面试的技巧及笔试的答题方法和技巧，将会更加自信，离求职成功也就更近了一步。

案例导入

学法律的王小俊终于赢得了他期盼已久的面试机会。面试时，主考官向王小俊提了几个简单的问题，王小俊也顺利地回答上来了，但在面试快结束时，主考官向王小俊提了最后一个问题："请问，假如我们在前 3 个月每月支付你 500 元薪水，你会接受吗？"

这道题很棘手，王小俊不明白主考官想传达什么意思，而且每月工资仅 500 元，依据现在的生活水平，基本的伙食费都不够。王小俊稍微想了一下，笑着说："根据《中华人民共和国劳动法》的相关规定，工资不能低于当地的最低工资标准。工资每月 500 元是否有点不妥？如果公司是为了考验我的诚意，我愿意免费为贵公司服务 1 个月。"主考官听了王小俊的回答后，露出满意的微笑。

从以上案例中可以看出，王小俊在面试过程中从容不迫、不卑不亢，让自己提前进入了职场角色。最后王小俊通过机敏的应变能力，成功地加入了梦寐以求的公司，开启了人生的新篇章。

第一节　面试

面试在求职过程中非常重要。通过面试，用人单位能考察大学生的礼仪、性格、心态等各个方面是否符合应聘职位的要求。所以，大学生一定要在面试前做好相应的准备，以便在面试时能轻松应对各种情况。

一、面试概述

面试不同于日常的观察和考查，也不同于一般的考试和面谈。大学生要以饱满的精神状态应对面试。

1. 面试的含义

面试是用人单位在规定的时间和空间内通过与应聘者当面交流来考核应聘者的一种招聘测试。通过面试，用人单位不仅可以直接观察应聘者的面貌和言谈举止，而且可以了解应聘者的综合素质和才能。对大学生而言，面试是一种综合性极强的考核方式，是对大学生多年学习、实践成果的一次检验。

面试给用人单位和大学生提供了一个面对面交流的机会，使用人单位和大学生可以相互了解，以便更准确地决定是否录用或入职。

扫一扫

面试的含义

2. 面试的特点

面试的特点主要体现在以下 3 个方面。

（1）面试以谈话为主要工具

谈话是面试的一项主要工具。在面试过程中，作为主考官，主要向大学生不断地提出精心设计的谈话题目；作为应聘者的大学生，主要是针对主考官提出的问题进行回答。在主考官与大学生的交流过程中，主考官也会运用自己的感官，特别是视觉，观察大学生的非语言行为，通过表象探究大学生的深层心理。

（2）面试的内容具有灵活性

面试的内容对不同的应聘者来说是相对变化的、灵活的，具体表现在以下两个方面。

① 不同职位的面试内容有所不同

不同的职位，其工作内容、职责范围、任职资格等都有所不同，例如销售和会计，无论是工作性质、工作对象，还是任职资格，都存在很大差别。因此，大学生在回答主考官的问题时，首先要仔细了解应聘职位的职责要求。

② 不同应聘者的面试内容有所不同

面试时，主考官会根据应聘者的个人经历、背景、学历等情况灵活把握面试内容。

（3）面试双方具有互动性

面试是主考官和应聘者之间双向沟通的过程，大学生切忌成为完全被动的角色。

在面试过程中，主考官可以通过谈话和观察评价大学生，大学生也可通过主考官的行为判断其价值观、态度偏好、对自己表现的满意度等，从而调整自己在面试过程中的表现。同时，大学生可以借面试的机会了解用人单位的信息，以此决定是否接受这一职位。

二、面试的类型

面试包含多种类型，如个人面试、集体面试、电话面试、视频面试及角色扮演等。下面介绍3种常见的面试类型。

1. 个人面试

个人面试是主考官与应聘者进行的单独面试，是面试中常见的一种类型。在个人面试中，大学生要充分地表现自我、推销自我，切忌过分傲慢和过分夸张。

2. 集体面试

集体面试是多名应聘者组成一个小组，接受同样的问题，然后按顺序进行回答的一种面试方式。大学生在参加集体面试时要保持镇静、清醒，要主动、热情。同时，要注意倾听他人的回答，切勿随便打断他人的谈话；要注意个人风格，切勿人云亦云。

3. 视频面试

视频面试包括在线视频面试和异步视频面试。在线视频面试指通过即时视频聊天软件进行在线同步的视频面试；异步视频面试是利用异步视频面试系统，用人单位的主考官只需要用短信或邮件形式将面试邀请发给应聘者，应聘者则通过智能手机、摄像头等设备录制并上传视频答卷，然后主考官通过观看、评价、分享和比较视频，完成对应聘者的筛选。

三、面试的常见形式

面试的常见形式包括问题式、情景式、随意式、压力式4种。在实际的面试过程中，用人单位可能使用一种面试形式，也可能组合使用几种面试形式。下面分别讲解4种面试形式的特点。

1. 问题式

问题式是一种常规的面试形式，由主考官按照事先拟订的提纲对应聘者进行发问，由应聘者予以回答。采用问题式面试形式的目的在于观察应聘者在特殊环境中的表现，考核其知识与业务能力。

2. 情景式

情景式是由主考官事先设定一个情景，提出一个问题或一项计划，让应聘者进入角色模拟完成该问题或该计划的面试形式。采用情景式面试形式的目的在于考察应聘者分析问题、解决问题的能力。情景式面试在大型企业尤其是外企面试中较为常见。

3. 随意式

随意式是主考官与应聘者随意交谈，双方可以自由发表言论，各抒己见，气氛比较轻松活跃。采用随意式面试形式的目的在于观察应聘者的综合素质。

4. 压力式

压力式是由主考官对应聘者施加压力，就某一问题或某一事件对应聘者连续发问，寻根问底直至应聘者无以对答。采用压力式面试形式的目的在于观察应聘者面对压力时的思维敏捷程度及应变能力。

四、面试前的准备

俗话说："不打无准备之仗"。大学生在面试之前需要做的准备工作主要包括以下4个方面。

1. 深入了解用人单位

古人说："知己知彼，百战不殆。"在面试前深入了解用人单位的情况非常重要。一般来说，可通过用人单位的官方网站、自媒体平台（如微信公众号）、新闻媒体报道等渠道了解用人单位。大学生可对用人单位的以下3个方面进行详细了解。

扫一扫

深入了解用人单位

① 用人单位的性质、规模、特色、组织结构、财务状况、发展前景、企业信誉等情况。

② 用人单位对员工的职责要求、给予员工的报酬、提供的培训等情况。

③ 用人单位招聘职位的性质、工作内容、所需的知识和技能等情况。

若大学生对这些情况一无所知或知之甚少，在面试时容易处于被动境地，给用人单位留下不良印象，从而影响面试成绩。

2. 充分准备材料

大学生参加面试要带好简历、自荐信及有关证书等面试需要的材料。如果应聘的是外资企业，最好准备中英文对照格式的材料。即使之前给用人单位发过自荐材料，在参加面试时也应该再带上一份，以备用人单位查看。

另外，大学生应当熟记自己简历的内容，用人单位可能会根据简历内容进行提问。如果回答与简历有出入，势必会让用人单位质疑大学生的诚信度。

3. 面试技巧训练

由于大学生较缺乏求职面试经验，所以在面试前有必要进行一些面试技巧训练。面试技巧训练包括学习聆听、练习说话的条理性、学习面试礼仪等。大学生可以通过学校的就业指导课讲座、查阅有关面试的指导书籍或模拟面试等途径进行训练。

4. 调整面试状态

用人单位对应聘者最重要的印象是其面试时的状态。大学生面试时状态的好与坏，与最终是否被录用有非常密切的关系。

（1）调整心态

大学生在面试时一定要精神饱满。在参加面试前要适当放松，搞好个人卫生，调节生活规律，保证充分的休息时间，调整好心态面对主考官。

（2）准备面试的服装和物品

在面试的前一天，大学生应准备好面试的服装、皮鞋、公文包、笔、记事本等物品。

（3）遵守约定的时间

参加面试，大学生最好在约定时间前到达面试地点（一般提前10分钟到达），以稳定自己的情绪，做好面试准备。到达用人单位后应礼貌地对待前台接待，在规定的地方等候，不可随意走动。如果有意外情况不能准时到达，应在面试前通知用人单位并说明理由。

（4）独自前往

在各类面试及咨询中，一定不要让父母或亲朋好友陪同，要独自前往。这样可以避免用人单位置疑大学生的独立性和自信心。

五、面试礼仪

面试是比较正式的场合，大学生应该懂得面试的基本礼仪。这将直接影响到大学生能否被录用。

1. 面试仪表

要想给主考官留下良好的第一印象，大学生首先就要注重自己的仪容仪表。仪容仪表是一个人精神面貌和内在气质的显露，它一般包括服装、化妆与发型两个方面。

（1）服装

服装能够反映一个人的文化素质和修养，是重要的体态语言。在某种程度上，服装能反映一个人的心态。大学生参加面试时的服装应整洁、大方，符合职业形象，如图2-1所示。

图2-1　正确的面试服装

在应聘不同的职位时，应根据所应聘职位的工作性质和类型确定服装。不同的职业对员工的要求是有差异的，而这种差异同样体现在服装上。虽然对于某种职业的服装标准一般没有成文的规定，但也有一些基本的着装模式可以参考。例如，应聘车间安装之类的具体操作岗位，应穿着朴素；去广告公司应聘，则不应穿古板落俗的服装。一般来说，面试时的着装要注意以下3个方面。

① 女性忌服装太过花哨、颜色太过鲜艳，应避开大红、橙、紫等颜色。

② 男性应穿深色西装，领带和衬衣的领口、袖口等要注意整洁。

③ 男、女都应避免佩戴夸张的首饰。

（2）化妆与发型

化妆与发型也是面试礼仪的重要部分。在面试前，应整理仪容，头发应清洗干净、梳理整齐。男性不要留小胡子，不要留长发；女性不要浓妆艳抹，适宜化淡妆，不要用浓烈的香水。

📖 **阅读材料**

不得体的妆容导致错失工作

孙薇薇应聘了某公司的前台。面试时，她并未在意自己的妆容是否得体。她化了较浓的妆，穿的小上衣也未能盖住腰部的纹身，头发也染了艳丽的颜色。虽然她的专业与简历显示她非常适合这份工作，但最终主考官还是选择了他人。大学生在面试前可以请其他同学来给自己的妆容提意见，这样才能更加稳妥，从而避免出现和孙薇薇一样的问题。

2. 面试举止

举止是无声的语言，主要通过人的表情、姿势、动作等表现出来。大学生参加面试时的行为举止一般应注意以下7个方面。

（1）敲门进入面试室

面试时，应在面试室外轻轻敲门（面试室的门一般是关着的），得到许可后方可进入面试室。注意，敲门不可用力太大，也不可未进门时先将头伸进去张望一下再进门，更不可直接推门而入。进门后，应轻轻地转过身关上门。

（2）主动与主考官打招呼

进入面试室后可对主考官点头微笑并进行问候（如上午好、下午好等），要有礼貌地告诉主考官自己是谁，做到举止大方、态度热情。需要注意的是，面试时不宜与主考官握手，除非主考官主动握手。

（3）回答问题时精神集中

大学生在回答问题时要集中精神，力求给主考官留下诚恳、沉稳、自信的印象。应根据主考官的反应适时调整自己的语言表达方式，并且保持不卑不亢的态度。

在语言表达方面，说话的方式和谈话的内容同等重要。讲话应当条理清楚，并通过表情、语调、声音等方面的配合，传达出真诚、乐观、热情、大方的态度。

（4）姿势正确

大学生在进入面试室落座后的姿势非常重要。正确的坐姿是全身放松，两腿自然并拢，手放在膝上，挺直腰板，身体微向前倾，既不可坐得太浅，又不能坐得太深。坐浅了容易使自己紧张，导致注意力不集中；坐深了斜倚在椅子的靠背上易产生懒散感。正确的坐姿可以体现大学生朝气蓬勃的精神面貌，如图 2-2 所示。

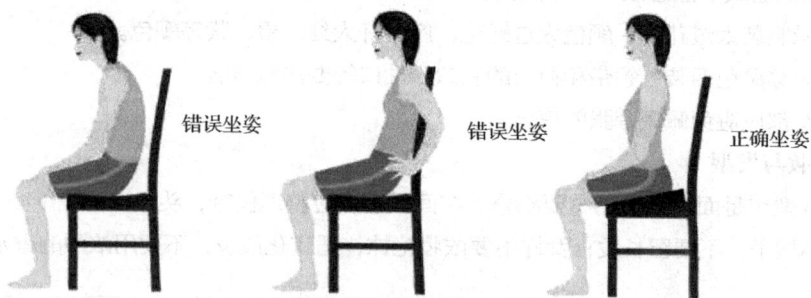

错误坐姿　　错误坐姿　　正确坐姿

图 2-2　坐姿对比

另外，大学生在面试的过程中不要有小动作，以防给主考官留下不耐烦、不自信的印象。下面列出了一些常见的不正确的小动作。

① 下意识地看手表。

② 坐着时双腿叉开，不停摇晃。

③ 跷二郎腿，或不停地抖动。

④ 讲话时摇头晃脑。

⑤ 用手掩口。

⑥ 用手挠后脑勺、摸头发等。

⑦ 不停地玩弄随身携带的小物件等。

阅读材料

习惯性小动作导致错失工作机会

陈珊面试时，主考官有两位，表情很严肃，现场气氛有些紧张。一位主考官让陈珊先做自我介绍，陈珊过于紧张，便机械地把自己的简历背了一遍，声音有些发虚，手下意识地去摸头发。另一位主考官开始提问："你应聘这个岗位的优势在哪里？"陈珊应聘的岗位是文秘，她的专业正好对口，而且陈珊还辅修了法律，很有竞争力。但是她一紧张，习惯性小动作全出来了，摸头发、摸耳朵、擦鼻子，她发现自己的手脚都不知道该往哪儿放了。这些小动作使主考官对其专业能力和自信心产生了怀疑，最终陈珊错失了工作机会。

提醒

面试过程中的行走姿势也是比较重要的，大学生切忌以下行姿：在行走时身体过分前俯、后仰，双脚呈内"八"字或外"八"字，步子太小或太大，双手反背于背后等。

（5）微笑待人

微笑是世界上最美的语言，它表示欣赏对方的盛情，表示领略，也表示赞同。面对主考官，大学生的真诚微笑可以缓解紧张的气氛，表现自信，提高面试的成功率。

（6）认真倾听并注意目光交流

在面试时与主考官保持视线接触，是交流的需要，也是起码的礼貌，更是大学生自信的表现。若大学生回避主考官的目光，会被认为太胆怯，没有信心；或太傲气，不将主考官放在眼中。

大学生应将目光放在向自己发问的主考官身上，但不要一直盯着对方的眼睛，这会让人感觉太咄咄逼人。正确的方法是把目光放在对方的额头或鼻梁上方，并且保持目光的自然、轻松、柔和，传达出自己的真诚，这样会让主考官觉得大学生是在聚精会神地和他交流。

（7）微笑告辞

当主考官示意面试结束时，大学生应微笑起立，感谢用人单位给予面试的机会，然后说声"再见"并离开，没有必要握手（除非主考官主动握手）。如果进入面试室时有人接待或引导，离开时也应向其致谢、告辞。

六、面试的难点与应对方法

面试可以说是一场智慧的博弈，一些大学生由于缺乏面试经验，在遇到难题时往往会显得束手无策。这里介绍一些面试中的难点和应对方法，大学生可以更有针对性地加以准备。

1. 精神紧张及应对方法

95% 以上的大学生都承认自己在面试时精神紧张。精神紧张已经成为大学生在面试时需要战胜的最大敌人。在陌生的环境，被陌生的人提问，表现的好坏事关自己的发展前途，在这种情况下精神紧张是正常的。

紧张并不都是"坏"的，适度的紧张可以促使大学生集中注意力投入面试，但过度紧张对面试极为不利。过度的紧张不仅会使大学生注意力不集中，而且可能让大学生将事先准备好的内容忘得干干净净，头脑一片空白。下面提供了 4 种方法帮助大学生在面试时克服精神过度紧张。

（1）做深呼吸

做深呼吸（腹部呼吸）能让大学生消除紧张情绪，冷静思考问题。做深呼吸的方法：整个身体尽可能地放松，把手放在腹部，用鼻孔轻轻吸气到腹部，这时会感觉到腹部慢慢胀起来，然后通过鼻孔轻轻地把腹部的气呼出去，呼气的最后稍微用点力，能够感觉到腹部贴向背后的脊骨。每次呼吸要饱满，同时在心里数着呼吸的次数，反复 30 次。

（2）做好充分的准备工作

大学生如果预计到自己面试时会很紧张，就可以事先请老师或同学充当主考官，举办一场模拟面试，找出自己可能存在的问题与不足，增强自信心。

（3）反复告诫自己

大学生要反复告诫自己，不要将一次面试的得失看得太重，应该明白，自己紧张，或许竞争对手更紧张，也可能出差错。因此，在同等条件下，谁克服了紧张情绪，能大方、镇定、从容地回答主考官提出的每一个提问，谁就会取得最终的胜利。

（4）不要急着回答问题

当主考官问完问题后，大学生可以多考虑一下再回答。在思考的过程中，不仅可以梳理回答问题的思路，而且可以稳定自己的情绪。

2. 说错话及应对方法

人在紧张时很容易说错话。若说错的话无关大局，就不要太在意，继续专心准备回答下一个提问；若感觉说错的话比较重要，则应该及时道歉，争取机会重新回答。

3. 遇到不清楚的问题及应对方法

如果在面试时不知如何回答主考官提出的问题，可以婉转地问主考官问题是否指向某一方面，但不可胡乱猜测、信口开河。如果实在没有头绪，就应实事求是地告诉主考官，这方面的知识自己未接触过。

💡 **提醒**

总之，面试时不论遇到什么情况，大学生都应沉着冷静，镇定自若地加以处理，千万不能惊慌失措。

七、面试禁忌

面试是大学生展现综合能力的机会，在面试的过程中也有一些禁忌需要注意。

1. 忌不良表达

大学生在与主考官交谈时，应注意表达方式，避免以下6种情况。

（1）问薪酬

薪酬是每个大学生都非常关心的问题，但在面试过程中，千万不要急于询问对方"你们的待遇如何"。这可能会给主考官留下"工作还没干，就先提条件"的印象。谈论薪酬无可非议，但是要看准时机，一般应在双方已有初步意向时，再委婉地提问。

（2）报有熟人

在面试过程中，有些大学生为了拉近与主考官的距离，可能会说"我认识你们单位的××""我和××是校友，关系很不错"等。这可能会给主考官留下"托关系"的印象。

（3）本末倒置

在面试的过程中，有些大学生自视甚高，或为了表现自己的专业性，故意提出一些不恰当的问题。如"请问你们单位最高的收入有多少？"

有时主考官会问："关于工资，你的期望值是多少？"此时可正面回答，也可礼貌地说："我相信贵公司有一套成熟的薪资体系，会根据每个职位的重要程度及个人的工作能力而定。当然，多与少也与我自己的努力程度相关。"切忌反问主考官："你们打算出多少？"这样的反问很不礼貌，容易引起主考官的不快。

（4）掩盖不足

在面试过程中，如主考官问："请你讲述一次失败的经历。"有些大学生为了掩盖不足，会说："我想不起我曾经失败过。"或者主考官问："你有何优缺点？"大学生回答："我可以胜任一切工作。"这样的回答不但不能增加主考官的好感，还可能给人留下不可靠、不诚实的印象。

（5）措辞不当

面试不同于闲聊，大学生应对遣词用字有所选择。如在面试过程中，有时主考官会让大学生自行提问，一些不太注意措辞的大学生会问："你们公司这两年发展得怎么样？"这种问法肯定会引起主考官的反感。

（6）口头禅严重

在日常生活中，人们说话时往往会带有一些口头禅，这些口头禅最好不要带到面试中。比如在回答主考官的提问时，有些大学生经常会不自觉地说"嗯""这个""那个"等。

由于口头禅一时很难改变，因此就需要大学生在面试前有意识地进行专门训练。同时，建议大学生在回答问题时尝试使用逻辑词，如"首先""其次"（或"第一""第二"）等，改掉口头禅。

2. 忌不良态度

大学生在面试时应注意与主考官谈话的态度。下面列举一些面试过程中的不良态度，大学生在面试时应注意避免。

（1）盛气凌人

有些大学生，由于成绩优秀，各方面的条件也较优越，就有可能恃才傲物，在面试中态度傲慢、说话咄咄逼人。这主要表现在以下 3 个方面。

① 当主考官对大学生的回答不够满意或进行善意引导时，大学生强词夺理、拼命狡辩，拒不承认错误。

② 大学生想占据面试的主动地位，反问主考官一些与面试内容无关的问题。

③ 有些大学生有一些实习经验，在被问及在实习单位的工作情况时，贬低实习单位的领导及工作内容。这会给主考官留下该大学生喜欢背后议论别人、没有感恩心的印象。

（2）态度冷漠

有的大学生由于自身性格等原因，在面试过程中常表情冷漠，不能积极配合主考官，缺乏必要的热情。通常情况下，用人单位都希望自己的工作人员能够在工作中与人为善、使人感到轻松愉快，这样才能提高工作效率。

（3）不看主考官

在面试过程中，大学生与主考官的交流，除了语言，还要有眼神的交流。适当的眼神交流能提高大学生在主考官心中的印象。大学生在回答问题的过程中，不要看天花板、自己的脚、墙角等，应大方、自然地看着提问的主考官。

3．忌不良表现

面试过程中的不良表现有很多种，下面列举一些易出现的不良表现，大学生应避免犯同样的错误。

（1）不善于打破沉默

在面试过程中，有些大学生出于种种顾虑，不愿主动说话，结果使面试出现冷场。在面试时，大学生主动致意与交谈，往往会给主考官留下热情和善于交谈的良好印象。

（2）喋喋不休

虽说面试是在推销自己，但大学生也要避免喋喋不休。大学生在回答时要精准，不说废话、不拖沓，勿滔滔不绝。

（3）随意打断他人发言

在面试过程中，一些大学生会随意打断他人发言。他们觉得在面试时一定要多发言，说得越多，分数就越高。殊不知，这种做法不仅不能获得主考官的好感，还会造成扣分。大学生在争取发言权时一定要注意技巧，不可急躁。

（4）准备不充分

无论大学生的学历多高，成绩多优秀，当主考官发现大学生对申请的职位知之甚少，甚至是连最基本的问题也回答不好时，印象分自然大打折扣。主考官会觉得大学生准备不足，甚至会认为大学生根本无意在本单位发展。所以，大学生在面试前一定要做好充分的准备。

（5）没有明确目标

在面试时，大学生不要给主考官留下没有明确目标的印象。如果员工的工作没有目标，就会缺少主动性和创造性，会给用人单位带来一定的损失。所以，主考官都愿意选择有明确目标和充满热情的大学生。

> **提醒**
>
> 在面试过程中，大学生要态度谦和、诚实大方，不过分拘谨，不夸大自己的能力，也不妄自菲薄，并且要有技巧地将自己的真实情况告知主考官。这样才能提高自己成功就职的概率。

第二节 笔试

笔试是以笔答的方法考核应聘者学识水平的一项重要测试。通过笔试，用人单位可以了解大学生多方面的能力，包括大学生的基本知识、专业知识、综合分析能力及文字表达能力等。

一、笔试的准备

笔试通常应用于大规模的员工招聘中，了解笔试的相关知识和技巧，可以帮助大学生从容应对笔试，取得好成绩。一般来讲，大学生在进行笔试的准备时应注意以下 3 个方面。

1. 培养良好的心理素质

要想笔试获得好成绩就需要有良好的心理素质。大学生在临考前，一要正确地评价自己，树立自信心，调整好心理状态；二要保持充足的睡眠，可以在笔试前参加一些文体活动，使高度紧张的大脑得到放松休息，以充沛的精力参加笔试。

2. 进行必要的复习

复习已学过的知识是准备笔试的重要方式。从笔试的准备角度来讲，知识可以分为靠记忆掌握的知识和靠不断应用掌握的知识，用人单位比较重视大学生对所学知识的应用能力。一般来说，笔试都有大体的范围，大学生可围绕这个范围翻阅有关的图书资料，并注意灵活运用知识解决实际问题。

3. 注意知识的积累

良好的笔试成绩来自大学生平时的努力学习。大学生在校学习期间，除了努力学习专业知识，还要重视对各方面知识的学习与积累，以及对社会环境与就业环境的了解。

> **提醒**
>
> 笔试的内容具有不确定性，因此，大学生应深入复习。同时，大学生可以在笔试前训练自己的答题速度，还可以站在用人单位的角度来思考可能出现的考核内容。如有条件，大学生可提前熟悉考场环境。笔试当天，大学生应仔细检查参加笔试所必须携带的证件，以及考试必备的文具。

二、笔试的种类

按考核的方向和内容不同，笔试一般可以分为专业考试、心理测试、技能测验、命题写作 4 种类型。

1. 专业考试

专业考试主要是为了检验大学生的专业知识水平和相关能力。一般用人单位通过大学生的成绩单就可以大致了解其知识水平，但有一些专业性要求较高的岗位，需要通过笔试的方式对大学生的专业水平进行考查。这种考查方式已被越来越多的用人单位采用。

例如，外资企业招聘要考外语，金融单位招聘要考金融专业知识，公安机关录用干部要考法律知识等。

2. 心理测试

心理测试一般是要求大学生完成事先编制好的标准化问卷。通过心理测试，用人单位可了解大学生的兴趣、动机、智力及个性等，还可以考察大学生的观察能力、综合分析能力、思维反应能力等。

3. 技能测验

技能测验是考查大学生的动手能力和实践能力，如考查大学生操作计算机的能力、英语会话和阅读能力、新媒体运营能力及授课、驾驶等方面的能力。

4. 命题写作

命题写作指用人单位通过论文或公文写作等方式考查大学生的文字表达能力及分析归纳能力，如限时让大学生写出一份会议通知、销售文案、请示报告或某项工作总结；也可能提出一个论点，让大学生予以论证或辨析等。

三、笔试的方法和技巧

大学生在进行笔试时，可采用一些方法和技巧来提高答题的正确率。

1. 增强自信心

缺乏自信心往往会导致大学生怯场。大学生应客观冷静地对自己进行正确的评估，克服自卑心理，增强自信心。面对笔试，大学生没有必要过分紧张，应适当放松心情，调整好精神状态再去应试。

📖 阅读材料

不要误入面试"圈套"

小宇是某师范学院汉语言文学专业的本科毕业生。当得知一家大型出版社需要招一名责任编辑时，她立即向出版社发送了自荐材料。小宇也如愿参加了面试，并顺利通过。今天是笔试环节，内容非常简单：编辑一篇文章，时间为 20 分钟。小宇拿过稿子，首先将几个明显的错别字改过来，再通读一遍，略做思考，便大刀阔斧地删改起来。时间一分一秒地过去了，看着被修改得满纸鲜红的稿子，小宇又从头到尾认真检查了一遍。环顾四周，小宇发现其他应聘者桌面上的文章都改动不多。小宇心里一惊："难道我做错了？"她忙拿起文章又仔仔细细地看了一遍，终于在稿纸的背面看见一行不起眼的小字：此稿选自老舍先生的《四世同堂》。小宇不禁呆住了……可这篇文章确实有很多错误。这到底是怎么回事呀？正当小宇举棋不定时，主考官说："时间到，请各位停笔。"没过几天小宇接到了录用通知，她很吃惊。签合同时，主编向她解释："其实，这次笔试是我让打字员跟大家开了个小玩笑，故意把一些与文稿内容不相关的内容打印在了稿纸的背面。"

在招聘过程中，用人单位往往会采用不同的方式来测试应聘者，很明显上述案例就是用人单位故意设置的"圈套"。目的在于考察应聘者的自信心和判断能力。大学生要善于识破用人单位的"诡计"，相信自己的判断。

2. 掌握科学的答卷方法

掌握科学的答卷方法，可以帮助大学生提高笔试成绩。下面列举 4 种方法。

（1）通览试卷

大学生在拿到试卷后，首先应通览一遍，了解题目的数量和难易程度，然后按照先易后难的原则安排答题顺序，以便掌握答题进度、合理安排答题时间。

（2）妥善处理难题及易错题

大学生不要被难题所困而耽误时间，要尽可能留出时间对易错的地方进行复查，注意不要漏题。

（3）重视卷面效果

大学生在答题时应注意行距和字不宜太小，卷面字迹要力求清晰、整齐。

（4）端正答题态度

笔试不同于其他专业考试，有时用人单位并不仅仅在意大学生考分的高低，大学生认真的态度、细致的作风、新颖的观点也会大大增加被录用的可能性。

四、常见的笔试试题

下面是一些常见的笔试试题，题目设置得很巧妙，对于大学生的逻辑能力、反应能力都是很大的挑战。

① 有 10 筐苹果，每个筐里有 10 个，共 100 个。其中有 9 筐中每个苹果的质量都是 0.5 千克，另一筐中每个苹果的质量都是 0.4 千克，但是 10 筐苹果的外表完全一样，用眼睛或手无法分辨。请问：如何用一台普通的秤一次就把质量轻的那筐找出来？

答案：从第 1 筐中拿出 1 个，从第 2 筐中拿出 2 个，……，从第 10 筐中拿出 10 个，将它们一起放在秤上称。如果每个苹果都是 0.5 千克，就应该称出 27.5 千克。假设称出 27.4 千克，则说明从第 1 筐中拿出的苹果是 0.4 千克的，也就是说，第 1 筐的苹果是 0.4 千克的。如果称出 27.3 千克，也就是差 0.2 千克，而又只有一筐中的每个苹果都是 0.4 千克的，所以一定是第 2 筐中拿出的两个苹果是 0.4 千克的，也就是说，第 2 筐的苹果是 0.4 千克的。按这样推理下去即可找出质量轻的那筐。

② 有一堆绳子，这些绳子的粗细长短各不相同，每一根绳子本身各处的粗细长短也各不相同。每根绳子的燃烧时间都是 60 秒，请问：如何测量 15 秒的时间？

答案：要实现这一目标，可分 3 步：第一步，同时点燃任意两根绳子，第 1 根绳子点燃两头，第 2 根绳子点燃一头；第二步，第 1 根绳子烧完后，点燃第 2 根绳子的另一头，让两头同时燃烧，并开始计时；第三步，在第 2 根绳子烧尽时停止计时，即可得到 15 秒的时间。

③ 有一堆垃圾，规定要由张、王、李 3 户人家共同清理。张户因外出没能参加，留下 9 元钱作为代劳费。王户上午起早清理了 5 小时，李户下午清理了 4 小时刚好清理完。假设张、王、李 3 户清理垃圾的效率相同，请问：王户和李户应怎样分配这 9 元钱？

答案：不能简单地认为王户应得 5 元，李户应得 4 元。应该知道，王、李两户所做的工作中，除帮张户外，还有他们自己的任务。很明显，每户的工作量为 3 小时。王户帮张户干了 2 小时，李户帮张户干了 1 小时，王户帮张户的工作量是李户帮张户的 2 倍，得到的报酬就也应该是李户的 2 倍。因此，王户应得 6 元，李户应得 3 元。

④ 一天，有个年轻人来到王经理的店里买了一件礼物。这件礼物的成本是 18 元，标价是 21 元，这个年轻人掏出 100 元买这件礼物。王经理当时没有零钱，用那 100 元向街坊换了 100 元的零钱，找给年轻人 79 元。但是街坊后来发现那 100 元是假钞，王经理无奈还给街坊 100 元。请问：王经理在这次交易中到底损失了多少钱？

答案：年轻人掏出 100 元假钞买这件礼物，王经理进 0 元。王经理用那 100 元假钞向街坊换了 100 元的零钱，王经理进 100 元。街坊后来发现那 100 元是假钞，王经理无奈还了街坊 100 元，王经理出 100 元。找给年轻人 79 元，王经理出 79 元。年轻人到王经理的店里买的礼物的成本是 18 元，王经理出 18 元。

总计损失：0+100-100-79-18=-97（元），损失 97 元。

⑤ 有 13 个零件，外表完全一样，但其中有一个是不合格品，质量和其他零件不同，且不知道具体的质量。请你用天平称 3 次，把不合格品找出来。

答案：先在天平的两边各放 4 个零件。

A. 如果天平平衡，说明不合格品在另外的 5 个里。拿出 3 个合格的零件放在天平左端，再从含有不合格品的 5 个中拿出 3 个，放在天平右端（如果天平不平衡，此时要记住右端是重是轻，右端轻说明不合格品比合格的零件轻，反之相反）。

a. 如果天平平衡，则不合格品在剩下的两个中，从两个中任意拿 1 个，再取 1 个合格品分别放在天平的两端，即可得出答案。

b. 如果天平不平衡，则不合格品在天平右端的 3 个里面，任意拿出 2 个，分别放到天平的两端。如果平衡，那么第 3 个即为不合格品；如果不平衡，则可以根据天平两端的高低判断出不合格品。

B. 如果天平不平衡，说明不合格品在这 8 个中，此时要记住哪端是轻的，哪端是重的。然后把 5 个合格品放在天平的左端，取 2 个轻端和 3 个重端的放在天平右端。

a. 如果天平平衡，则取剩下的 2 个轻端的，放到天平两端。如果平衡，答案很明显；如果不平衡，则说明不合格品在这 2 个里面，而且不合格品是较轻的，因为它们是从轻端取出来的。

b. 如果右端重，说明不合格品在重端的 3 个里面，而且不合格品较重，再称一次就可知道答案。

如果右端轻，说明不合格品在轻端的 2 个里面，而且不合格品较轻，再称一次即可得出答案。

⑥ 从前，有户富有的人家。正当全家为新的小生命即将降临而欢喜之际，丈夫却突然得了不治之症。他在临终前留下遗嘱："如果生的是男孩，妻子和儿子各分家产的一半；如果生的是女孩，女孩分得家产的 1/3，其余归妻子。"丈夫死后不久，妻子就分娩了。出乎意料的是，妻子生下一男一女双胞胎！这下妻子为难了，这笔财产该怎样分呢？

答案：按法律的规定分配。丈夫的遗嘱是附条件的，但其条件并没有实现，所以不能按遗嘱分配，而应当按照法律的规定分配。家产先分给妻子一半（夫妻共同财产），剩余的一半，由妻子和一双子女平均分配，即妻子得家产的 2/3，子女各得家产的 1/6。

⑦ 有两个封闭式的小火车站，每天从甲站开到乙站的车次总是比从乙站开到甲站的车次多，时间长了，火车会不会都集中到乙站呢？

答案：如果从乙站开出的车的车厢比从甲站开出的车的车厢多，火车就能避免集中在乙站。

⑧ 小明一家一起过一座桥，过桥的时候是黑夜，所以必须有灯。现仅有一盏灯，小明过桥要 1 分钟，小明的弟弟要 3 分钟，小明的爸爸要 6 分钟，小明的妈妈要 8 分钟，小明的爷爷要 12 分钟。每次过桥最多可过两人，过去后，要有一人再把灯送过来。过桥的速度依过桥最慢者而定，而且灯在点燃后 30 分钟就会熄灭。问：小明一家应如何过桥？

答案：第一步，小明与弟弟过桥，小明回来，耗时 4 分钟；第二步，小明与爸爸过桥，弟弟回来，耗时 9 分钟；第三步，妈妈与爷爷过桥，小明回来，耗时 13 分钟；最后一步，小明与弟弟过桥，耗时 3 分钟，总共耗时 29 分钟。

⑨ 3 个年轻人去一家旅店投宿，每人拿出 100 元交给经理。经理由于喜得贵子，决定少收 50 元，于是让服务员将 50 元转交给 3 个年轻人。服务员从中扣下了 20 元，将剩余的 30 元还给 3 个年轻人，每人分得 10 元。现在 3 个年轻人每人相当于拿出 90 元，3×90=270（元），加上服务员扣下的 20 元，270+20=290（元）。与 3 人最初拿出的 300 元相差 10 元。问：这 10 元到哪儿去了？

答案：这个问题的逻辑是错误的。准确的描述是，3 个人各出了 100 元，经理又还回 30 元，因此共出钱 270 元。这 270 元中，20 元被服务员扣下，250 元为房费。因此，不存在 270+20=290（元）的说法。

⑩ 有两只桶，一只可以盛 3 升水，另一只可以盛 5 升水。请问：想要 4 升水，应该用什么办法？

答案：将 5 升桶装满，倒入 3 升桶；将 3 升桶中的水倒掉，再将 5 升桶中剩余的 2 升水倒入 3 升桶；将 5 升桶装满，用 5 升桶中的水将 3 升桶装满，此时 3 升桶中已有 2 升水，再从 5 升桶中倒入 1 升即装满，则 5 升桶中剩余的就是 4 升水。

第三节　公务员录用考试

公务员指依法履行公职、纳入国家行政编制、由国家财政负担工资福利的工作人员。根据《公务员录用规定》，报考公务员应当具备下列资格条件：

（1）具有中华人民共和国国籍；

（2）年龄为 18 周岁以上，35 周岁以下；

（3）拥护中华人民共和国宪法，拥护中国共产党领导和社会主义制度；

（4）具有良好的政治素质和道德品行；

（5）具有正常履行职责的身体条件和心理素质；

（6）具有符合职位要求的工作能力；

（7）具有大学专科以上文化程度；

（8）省级以上公务员主管部门规定的拟任职位所要求的资格条件；

（9）法律、法规规定的其他条件。

公务员录用考试采取笔试和面试等方式进行，考试内容根据公务员应当具备的基本能力和不同职位类别、不同层级机关分别设置。

一、笔试

笔试包括公共科目和专业科目，在考试内容上体现分类分级原则。公共科目由中央公务员主管部门统一确定。专业科目由省级以上公务员主管部门根据需要设置。中央机关及其直属机构 2020 年度公务员录用考试，公共科目笔试分为行政职业能力测验和申论两科，主要测查从事公务员工作应当具备的基本能力和基本素质。

公共科目笔试全部采用闭卷考试的方式。其中，行政职业能力测验为客观性试题，考试时限为 120 分钟，满分为 100 分。申论为主观性试题，考试时限为 180 分钟，满分为 100 分。

1. 行政职业能力测验

行政职业能力测验主要包括常识判断、言语理解与表达、数量关系、判断推理和资料分析等部分。

（1）常识判断主要测查报考者在政治、经济、文化、科技等方面应知应会的基本知识以及运用这些知识进行分析判断的基本能力。

例题 1： 某城市空气质量较差，检测结果显示，在主要污染物中，PM10 颗粒浓度严重超标，PM2.5 颗粒浓度及有害气体浓度尚在正常范围。如果你是城市决策者，采取以下哪些措施能在影响最小的情况下，最有效地改善空气质量？（   ）

① 整改郊区水泥厂   ② 整改郊区造纸厂

③ 市区车辆限号行驶   ④ 改善郊区植被环境

A. ①②   B. ①④   C. ③④   D. ②③

（答案：B。①水泥厂在生产过程中会产生大量的烟尘等可吸入颗粒物，符合题意；②造纸厂在生产过程中产生的主要污染是水污染和重金属污染，不符合题意；③汽车尾气排放是产生可吸入颗粒物的主要来源之一，但是题干中说 PM2.5 颗粒浓度及有害气体浓度尚在正常范围，所以汽车尾气并不是造成空气污染的主要原因，不符合题意；④植被有吸附各种污染物的功能，所以改善植被环境符合题意。因此，正确答案为 B。）

（2）言语理解与表达主要测查报考者运用语言文字进行思考和交流、迅速准确地理解和把握文字材料内涵的能力，包括根据材料查找主要信息及重要细节；正确理解阅读材料中指定词语、语句的含义；概括归纳阅读材料的中心、主旨；判断新组成的语句与阅读材料原意是否一致；根据上下文内容合理推断阅读材料中的隐含信息；判断作者的态度、意图、倾向、目的；准确、得体地遣词用字等。

例题2：环境保护主义是一种信念，是一种重建人与自然关系的强烈愿望。要实现这一愿望，就必须树立一种自然共同体的意识，即将人类在共同体中的征服者角色，变为这一共同体中的普通一员。它暗含着对每个成员的尊敬，也包括对这个共同体本身的尊敬。只有树立了这样的一种道德意识，人们才有可能在运用其在这一共同体中的权利时，感到所负有的对这个共同体的义务。这不仅依赖对自然本质的科学理解，也依赖在了解基础上建立起的对自然的感情。

文段最后一句话中的"这"指的是（　　　）。

A. 自然共同体意识的树立

B. 对自然共同体的义务

C. 热爱自然的感情

D. 重建人与自然关系的愿望

（答案：A。首句指出环境保护主义"是一种重建人与自然关系的强烈愿望"，次句说明"要实现这一愿望，就必须树立一种自然共同体的意识"，第三句说明"只有树立了这样的一种道德意识"的重要意义，最后归结到"这不仅依赖……也依赖……"，即实现这种意识的条件。因此，可知"这"指的是"自然共同体意识的树立"，正确答案为A。）

例题3：脱贫攻坚必须_____，一步一个脚印，确保各项扶贫政策措施落到实处，积小胜为大胜，最终取得全面胜利。同时也应加强贫困村基层组织建设，充分调动贫困群众的积极性，提高其参与度、获得感，激励其_____，激发其脱贫的内生动力与活力。

依次填入画横线部分最恰当的一项是（　　　）。

A. 未雨绸缪　一马当先

B. 一鼓作气　奋发图强

C. 循序渐进　再接再厉

D. 稳扎稳打　自力更生

（答案：D。第一空根据后文"一步一个脚印""落到实处"，说明此空应表达出脚踏实地之意。第二空根据后文"激发其脱贫的内生动力与活力"，强调的是"内生"。因此，应该分别填入"稳扎稳打""自力更生"，正确答案为D。）

（3）数量关系主要测查报考者理解、把握事物间量化关系和解决数量关系问题的能力，主要涉及数据关系的分析、推理、判断、运算等。常见题型有数字推理和数学运算两种。

① 数字推理：每道题给出一个数列，但其中缺少一项，要求报考者仔细观察这个数列各数字之间的关系，找出其中的排列规律，然后从4个供选择的答案中选出最合适、最合理的一个来填补空缺项，使之符合原数列的排列规律。

例题4：1，2，4，8，16，（　　　）。

A. 16　　　　　B. 24　　　　　C. 32　　　　　D. 36

（答案：C。原数列是一个等比数列，后一项是前一项的2倍，故正确答案为C。）

② 数学运算：每道题给出一个算术式子或者表达数量关系的一段文字，要求报考者熟练运用加、减、乘、除等基本运算法则，并利用其他基本数学知识，计算或推出结果。

例题5：某单位的会议室有5排共40个座位，每排座位数相同。小张和小李随机入座，则他们坐在同一排的概率（　　　）。

　　A. 不高于15%　　　　　　　　　　B. 高于15%但低于20%

　　C. 正好为20%　　　　　　　　　　D. 高于20%

　　（答案：B。根据题意可知，小张随机选一个位置就座，那么小李可以选择的位置为39个，因此，总情况数=40×39。要让他们恰好坐在同一排，应先从5排中选一排，再从这一排中选2个座位，符合条件的情况数=5×8×7，因此，概率为（5×8×7）/（40×39）=7/39≈17.9%。故正确答案为B。）

　　（4）判断推理主要测查报考者对各种事物关系的分析推理能力，主要涉及对图形、语词概念、事物关系和文字材料的理解、比较、组合、演绎和归纳等。常见题型有图形推理、定义判断、类比推理、逻辑判断4种。

　　① 图形推理：每道题给出一套或两套图形，要求报考者通过观察分析找出图形排列的规律，选出符合规律的一项。

　　例题6：把下面的6个图形分为两类，使每一类图形都有各自的共同特征或规律，分类正确的一项是（　　　）。

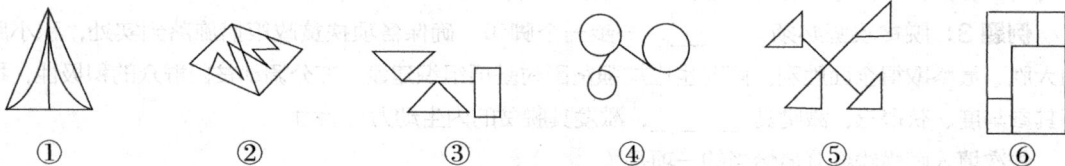

①　　　　　②　　　　　③　　　　　④　　　　　⑤　　　　　⑥

　　A. ①②⑥，③④⑤　　　　　　　　B. ①③④，②⑤⑥

　　C. ①④⑤，②③⑥　　　　　　　　D. ①④⑥，②③⑤

　　（答案：A。题干中每个图形中都有多个封闭图形和线段，考虑二者之间的位置关系，正确答案为A。）

　　② 定义判断：每道题先对相关概念进行定义，然后分别列出4种情况，要求报考者严格依据定义选出一个最符合或最不符合该定义的答案。

　　例题7：党政机关公文是党政机关实施领导、履行职能、处理公务的具有特定效力和规范体式的文书。其中命令(令)适用于公布行政法规和规章、宣布施行重大强制性措施、批准授予和晋升衔级、嘉奖有关单位和人员；意见适用于对重要问题提出见解和处理办法；批复适用于答复下级机关请示事项；函适用于不相隶属机关之间商洽工作、询问和答复问题、请求批准和答复审批事项。

　　根据上述定义，下列选项中应添加"批复"的是（　　　）。

　　A. 《国务院办公厅关于进一步加强资本市场中小投资者合法权益保护工作的_____》

　　B. 《国务院办公厅关于黑龙江双鸭山经济开发区升级为国家级经济技术开发区的_____》

　　C. 《国务院关于同意设立陕西西咸新区的_____》

　　D. 《国务院关于在我国统一实行法定计量单位的_____》

　　（答案：C。根据题干，"批复"的定义要点是答复下级机关请示事项。C选项中，同意设立陕西西咸新区，属于答复下级机关请示，符合定义。因此，正确答案为C。）

　　③ 类比推理：给出一组相关的词，要求通过观察分析，在备选答案中找出一组与之在逻辑关系

上最为贴近或相似的词。

例题 8： 设计：发放：问卷。（　　　）

A. 复制：修改：文字

B. 预习：复习：考试

C. 播放：快进：磁带

D. 制定：执行：政策

（答案：D。"设计"和"发放"是问卷实施过程中必然经历的两个步骤，顺序是先设计，后发放。D 选项，"制定""执行"是政策实行过程中必然经历的两个步骤，并且制定在前，执行在后，与题干逻辑关系一致，A、B、C 选项中的词语不具备题干中的逻辑关系。因此，正确答案为 D。）

④逻辑判断：每道题给出一段陈述，这段陈述被假设是正确的，不容置疑的。要求报考者根据这段陈述，运用一定的逻辑推论，选择一个最恰当的答案。

例题 9： 扶贫必扶智。让贫困地区的孩子们接受良好教育，是扶贫开发的重要任务，也是阻断贫困代际传递的重要途径。

以上观点的前提是（　　　）。

A. 贫困的代际传递导致教育的落后

B. 知识改变命运，教育成就财富

C. 扶贫工作难，扶智工作更难

D. 富有阶层大都受过良好教育

（答案：B。B 选项指出"教育成就财富"，从而也就可以阻断贫困的代际传递。因此，正确答案为 B。）

（5）资料分析主要测查报考者对文字、数字、图表等统计性资料的综合理解与分析加工能力。

例题 10： 某市 2015 年全年粮食总产量为 4.16 万吨，同比下降 2.3%；甘蔗产量为 0.57 万吨，下降 23.6%；油料产量为 0.12 万吨，增长 32.4%；蔬菜产量为 15.79 万吨，下降 3.4%；水果产量为 7.84 万吨，增长 7.4%。

全年水产品产量为 29.16 万吨，同比增长 3.6%。其中海洋捕捞 1.09 万吨，与上年持平；海水养殖 6.07 万吨，增长 89.5%；淡水捕捞 0.18 万吨，增长 1.1%；淡水养殖 21.81 万吨，下降 7.9%。

2010—2015 年该市粮食产量及增速情况如下图所示。

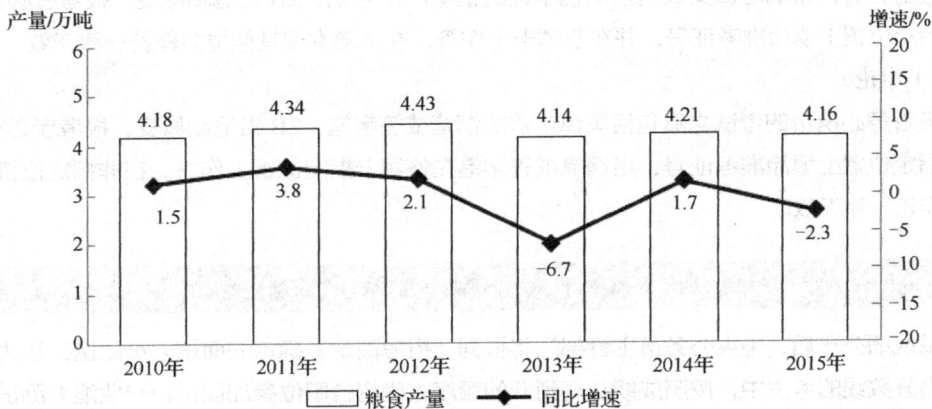

2010—2015 年某市粮食产量及其增速

2014 年该市蔬菜产量比水果产量约高多少万吨？（　　　）

A. 6　　　　　　　　B. 7　　　　　　　　C. 8　　　　　　　　D. 9

（答案：D。）

2. 申论

申论试卷由注意事项、给定资料和作答要求 3 部分组成。申论考试按照中央机关及其省级直属机构职位、市（地）级及以下直属机构职位的不同要求，分别命制试题。

中央机关及其省级直属机构职位申论考试主要测查报考者的阅读理解能力、综合分析能力、提出和解决问题的能力、文字表达能力。

① 阅读理解能力——全面把握给定资料的相关内容，准确理解给定资料的含义，准确提炼事实所包含的观点，并揭示所反映的本质问题。

② 综合分析能力——对给定资料的全部或部分内容、观点或问题进行分析和归纳，多角度地思考资料内容，做出合理的推断或评价。

③ 提出和解决问题的能力——准确理解把握给定资料所反映的问题，提出解决问题的措施或办法。

④ 文字表达能力——熟练使用指定的语种，运用说明、陈述、议论等方式，准确规范、简明畅达地表述思想观点。

市（地）级及以下直属机构职位申论考试主要测查报考者的阅读理解能力、贯彻执行能力、解决问题的能力和文字表达能力。

① 阅读理解能力——能够理解给定资料的主要内容，把握给定资料各部分之间的关系，对给定资料所涉及的观点、事实做出恰当的解释。

② 贯彻执行能力——能够准确理解工作目标和组织意图，遵循依法行政的原则，根据客观实际情况，及时有效地完成任务。

③ 解决问题的能力——对给定资料所反映的问题进行分析，并提出解决的措施或办法。

④ 文字表达能力——熟练使用指定的语种，对事件、观点进行准确合理的说明、陈述或阐释。

3. 作答要求

（1）行政职业能力测验

报考者务必携带的考试文具包括黑色字迹的钢笔或签字笔、2B 铅笔和橡皮。报考者必须用 2B 铅笔在指定位置上填涂准考证号，并在答题卡上作答。在试题本或其他位置作答一律无效。

（2）申论

报考者务必携带的考试文具包括黑色字迹的钢笔或签字笔、2B 铅笔和橡皮。报考者必须用 2B 铅笔在指定位置上填涂准考证号，用钢笔或签字笔在答题卡指定位置上作答。在非指定位置作答或用铅笔作答一律无效。

二、面试

笔试成绩公布后，中央公务员主管部门将根据《招考简章》确定的面试人员比例，从达到笔试最低合格分数线的考生中，按照成绩从高到低的顺序，确定各职位参加面试和专业能力测试的人员名单。面试由省级以上公务员主管部门组织实施，也可委托省级以上招录机关或授权设区的市级公务员主管部门组织实施。

面试内容和方式结合招考职位的工作内容、工作性质和工作特点确定。面试时间、地点等事项，考生可登录考录专题网站或者招录机关网站查询招录机关面试公告，也可直接向招录机关电话咨询。

1. 面试的种类

面试方法以结构化面试和无领导小组讨论为主，也可能采取其他测评方法。面试一般由面试考官小组主考。面试考官小组一般由 7 名考官组成，其中设主考官 1 名。报考同一职位的考生原则上安排在同一考官小组、使用同一套面试题本进行面试。面试前，一般会采取考官和考生抽签的办法确定面试室和面试次序。只有 1 个面试考官小组的，考官实行差额抽签确定。

（1）结构化面试

结构化面试也称标准化面试，指考官按照事先制订好的面试提纲的问题一一发问，并记录面试者的回答，然后依据一定的方法和标准对面试者进行评价。结构化面试具有严谨的特点，面试结果比较准确和可靠，其形式如图 2-3 所示。

（2）无领导小组讨论

无领导小组讨论主要是给一组面试者（一般是 5 ~ 7 人）一个与工作相关的问题，让面试者进行一定时间（一般是 1 小时左右）的讨论。考官不给面试者指定特别的角色，也不规定谁是领导，而是让所有面试者自行排位、组织。考官通过面试者的活动安排，观察每个面试者的表现，来对面试者进行评价。其形式如图 2-4 所示。

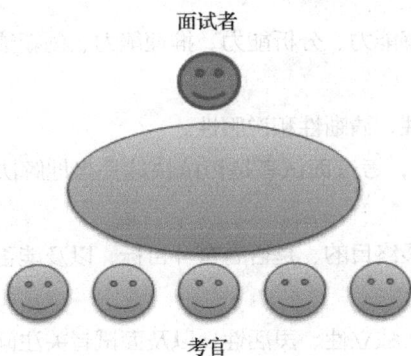

图 2-3 结构化面试形式　　　　图 2-4 无领导小组讨论形式

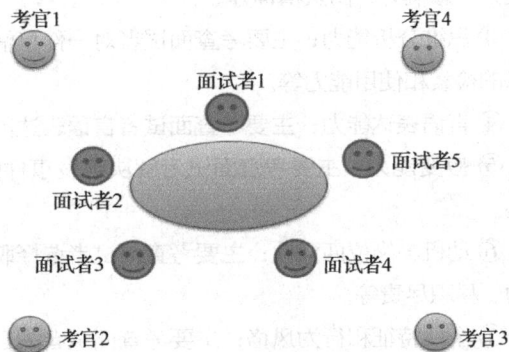

2. 结构化面试考察的内容

结构化面试是公务员录用考试中的主要面试形式，它主要考察面试者的举止仪表、言语表达能力、计划组织协调能力、应变能力和综合能力 5 项基本能力。

（1）举止仪表

面试者要精神状态饱满，穿着打扮端庄得体、衣服整洁，符合公务员工作的特点和面试考场的环境。同时要注意礼节及与考官的谈话态度。

（2）言语表达能力

面试者在回答问题时要尽量用普通话，声音要洪亮，言语表达要准确、简练，禁用口头禅。另外，面试者在回答问题时要有条理，尽量用序数词，即第一、第二等，或用过渡词，如首先、其次等。

（3）计划组织协调能力

这方面主考察面试者在面对一件事情时，作为主导者是如何安排和计划的。面试者在回答时应注意计划的周密性、可行性，组织工作的条理性、灵活性，且实施过程中的步骤要严密、主次要分明。

（4）应变能力

这方面主要考察面试者思考问题、解决问题的速度，以及灵活性。这类题一般有两种类型：一是情景性题目，假设一个遇到困难的情景，让面试者给出对应的解决策略；二是非情景性题目，如给出5个词语，要求面试者组织一个小故事等。

（5）综合能力

这方面主要考察面试者的综合分析能力和判断能力。这类题目一般包括3种类型：一是社会热点、焦点问题，如民生问题等；二是列出一种社会现象，询问面试者如何看待；三是针对面试者个人和考试本身命题，如考取公务员后准备如何开展工作等。

3．无领导小组讨论考查的内容

无领导小组讨论主要通过面试者的临场表现来考查面试者多方面的能力。考查内容主要有以下7个方面。

① 举止仪表：主要考查面试者的体容体貌、穿着举止、精神状态等外在特征。

② 与他人发生关系时所表现出的能力：主要考查面试者的沟通能力（包括语言和非语言的）、说服力、影响力、团队精神等。

③ 思维分析能力：主要考查面试者对一件事情的理解能力、分析能力、推理能力、创新能力、信息的检索和使用能力等。

④ 言语表达能力：主要考查面试者言语表达的流畅性、清晰性和说服性。

⑤ 应变能力：主要考查面试者解决突发事件的能力，考查面试者是否能快速妥当地解决棘手问题。

⑥ 动机与岗位匹配性：主要考查面试者选择职位的最终目的、是否有奋斗目标，以及能否积极努力、尽职尽责等。

⑦ 个性特征和行为风格：主要考查面试者的自信心、独立性、灵活性，以及面试者关注问题的着眼点是大局还是细节。

提醒

公务员录用考试的面试时间通常是20分钟，大学生要想在如此短暂的时间内给考官留下良好的印象，首先要有谦逊礼貌的态度；其次要正确有效地倾听考官的提问和讲话；最后在面试中，大学生一定要保持冷静，不要不懂装懂、牵强附会，最明智的选择就是坦率承认自己不懂，这样反而能得到考官的谅解。

自我测评

　　大学生要想在求职的面试过程中应对自如，除了要有必要的心理准备，还应对用人单位可能提出的面试问题做一个初步了解，包括每一个问题背后的意图，以及每一个问题的回答思路。下面列举了一些用人单位在面试过程中使用频率较高的问题及回答思路，大学生可根据个人情况，写出自己的答案。

　　问题1：请你做一下自我介绍。

　　这是面试的必考题目，通过大学生的回答，用人单位能对大学生进行初步的了解，并初步判断大学生与职业的匹配度。

　　思路：（1）介绍内容要与简历一致；（2）表述方式应自然且口语化，切忌直接背诵；（3）要切中要害，不谈无关、无用的内容；（4）条理要清晰，层次要分明。

　　我的回答：＿＿＿＿＿＿＿＿＿＿＿＿＿＿＿＿＿＿＿＿＿＿＿＿＿＿＿＿＿

＿＿＿＿＿＿＿＿＿＿＿＿＿＿＿＿＿＿＿＿＿＿＿＿＿＿＿＿＿＿＿＿＿＿＿。

　　问题2：你有什么业余爱好？

　　通过大学生的回答，用人单位可以进一步了解其性格、喜好、心态。

　　思路：（1）不宜说自己没有业余爱好；（2）不宜列举庸俗的、不健康的爱好；（3）不宜列举太大众化的爱好，如读书、听音乐等；（4）最好有一些户外的、集体参与的业余爱好。

　　我的回答：＿＿＿＿＿＿＿＿＿＿＿＿＿＿＿＿＿＿＿＿＿＿＿＿＿＿＿＿＿

＿＿＿＿＿＿＿＿＿＿＿＿＿＿＿＿＿＿＿＿＿＿＿＿＿＿＿＿＿＿＿＿＿＿＿。

　　问题3：谈一谈你的一次失败经历。

　　通过大学生的回答，用人单位可以考察其面对挫折的态度。

　　思路：（1）不宜说没有失败的经历；（2）不宜把明显的成功说成失败；（3）不宜列举严重影响应聘的失败经历；（4）宜陈述失败后自己的反思与总结，以及再次面对挫折的态度。

　　我的回答：＿＿＿＿＿＿＿＿＿＿＿＿＿＿＿＿＿＿＿＿＿＿＿＿＿＿＿＿＿

＿＿＿＿＿＿＿＿＿＿＿＿＿＿＿＿＿＿＿＿＿＿＿＿＿＿＿＿＿＿＿＿＿＿＿。

　　问题4：你为什么选择我们公司？

　　通过大学生的回答，用人单位可以考察其求职的动机、愿望，以及对此工作的态度。

思路：（1）宜从行业、企业和岗位 3 个方面来回答；（2）宜列举用人单位重视的事项或单位的优势（需要事先对用人单位进行了解）。

我的回答：_____

_____。

问题 5：如果我录用你，你将怎样开展工作？

通过大学生的回答，用人单位可以了解大学生对工作岗位的理解和熟悉程度，以及其逻辑思维和工作能力等。

思路：（1）大学生可以简短地阐述一下对工作岗位的理解，然后有条理、有逻辑地列出开展工作的顺序、计划和内容；（2）如果大学生对于应聘岗位缺乏足够的了解，最好不要直接说出自己开展工作的具体办法，可以尝试采用迂回战术来回答，比如，首先听取领导的指示和要求，然后就相关情况进行了解和熟悉，最后制订一份近期的工作计划。

我的回答：_____

_____。

问题 6：在 5 年的时间内，你的职业规划是什么？

通过大学生的回答，用人单位可以考察其个人规划是否与应聘职位相符，以及可能为公司服务的时间。

思路：（1）要实事求是，不要违背自己的最终目的，不要为了就业而就业；（2）切忌说没有职业规划；（3）可根据用人单位和应聘的职位发展情况调整自己的职业规划。

我的回答：_____

_____。

问题 7：如果你通过这次面试，工作一段时间后却发现根本不适合这个职位，你怎么办？

通过大学生的回答，用人单位可以考察其对于职业的忠诚度。

思路：（1）如果确实热爱这个职业，需要不断学习，虚心请教，力争减少自己与职位要求的差距；（2）如果确实不适合这个职业，会选择离开，对公司和个人都有好处；（3）宜说明自己目前的情况，希望在这个职位上长期发展。

我的回答：_____

_____。

问题 8：请说一说你对加班的看法。

通过大学生的回答，用人单位可以考察其价值观，以及大学生是否具有奉献精神。

思路：（1）不能回避加班，最好能够向用人单位传递对加班的正确态度；（2）表明自己会以积极的态度来面对加班。

我的回答：_____

_____。

第三章
就业权益与保障

面临毕业的大学生有时会急于就业，却忽视了对用人单位的客观审视。个别用人单位可能会在招聘过程侵害大学生的权益或有其他违法行为。这种行为不仅会让初入社会的大学生对社会产生恐惧感，还会给大学生带来精神或物质上的损害，所以大学生不能在就业过程掉以轻心，一定要谨慎对待，做到客观审视，维护自己的正当权益。

学习目标

◆ 了解大学生就业权益的主要内容。

◆ 了解个人权益的自我保护方法。

◆ 了解《全国普通高等学校毕业生就业协议书》（以下简称《就业协议书》）的法律性质。

◆ 掌握违约责任和劳动争议的解决办法。

案例导入

张金玉是某高校的应届毕业生，学习成绩较好，在校期间曾担任学院的学生干部，这些优势帮助她在短期内就找到了一份与自己的专业对口，且公司前景又不错的工作。双方经过协商签订了《就业协议书》，并就以下主要事项进行了约定：（1）服务期限两年，试用期3个月；（2）试用期工资2 000元/月，试用期满后工资4 500元/月；（3）违约金9 000元。

在签订《就业协议书》时，张金玉将协议书中要求自己填写的内容全部填写完毕，然后签字，学校盖章，再交回给公司。几天后，张金玉拿到公司盖好章的《就业协议书》后发现工资栏中多了一条"此工资为税前工资"，由于协议已经生效，又想到9 000元的违约金，张金玉只能忍气吞声。3个月的试用期满后，张金玉却发现公司并没有按照约定给自己转正并签订劳动合同。考虑到自己在工作期间未曾出现任何失误，也没有给公司带来任何损失。于是，张金玉鼓起勇气去问领导，哪知道领导竟然说："当初签订的《就业协议书》就是劳动合同，没必要再重复签订"。为了保护自己的合法权益，张金玉找到了当地的劳动部门，根据她的具体情况，劳动部门很快给出了解决方案，帮助张金玉赢得了合法的权益。

第一节　就业权益的主要内容及自我保护

近年来，大学生在就业过程中权益受损的情况时有发生，因此，对即将步入社会的大学生来说，了解就业权益的相关知识格外重要。下面就针对大学生应享有的就业权益与个人权益的自我保护措施进行介绍。

一、大学生就业权益的主要内容

大学生在就业过程中除了享有普通劳动者所享有的劳动报酬权、休息休假权等一般权利，还享有一些其他的特殊权利，下面分别进行讲解。

1. 就业信息知情权

搜集就业信息是大学生成功就业的前提，只有拥有充足、优质的就业信息，大学生才可能结合自身的情况找到适合自己发展的职业和用人单位。就业信息知情权指大学生拥有及时、全面地获取应该公开的各种就业信息的权利。它包括以下 3 个方面的含义。

（1）公开性

就业信息的公开性指用人信息应向所有大学生公开，任何团体、组织和个人都不得隐瞒、截留用人信息。

（2）时效性

就业信息具有很强的时效性，所以就业信息应及时、有效地向大学生公布，以免失去利用价值，影响大学生就业。

（3）全面性

就业信息应当全面且完整，以便大学生对用人单位进行全面的了解，从而做出符合自身要求的选择。

2. 就业指导权

就业指导工作直接影响大学生的职业生涯规划、就业方向及创业计划，它是大学生成功就业过程中非常关键的保障。

《中华人民共和国高等教育法》第五十九条规定：高等学校应当为毕业生、结业生提供就业指导和服务。由此可以看出，接受来自国家、社会和学校的就业指导与服务，是大学生的一项重要权利。全方位的就业指导与服务应包括宣传国家关于大学生就业的方针、政策；对大学生进行求职技巧指导；引导大学生根据实际情况择业。大学生通过接受就业指导，可以对自身进行更准确的定位，合理择业。

3. 被推荐权

学校在就业指导工作中的一个重要职责就是向用人单位推荐大学生。学校的推荐会在一定程度上影响用人单位对大学生的录用。大学生在被学校推荐的过程中享有如实推荐、公正推荐、择优推荐的权利。下面分别对这3种推荐权利进行讲解。

（1）如实推荐

如实推荐指学校在对大学生进行推荐时，应实事求是，根据大学生的实际情况向用人单位进行介绍，不能故意贬低或随意夸大大学生在校的表现。

（2）公正推荐

公正推荐指学校对大学生的推荐应做到公平、公正，应给每一位大学生就业推荐的机会，不能厚此薄彼。

（3）择优推荐

择优推荐指学校在公正、公开的基础上，还应择优推荐，真正体现优生优待、人尽其才。这样才能调动广大大学生就业的积极性。

4. 就业选择自主权

根据国家有关规定，大学生可以在国家的就业方针、政策指导下"双向选择，自主择业"，即大学生可以按照自己的兴趣、爱好和能力选择自己喜欢或擅长的职业，同时大学生还有权决定自己何时就业、何地就业等。家长、学校和用人单位可以为初出校门、缺乏工作经验的大学生提供建议和引导，但不能强迫或限制他们选择职业。

5. 平等就业权

大学生在就业过程中享有平等的就业权利。所谓平等，即大学生有公平的机会去竞争工作岗位，反对就业中的各种歧视行为，如性别限制、户籍限制、外貌歧视等。

> 🪂 **提醒**
>
> 大学生应当平等地接受学校的推荐，平等地参加用人单位的公开招聘，同时用人单位在录用大学生时应做到公平、公正。大学生在就业过程中如遇到不公平待遇，可通过合法途径维护自己的权益。

6. 违约及补偿权

用人单位、学校、大学生三方签订《就业协议书》后，任何一方不得擅自毁约。如任何一方无故要求解约，都必须承担相应的违约责任。违约一般有以下两种情况。

（1）用人单位违约

用人单位由于单位改制、经营不善等原因，有可能主动向大学生提出解除《就业协议书》，而此时大学生有权要求用人单位严格履行《就业协议书》，否则需承担违约责任，支付解约金。

（2）大学生违约

在就业过程中，也有大学生出于谋求更好的就业机会等原因，向用人单位主动提出解除协议的情况，这时大学生应承担自己的违约责任。

📖 阅读材料

就业没有"双保险"

小张是某高校的应届毕业生。小张一直想当一名公务员，但由于国家公务员的录取结果要在第二年的 5 月份才公布，为了上个"双保险"，小张在学校的双选会上与一家公司签订了《就业协议书》。第二年 5 月，国家公务员录取结果公布，小张如愿以偿考上了公务员，于是决定与原先签订了《就业协议书》的公司解除协议。该公司要求小王按照《就业协议书》的约定支付 5 000 元的违约金。

《中华人民共和国合同法》规定，当事人一方不履行合同义务或者履行合同义务不符合约定的，应当承担继续履行、采取补救措施或者赔偿损失等违约责任。因此，小张应当按照《就业协议书》中的约定承担违约责任。同时，根据法律规定，用人单位需要证明小张的违约行为给公司带来的损失及损失程度，以支持自己对违约金的金额主张。

二、个人权益的自我保护

大学生在就业过程中应当增强自我保护意识，学会识别和规避各种就业陷阱，以维护自己的合法权益。

1. 识别和规避就业陷阱

个别用人单位、中介机构或个人利用大学生就业急切的心理，经常设计一些陷阱，引诱大学生上当，以牟取私利。下面列举一些常见的就业陷阱。

（1）费用陷阱

一些用人单位在招聘过程中向大学生收取各种费用，如报名费、培训费、考试费、资料费、登记费、服装费等，这些都是违法行为。

（2）培训陷阱

有些不良培训机构会伪装成各类公司，招聘工程师助理、讲师助教等职位，并告诉大学生，他们的能力不够、经验不足，需要从助理或助教开始做起，逐步成长。当大学生到公司后，公司会以其专业知识不足为由让其转成学员重新学习，进而收取培训费用。

（3）高薪陷阱

大学生的社会经验较少，较容易被优厚的待遇、高额的工资吸引。为避免陷入高薪陷阱，大学生在求职时应对用人单位做深入了解，不可盲目签约。在面对一些薪水明显过高的职位时，应格外留心，以免上当。

（4）试用期陷阱

试用期陷阱也是常见的就业陷阱之一，主要存在以下4种形式。

① 只试用不录用。

只试用不录用是指大学生试用期满时，用人单位随意找个理由就将其辞退。

② 试用期不签订劳动合同。

《中华人民共和国劳动合同法》（以下简称《劳动合同法》）规定，劳动合同必须在劳动者开始工作之日起一个月内签订，劳动合同可以约定试用期。因此，大学生被用人单位录用后就应该签订劳动合同，然后约定试用期。

③ 随意延长试用期。

《劳动合同法》对试用期限有明确规定，试用期的长短与劳动合同签订的就业服务年限有关，用人单位不能随意延长试用期。

④ 混淆试用期与实习期、见习期的概念。

实习期是在校大学生到用人单位进行实践活动的时间，属于教学过程；见习期是对应届毕业生到用人单位进行业务适应及考核的一种人事制度；试用期是《中华人民共和国劳动法》（以下简称《劳动法》）规定的员工工作的尝试时间。

（5）合同陷阱

合同陷阱指大学生与用人单位签订的劳动合同存在与《劳动法》相违背的地方，用人单位通过这份合同可以达到侵害大学生合法权益的目的。合同陷阱一般有以下4种形式。

① 口头合同。

口头合同指用人单位与大学生就权利、义务达成口头约定，不签订正式的书面协议。

② 单方合同。

单方合同指用人单位在劳动合同里只约定大学生的义务和用人单位的权利，而很少甚至没有约定大学生的权利和用人单位的义务。

③ 真假两份合同。

真假两份合同指用人单位与大学生签订真假合同。假合同按照劳动部门的要求签订，真合同则从用人单位的利益出发签订。

④ 模糊合同。

模糊合同指用人单位与大学生签订的合同内容含糊不清。合同内容表面上看不出有什么问题，但具体文字表述不清，甚至可以有多种解释。

> 💡 **提醒**
>
> 除以上陷阱外，还有无故克扣工资、不缴纳社会保险金等许多就业陷阱，大学生不提高警惕也很有可能陷入传销骗局，被网络虚假就业信息蒙蔽等。因此，大学生在就业过程中一定要提高警惕，保护自身的合法权益。

2. 学会自我保护

了解各种就业陷阱后，大学生在就业过程中必须学会相应的自我保护措施，保护自身的合法权益不被侵害。

（1）自觉遵守就业规范

在就业过程中，大学生应自觉遵守就业规范。据相关规定，当大学生有下列情形之一时，学校不再负责提供就业服务。

① 不顾用人单位需要，坚持个人无理要求，经多方教育仍拒不改正。

② 已签订《就业协议书》，但无正当理由超过 3 个月不去用人单位报到。

③ 去用人单位报到后，因不服从安排或提出无理要求被用人单位退回。

（2）了解国家政策和法规

了解目前国家关于毕业生就业的相关方针、政策和法规及它们之间的关系，熟悉大学生在就业过程中的权利和义务，是大学生自我保护的前提。只有这样，大学生才能发现自己在就业过程中可能遇到的不正当对待，从而依据法规办事，维护自己的合法权益。

（3）维护自身合法权益

在就业过程中，当自身的权益受到侵害时，大学生要敢于拿起法律武器据理力争，使自己处在与用人单位平等的地位，自身的合法权益才能得到保障。在实际维护自身合法权益的过程中，大学生除了依靠个人的力量，还可以依靠学校、国家行政机关、新闻媒体和社会法律援助等多方力量。

📑 阅读材料

盗用知识产权

李丽是一名计算机专业的毕业生，她在人才招聘网站上看到一家软件公司正在招聘。查看了职位的相关要求和工作地点后，李丽觉得该职位跟自己的条件和兴趣都比较符合，便向软件公司投递了简历。很快李丽就收到了软件公司的面试邀请。面试结束后李丽收到了一份应聘者考卷，试卷内容为设计某个项目。李丽花费了大量的精力和时间来完成该项目，并通过电子邮件将其发送给软件公司。但过了近两周的时间，李丽还是没有收到应聘结果。让她意外的是，一个月后，李丽发现该软件公司在未通知她本人的情况下，盗用了自己的设计成果。她急忙赶往该公司与其理论，但该公司却并不予理会。李丽只能拿出自己的邮件发送记录找到了当地的劳动部门。在劳动部门的帮助下，李丽成功地停止了软件公司的侵权并获得了相应补偿。

个别用人单位在招聘时，会以见证个人才华为由向大学生索要个人作品、工作设计等，遇到这种情况时，大学生不要轻易将自己的作品提供或复制给用人单位。如需交付作品，大学生必须要求用人单位立下字据，以便在出现盗用情况时作为证据来维护自己的合法权益。

第二节 就业法律保障

大学生在就业过程中享有的法律保障主要包括《就业协议书》和劳动合同两个方面，下面分别讲解。

一、《就业协议书》

《就业协议书》是大学生和用人单位在正式确立劳动关系前，经双向选择，双方在规定期限内就确立就业关系、明确双方权利和义务而达成的书面协议。《就业协议书》明确了大学生、用人单位、学校三方在大学生就业过程中的权利和义务。《就业协议书》一般是统一制表，其参考样式如图 3-1 所示。

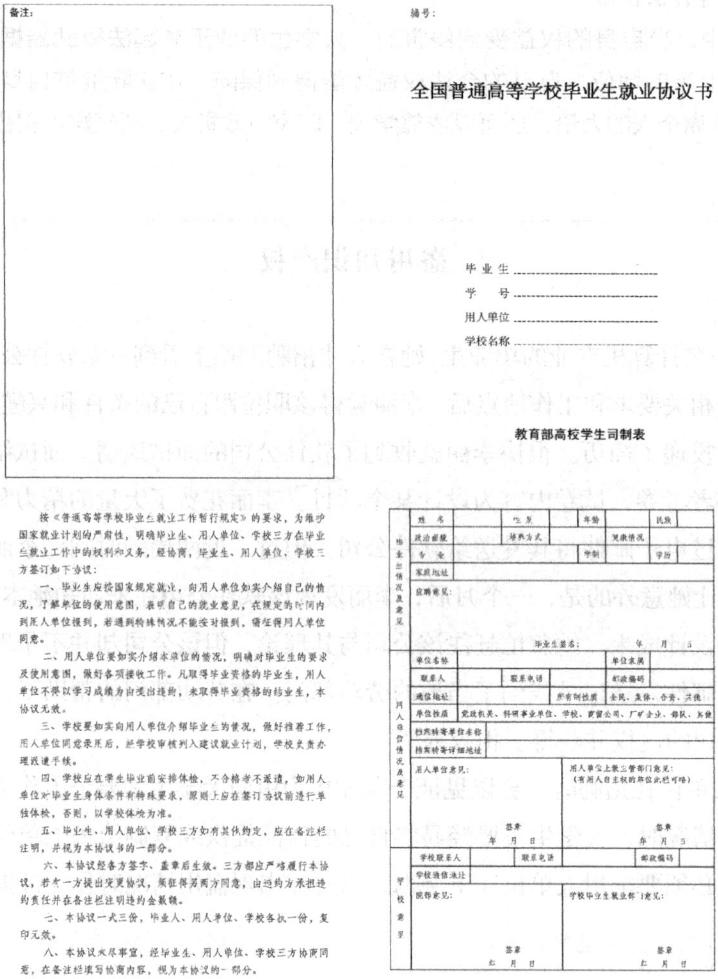

备注：

编号：

全国普通高等学校毕业生就业协议书

毕 业 生

学　　号

用人单位

学校名称

教育部高校学生司制表

按《普通高等学校毕业生就业工作暂行规定》的要求，为维护国家就业计划的严肃性，明确毕业生、用人单位、学校三方在毕业生就业工作中的权利和义务，经协商，毕业生、用人单位、学校三方签订如下协议：

一、毕业生应按国家规定就业，向用人单位如实介绍自己的情况，了解单位的使用意图，表明自己的就业意见，在规定的时间内到用人单位报到，若遇到特殊情况不能按时报到，需征得用人单位同意。

二、用人单位要如实介绍本单位的情况，明确对毕业生的要求及使用意图，做好各项接收工作。凡取得毕业资格的毕业生，用人单位不得以学习成绩为由提出违约，未取得毕业资格的结业生，本协议无效。

三、学校要如实向用人单位介绍毕业生的情况，做好推荐工作，用人单位同意录用后，经学校审核列入建议就业计划，学校负责办理派遣手续。

四、学校应在学生毕业前安排体检，不合格者不派遣，如用人单位对毕业生身体条件有特殊要求，原则上应在签订协议前进行单独体检，否则，以学校体检为准。

五、毕业生、用人单位、学校三方如有其他约定，应在备注栏注明，并视为本协议书的一部分。

六、本协议经各方签字、盖章后生效。三方都应严格履行本协议，若有一方提出变更协议，须征得另两方同意，由违约方承担违约责任并在备注栏注明违约金数额。

七、本协议一式三份，毕业生、用人单位、学校各执一份，复印无效。

八、本协议未尽事宜，经毕业生、用人单位、学校三方协商同意，在备注栏填写协商内容，视为本协议的一部分。

毕业生情况及意见：姓名｜性别｜年龄｜民族｜政治面貌｜培养方式｜健康情况｜专业｜学制｜学历｜家庭地址

应聘意见：

毕业生签名：　　年　月　日

用人单位情况及意见：单位名称｜单位隶属｜联系人｜联系电话｜邮政编码｜通信地址｜所有制性质：全民、集体、合资、其他｜单位性质：党政机关、科研事业单位、学校、贸易公司、厂矿企业、部队、其他｜档案转寄单位名称｜档案转寄详细地址

用人单位意见：　签章　年　月　日

用人单位上级主管部门意见：（有用人自主权的单位此栏可略）　签章　年　月　日

学校意见：学校联系人｜联系电话｜邮政编码｜学校通信地址

院部意见：　签章　年　月　日

学校毕业生就业部门意见：　签章　年　月　日

图 3-1　《就业协议书》模板

提醒

> 《就业协议书》一般是统一制表，但由于各个省市的要求不一样，内容也会有所差别。例如，《就业协议书》的"备注"页，一般用于学校填写就业时需要大学生注意的事项；"签约须知"页，即《就业协议书》的第3页，是就业协议的具体条款内容，可以有所不同。

1. 《就业协议书》的填写内容

大学生在填写《就业协议书》时，应注意查看和填写以下内容。

① 甲方：《就业协议书》中应由用人单位填写的部分。用人单位填写时应注意以下3个方面：一是用人单位的名称与单位的公章应一致，不得简写、误写或写别名；二是用人单位的性质应填写单位的经济类型，如国有、独资、合资、民营、私营等；三是档案转收详细信息（单位名称、邮政编码、详细地址），如某些外资企业、私营企业、民营企业等单位没有人事档案保管权，应填写委托保管档案的单位地址，如某人才市场等。

② 乙方：《就业协议书》中应由大学生填写的部分。专业名称应为大学生现在所学的专业名称，应与学校登记的专业名称完全一致，不得误写、简写。"档案接收"一般填写回原籍或是接受大学生档案的地方；"姓名""性别"分别是大学生本人的基本信息；"政治面貌"一般是团员、预备党员或党员，根据实际填写；"通讯地址"即大学生现在所住的地址；"家庭住址""联系电话"填大学生家庭的一些基本信息。

③ 甲乙双方协商达成义务权利的条款部分。甲乙双方协商达成条款的部分应注意3个方面：一是服务期、见习期等条款，必须明确填写；二是各项福利、违约金等必须注明；三是甲、乙双方就有关事项协商达成附加条款，如甲方有特殊的体检要求等均可在协议中写明。

2. 《就业协议书》的主要特征

大学生与用人单位双向选择达成意向后，用人单位要先与大学生签订《就业协议书》，当大学生正式到用人单位报到时，再签订劳动合同，从而确定劳动关系。从法律上讲，《就业协议书》具有法律效力，具有合同的性质与特征。因此，《就业协议书》应是大学生与用人单位之间确立聘用关系，明确权利、义务的协议。《就业协议书》主要具有以下特征。

① 《就业协议书》是双方当事人的民事法律行为。大学生与用人单位的意思表示一致，《就业协议书》才能成立。只有一方当事人的意思表示，或双方当事人都有意思表示，但双方表示的内容不一致，《就业协议书》都不成立。

② 《就业协议书》是双方当事人法律地位平等的民事法律行为。大学生可以根据自己的需求选择经济效益好、能够发挥自身特长的用人单位；用人单位也可以自由选择优秀的大学生到单位工作，不存在一方当事人强迫或被强迫签订《就业协议书》的情况。

③ 《就业协议书》是双方当事人设立各自权利、义务的民事法律行为。《就业协议书》主要规定大学生的工作期限、工作岗位、工资报酬、劳动待遇、就业协议终止条件、违反协议的责任等，明确了大学生到用人单位工作的权利、义务，以及用人单位的权利、义务等。

阅读材料

争取自己的合法权益

江丽丽是文秘专业毕业的大学生。在一次招聘会上，江丽丽与一家贸易公司签订了《就业协议书》，约定违约金为 8 000 元。于是，江丽丽就不再找其他工作，一心等待公司通知她前去报到。但该公司之后又发现了一位更合适的应聘者，便萌生了与江丽丽解约的意向。很快，江丽丽就接到该公司让她前往人事部门的通知，江丽丽还以为是到公司报到，谁知是办理解约手续，心里十分难过。她便向该企业索要违约金 8 000 元，却遭到拒绝，该企业声称江丽丽并未正式入职，不愿支付违约金。

江丽丽只好带上《就业协议书》并聘请了律师来到该公司进行谈判。最后，该公司决定依据《就业协议书》的内容继续聘用江丽丽，不再解约。

3. 《就业协议书》的签订程序

为使《就业协议书》起到应有的作用，大学生在与用人单位签订《就业协议书》时应遵守相应的程序。只有按照程序，所有相关人员签字盖章后，《就业协议书》才能生效。签订《就业协议书》的基本程序如下。

① 大学生到学校的就业主管部门领取写有本人编号的《就业协议书》。

② 大学生和用人单位经双向选择、达成就业意向后，双方在《就业协议书》上签字盖章。

③ 用人单位或大学生本人将《就业协议书》交至学校院系，由学校院系签署意见并加盖公章，纳入就业计划派遣。

④ 用人单位或大学生本人将《就业协议书》交至学校就业主管部门，由就业主管部门签署意见并加盖公章。

⑤ 《就业协议书》一式四份，大学生、用人单位各留一份，学校留两份（其中一份交至学校所在地毕业生就业主管部门）。

提醒

《就业协议书》每人只能有一份，复印无效，大学生应妥善保管；《就业协议书》中的档案转寄地址、单位、邮编应填写清楚，以免档案误投，损害大学生自身的利益；学校为鉴证方，《就业协议书》在大学生和用人单位双方签署后即可生效。

4. 解除《就业协议书》

《就业协议书》的解除根据提出解除方的不同，分为单方解除和三方解除，具体如下。

（1）单方解除

单方解除包括单方擅自解除和单方依法或依协议解除。单方擅自解除属违约行为，解约方需承担违约责任。单方依法或依协议解除，指一方解除《就业协议书》有法律或协议依据，如大学生未取得毕业资格，用人单位有权单方解除《就业协议书》。此类单方解除《就业协议书》的情况，解约方无须承担法律责任。

（2）三方解除

三方解除指大学生、用人单位、学校三方经协商一致，取消原签订的《就业协议书》。此类解除三方均不承担法律责任。

5．《就业协议书》的法律性质

《就业协议书》具有合同的某些法律属性，但它与劳动合同又有明显的不同。

（1）《就业协议书》具有合同的属性

《中华人民共和国合同法》（以下简称《合同法》）规定，合同是平等主体的自然人、法人、其他组织之间设立、变更、终止民事权利义务关系的协议。合同当事人的法律地位平等，一方不得将自己的意志强加给另一方。

通过对比可以发现，《就业协议书》具有合同的属性，主要表现在以下 3 个方面。

① 签订《就业协议书》的主体是大学生（自然人）和用人单位（法人、其他组织），二者在签订《就业协议书》时的法律地位是平等的。

② 《就业协议书》是双方意见的协商，任何一方都不能将自己的意志强加给另一方。

③ 《就业协议书》涉及的权利和义务均属于我国民事法律管辖的范围。

（2）《就业协议书》不能取代劳动合同

《就业协议书》虽然具有劳动合同的部分属性，但不能等同于劳动合同，更不能将其取代。《就业协议书》只是一份简单的文本文件，很多劳动合同应有的内容并没有包含在内，因此，仅凭《就业协议书》，大学生就业后的劳动权利无法得到保障。

> **提醒**
>
> 《就业协议书》是大学生与用人单位确立劳动关系的前提，劳动合同是大学生与用人单位确立劳动关系、明确双方权利和义务的重要法律依据。对大学生而言，二者相依相存，并不矛盾，它们合在一起构成了一道强大的大学生就业保护网。

二、劳动合同

劳动合同是用人单位与劳动者之间明确权利与义务的协议。所有的劳动合同都必须依托《中华人民共和国劳动合同法》（以下简称《劳动合同法》）制订，而不能依据用人单位的单方面意愿制订。

1．劳动合同的基本内容

大学生入职后，需要与用人单位签订劳动合同，保障劳动关系的合法性。如果没有签订劳动合同，大学生的权益就可能会受到侵害。订立和变更劳动合同，应遵循平等自愿、协商一致的原则，不得违反法律、行政法规的规定。劳

扫一扫

劳动合同的含义

动合同应当具备以下 7 项必备条款。

（1）劳动合同期限

劳动合同期限即劳动合同的有效时间，也就是合同开始的时间和结束的时间。如大学生在 2019 年 3 月 20 日被录用开始工作，工作时间为 10 个月，那么合同的期限一般规定为本劳动合同从 2019 年 3 月 20 日生效，到 2020 年 1 月 20 日结束。

（2）工作内容

工作内容是劳动者在劳动合同的有效期内所从事的工作岗位，以及工作应达到的数量、质量指标或者应当完成的任务。该条款明确了大学生在用人单位所从事的工作，比如在装修公司从事装修设计工作，那么在劳动合同中应该注明工作内容是"装修设计"。

（3）劳动保护和劳动条件

劳动保护和劳动条件是为了保障劳动者在劳动过程中的安全、卫生及其他劳动条件，用人单位根据国家有关法律、法规而采取的各项保护措施。比如，建筑工人应该发放安全帽，高空作业有哪些保护措施等。

（4）劳动报酬

劳动报酬是在劳动者提供了正常劳动的情况下，用人单位应当支付的工资。

（5）劳动纪律

劳动纪律是劳动者在劳动过程中必须遵守的工作秩序和规则。比如，上班时间不得私自外出等。

（6）劳动合同终止的条件

劳动合同终止的条件即除了劳动合同期限其他由当事人约定的特定法律事实，这些事实一出现，双方当事人之间的权利义务关系立即终止。比如，用人单位出现破产停业等情况。

（7）违反劳动合同的责任

违反劳动合同的责任指当事人不履行劳动合同或者不完全履行劳动合同，所应承担的相应法律责任。

根据《劳动合同法》的规定，劳动合同除了上述 7 项法定条款，还包括一些特殊法定条款。特殊法定条款是由于某些劳动合同的特殊性，法律要求某一种或某几种劳动合同必须具备的条款。比如，私营企业的劳动合同中应该包括工时和休假的条款。如果因为用人单位的原因签订了不完整的劳动合同，之后对劳动者的权益造成了侵害，用人单位应当承担法律责任。

2. 劳动合同的特点

作为一种特殊的合同类型，劳动合同既具有合同的一般特征和相应的法律约束力，又具有自己的特点。其主要包括以下 4 个特点。

（1）主体资格合法

劳动者的主体资格合法指劳动者必须是年满 16 周岁、具备劳动权利能力和劳动行为能力的公民。未满 16 周岁的未成年人不能作为劳动者主体与用人单位签订劳动合同。用人单位的主体资格合法，指用人单位须经主管部门批准，依法从事生产经营和其他相应的业务，享有法律赋予的用人资格或能力。

（2）合同内容合法

合同内容合法主要指劳动合同的内容不得违反法律、行政法规的强制性规定。如《劳动法》第二十条明确规定："劳动者在试用期的工资不得低于本单位相同岗位最低档工资或者劳动合同约定工资的百分之八十，并不得低于用人单位所在地的最低工资标准。"假若某劳动者与用人单位签订的劳动合同约定的试用期工资低于当地最低工资标准，显然是无效的。

（3）当事人意思表示真实

根据《劳动法》第十八条的规定，采取欺诈、威胁等手段订立的劳动合同是无效的。另外，如果有证据证明当事人对合同的内容有重大误解，这样的劳动合同也应无效。

（4）合同订立形式合法

《劳动法》第十九条明确规定，劳动合同应当以书面形式订立。以口头、录音、录像等形式订立的劳动合同，均无效。因此，如果劳动合同没有采取书面形式、当事人也未实际履行主要义务，那么合同的订立形式是不合法的。在一般情况下，只要当事人采取补救措施，使合同订立形式合法化后，就可以认定为合同有效。

3. 与大学生关系密切的劳动合同签订事项

下面列出 7 项与大学生就业息息相关的劳动合同的注意事项。

（1）必须签订劳动合同

《劳动合同法》规定，建立劳动关系，应当订立书面劳动合同。《劳动合同法》关于劳动合同的签订有以下规定。

① 用人单位自用工之日起超过一个月不满一年未与劳动者订立书面劳动合同的，应当向劳动者每月支付两倍的工资。

② 用人单位自用工之日起满一年不与劳动者订立书面劳动合同的，视为用人单位与劳动者已订立无固定期限劳动合同。

📖 阅读材料　　　　　　　　**大学生要熟悉《劳动合同法》**

小丽大学毕业后到一家电商平台从事客服工作。但小丽工作了近半年后，公司以其仍在试用期为由，不仅不给小丽应有的业务提成，而且给小丽发放比其他职工工资低10% 的实习工资。为此，小丽很不满意并向公司递了辞呈，同时要求公司按照《劳动合同法》的相关规定，支付她双倍工资。

《劳动合同法》第八十二条规定：用人单位自用工之日起超过一个月不满一年未与劳动者订立书面劳动合同的，应当向劳动者每月支付两倍的工资。最终，公司向小丽承认了自己的错误，鉴于小丽的业绩突出且管理能力也不错，于是请求小丽与公司签订正式的劳动合同，并补发给小丽应得的工资和提成。双方达成协议后，小丽收回了辞呈，继续在该公司工作。

（2）个人隐私保护

为了保护劳动者的隐私，《劳动合同法》规定，用人单位有权了解劳动者与劳动合同直接相关的基本情况，劳动者应当如实说明。这句话背后的含义是不属于"与劳动合同直接相关的基本情况"，用人单位都无权过问，劳动者也有权拒绝回答。

另外，《就业服务与就业管理规定》也规定，用人单位在招用人员时，除国家规定的不适合妇女从事的工种或岗位外，不得以性别为由拒绝录用妇女或者提高对妇女的录用标准。用人单位录用女职工，不得在劳动合同中规定限制女职工结婚、生育的内容。

（3）不得要求提供担保或收取财物

某些不正规的用人单位在招聘或录用过程中，为了谋取钱财，向应聘者收取招聘费、培训费、押金或服装费，或要求扣押应聘者的证件等。这些在《劳动合同法》中都是被禁止的，《劳动合同法》规定，用人单位招用劳动者，不得扣押劳动者的居民身份证或其他证件，不得要求劳动者提供担保或以其他名义向劳动者收取财物。

《劳动合同法》还规定，用人单位违反规定，扣押劳动者居民身份证等证件的，由劳动行政部门责令限期退还劳动者本人，并依照有关法律规定给予处罚。用人单位违反规定，以担保或者其他名义向劳动者收取财物的，由劳动行政部门责令限期退还劳动者本人，并以每人500元人民币以上、2 000元人民币以下的标准处以罚款；给劳动者造成损害的，应当承担赔偿责任。

（4）同工同酬

《劳动合同法》规定，工资分配应当遵循按劳分配原则，实行"同工同酬"。"同工同酬"指用人单位对于技术和劳动熟练程度相同的劳动者在从事同种工作时，不分性别、年龄、民族、区域等差别，只要提供相同的劳动量，就获得相同的劳动报酬。同工同酬必须具备以下3个条件。

① 劳动者的工作岗位、工作内容相同。

② 劳动者在相同的工作岗位上付出了与别人同样的工作量。

③ 劳动者以同样的工作量取得了相同的工作业绩。

"同工同酬"的重要内容之一，就是规定同一工种不再有合同工与正式工的差别，在同一企业工作的只要是相同的工种，就应得到相同的报酬。

在实际的施行过程中，同工同酬作为一项分配原则也有其相对性：相同岗位的劳动者之间也有资历、能力、经验等方面的差异，因此，只要劳动报酬大体相同就不违反同工同酬原则。

（5）关于试用期

试用期指用人单位和劳动者为了相互了解、相互选择而在劳动合同中约定的不超过6个月的考察期。《劳动合同法》规定，劳动合同可以约定试用期。"可以"二字表明，在劳动合同中约定试用期不是必备条款，而是协商条款，由劳动者和用人单位协商确定。但是，如果双方约定试用期，就必须遵守有关规定。在劳动合同中约定试用期要遵守以下规定。

① 劳动合同中的试用期应由用人单位和劳动者双方平等协商约定，不得由用人单位一方强行规定。

② 试用期最长不得超过6个月。

③ 劳动合同在3年以下的，应按合同期限的长短来确定试用期。劳动合同期限在3个月以上

1年以下的，试用期不得超过30天；劳动合同期限在1年以上3年以下的，试用期不得超过60天。如果劳动合同期限在3年以上，可以在6个月内约定试用期。以完成一定工作任务为期限的劳动合同或者劳动合同期限不满3个月的，不得约定试用期。

④ 试用期包括在劳动合同期限内，不能把试用期计算在劳动合同以外。劳动合同仅约定试用期的，试用期不成立，该期限为劳动合同期限。也就是说，只要签订劳动合同，就必须是正式的劳动合同。可以在正式的劳动合同里约定前几个月为试用期，而不能先签试用合同，再签正式合同。

⑤ 同一用人单位与同一劳动者只能约定一次试用期。试用期适用于初次就业或改变岗位/工种的劳动者，工作岗位没有发生变化的劳动者只有一次试用期。

⑥ 试用期不得延长。用人单位在试用期内发现劳动者不符合录用条件，可以解除劳动合同，而不能延长试用期继续进行考察；同样，劳动者对用人单位不满意或认为不适合该工作，可以解除劳动合同。

⑦ 劳动者在试用期的工资不得低于本单位相同岗位的最低档工资或者劳动合同约定工资的百分之八十，并不得低于用人单位所在地的最低工资标准。

> **提醒**
>
> 若用人单位与员工签订了1年的劳动合同，按照《劳动合同法》的规定，试用期不应当超过2个月而不是1个月。根据法律常识，在1个数字后面出现了以上、以下、以内、以外等文字时，都包含本数字，如"1年以上不满5年"要包括整1年。

（6）关于违约金

《劳动合同法》对违约金条款给予严格的限制，明确规定只有以下两种情形可以在劳动合同中约定违约金。

① 在培训服务期中约定违约金。

用人单位为劳动者提供专项培训，对其进行专业技术培训的，可以与该劳动者订立协议，约定服务期。如果劳动者违反服务期约定，应当按照约定向用人单位支付违约金，但违约金数额不得超过用人单位提供的培训费用。

② 在竞业限制中约定违约金。

用人单位与劳动者可以在劳动合同中约定保守用人单位的商业秘密和与知识产权相关的保密事项，对负有保守商业秘密和知识产权义务的高级管理人员、高级技术人员和其他负有保密义务的人员，可以约定竞业限制条款，如劳动者违反竞业限制的约定，应当按照约定支付违约金。

除以上两种情况外，用人单位要求劳动者支付违约金都属于不合法行为。

（7）关于辞退

《劳动合同法》中关于用人单位辞退劳动者的情形分为3种类型：过失性辞退、无过失性辞退和经济性裁员。为了更好地保护劳动者的合法权益，《劳动合同法》对每一类辞退员工的情形都有条件限制：过失性辞退的，用人单位需要承担举证责任，如劳动者在试用期内不符合录用条件或严重违纪、营私舞弊给本单位造成重大损失，或劳动合同无效，或员工兼职给本单位工作造成严重影响，或被追究刑事责任等；无过失性辞退的，需要符合法定情形，并且履行法定程序；经济性裁员也要符合裁员的条件并履行法定程序等。

> **⛱ 提醒**
>
> 　　竞业限制的约定不得违反法律、法规的规定。在解除或者终止劳动合同后，受竞业限制的人员到与本单位生产或者经营同类产品、从事同类业务的有竞争关系的其他用人单位就业，或者自己开业生产经营同类产品、从事同类业务的竞业限制期限，不得超过两年。

第三节　违约责任与劳动争议

　　《就业协议书》和劳动合同在维护大学生的权益的同时，也会对签订合同双方的违约行为产生制约作用。下面分别讲解《就业协议书》和劳动合同产生违约情况的责任划分，以及争议的解决办法。

一、《就业协议书》争议的解决办法

　　国家目前没有明确的解决《就业协议书》争议的法律规定。但在现实中解决《就业协议书》争议的主要办法有以下 3 种。

1. 大学生与用人单位协商解决《就业协议书》争议

　　这种办法适用于因大学生引起的《就业协议书》争议，大学生可出面向用人单位赔礼道歉并说明情况，赢得用人单位的理解，必要时需支付违约金，经双方协商达成新的意向。

2. 学校或当地省级毕业生就业主管部门与用人单位协调解决《就业协议书》争议

　　这种办法大多适用于因用人单位引起的《就业协议书》争议，由学校或当地就业主管部门介入，针对纠纷予以调解，使双方达成和解。

3. 通过法律途径解决《就业协议书》争议

　　在协商调解不成的情况下，大学生或用人单位可向劳动争议仲裁委员会申请仲裁，也可向人民法院起诉，由人民法院依法裁决。

> ## 🪂 提醒
>
> 　　如果是大学生单方面希望解除《就业协议书》，除了与用人单位协商解决，还可以根据违约金的金额，分析利弊，找出最有利于自己的方式。另外，大学生也可以考虑到签约单位的其他岗位就业，在工作的过程中可能会发现工作的乐趣，如果工作一段时间仍然觉得不合适，再向用人单位提出辞职。

二、劳动合同争议的解决办法

　　劳动合同争议指用人单位与劳动者之间因为劳动权利与义务发生的争执，一般包括以下 3 种情况。

　　① 因用人单位开除、除名、辞退劳动者和劳动者辞职、自动离职发生的争议。

　　② 因执行国家有关工资、保险、福利、培训、劳动保护的规定发生的争议。

　　③ 因履行劳动合同发生的争议。

　　劳动合同争议发生后，当事人可向相关部门申请调解；调解不成的，当事人可向当地的劳动争议仲裁委员会申请仲裁。劳动合同争议的解决办法主要有以下 3 种。

1. 协商和调解

　　劳动合同争议发生后，首先双方当事人本着互谅互让的积极态度，自行协商解决，也可以请第三方（即双方信任的个人或组织）帮助协商，达成和解协议。如果发生双方不愿协商、协商不成或达成和解协议后不履行的情况，可向用人单位劳动争议调解委员会、地方劳动争议调解组织申请调解。为确保调解协议的顺利履行，双方当事人可以从调解协议生效之日起 15 日内，共同向劳动争议仲裁委员会（以下简称"仲裁委员会"）提出审查确认，仲裁委员会经审查确认后制作出具有法律效力的仲裁调解书。

　　使用协商和调解方式解决劳动合同争议，具有简单方便、灵活快捷等优势，能够及时有效地维护当事人的合法权益，这是解决劳动合同争议的最佳方式。

2. 仲裁

　　劳动合同争议发生后，当事的任何一方都可在争议发生之日起 60 日内向仲裁委员会申请仲裁，并提出书面申请。仲裁委员会应当自接到仲裁申请之日起 7 日内做出是否受理的决定。仲裁委员会决定受理的，应当自收到仲裁申请之日起 60 日内做出仲裁裁决。

　　仲裁委员会可依法进行调解，经调解达成协议的，制作仲裁调解书。仲裁调解书具有法律效力，当事人必须自觉履行，如一方当事人不履行，另一方可向人民法院申请强制执行。

3. 诉讼

　　诉讼是解决劳动合同争议的最后一道程序。如当事人对仲裁委员会做出的仲裁裁决不服，可自收到仲裁裁决书之日起 15 日内向人民法院提起诉讼。逾期不起诉的，仲裁裁决将产生法律效力。人民法院审理劳动合同争议案件有相应条件，具体包括以下 5 点。

① 起诉人必须是劳动合同争议的当事人。当事人因故不能亲自起诉的，可以直接委托代理人起诉，其他未经委托人员无权起诉。

② 起诉事项必须是不服仲裁委员会的仲裁裁决而向法院起诉，未经仲裁程序的劳动合同争议不得直接向法院起诉。

③ 必须有明确的被告、诉讼请求和事实根据。当事人不得将仲裁委员会作为被告向法院起诉。

④ 起诉的时间必须是劳动法律规定的时效内，即在当事人收到仲裁裁决书之日起 15 日内向人民法院提起诉讼，否则不予受理。

⑤ 起诉必须向有管辖权的法院提出，一般应向仲裁委员会所在地的人民法院起诉。

人民法院处理劳动合同争议案件和处理一般民事纠纷一样，主要程序有一审程序、二审程序、审判监督程序等。

第四节　就业月历

对即将进入毕业年的大学生而言，毕业前的最后一年，每个月应该做什么，需要提前准备什么，是就业、考研还是另有打算，都应该做到心中有数。这样才能在毕业时做到胸有成竹，自信满满。下面整理了一份"2021 届毕业生就业月历"（见表 3-1），其中列出了大学生在毕业前一年的每个月应该知晓和应该准备的相关事项，帮助大学生熟悉相关的就业事项，以便大学生做出科学、合理的就业规划。

表 3-1　2021 届毕业生就业月历

月份	相关事项	小贴士
2020 年 9 月	考研：考研公共课、统考专业课大纲发布，进行网上预报名。 求职：完善就业推荐材料；校园招聘相继开始，毕业生可关注心仪企业的校园宣讲会及招聘信息，并及时投递简历。 留学：制作简历，寄出联系信，根据学校要求准备材料，联络导师等。 公务员：密切关注报考信息，做好应试准备	① 多关注心仪企业的动态，包括企业文化、招聘信息、组织结构等。 ② 准备多份简历，根据不同的用人单位做到有的放矢，突出关键词
2020 年 10 月	考研：全国硕士研究生入学统一招生考试网上报名，正式报名时间一般为 10 月。 求职：校园招聘高峰期，关注企业校园宣讲会、招聘会及网络招聘信息；搜索、查询与自己专业紧密相关的用人单位的信息。 留学：准备自荐和推荐材料，开具成绩单、平均学分绩点（Grade Point Average，GPA）等证明。 公务员：国家公务员考试公告及职位表发布，网上报名开始	

续表

月份	相关事项	小贴士
2020年11月	考研：到指定地点现场核对并确认网上报名信息，具体时间关注各省级招生考试机构公告。 求职：各大高校陆续举行现场招聘会，部分用人单位开始笔试和面试。 留学：根据意向学校，填写申请表，寄出申请材料。 公务员：公共科目笔试一般在11月或12月举行	① 参加现场招聘会要做好体力和脑力的双重准备，除精心制作简历，还要准备自我介绍。 ② 接到笔试、面试通知后，多查阅相关的笔试经验和面试经验，也可以向师长请教
2020年12月	考研：冲刺备考阶段，下载打印准考证。 求职：抓住目标企业，有针对性地参加招聘会；关注学校的就业网站，充分利用网络渠道投递电子简历。 留学：练习口语，熟悉专业知识，准备电话面试。	
2021年1月	求职：利用寒假实习丰富简历，总结经验为求职做准备。 留学：主动与学校进行联系，跟踪录取情况。 公务员：笔试成绩可查询，面试通知陆续发布。 入伍：男兵入伍报名开始，可登录"全国征兵网"进行兵役登记以及应征报名，报名时间一般为1—8月	① 面试时注意衣着谈吐，少犯低级错误；不断总结经验教训，提升综合素质。 ② 赴外地面试时，注意安全，谨慎防范求职诈骗
2021年2月	考研：初试成绩陆续公布，及时查询进行复试准备。 求职：利用寒假了解家乡的就业环境，评估回乡就业的机会。 公务员：录用开始，部分省市陆续发布招考公告。 入伍：男兵可登录"全国征兵网"进行兵役登记以及应征报名	
2021年3月	考研：发布，未进入复试可考虑调剂。 求职：笔试面试高峰期，关注网络招聘、招聘会信息。 留学：录取通知陆续返回，根据情况确定要去的学校。 公务员：部分省市陆续发布公务员联考公告，关注相关公告。 三支一扶：各省多在3—6月开始报名，关注相关省市招募及报考公告	
2021年4月	考研：确认复试时间及调剂。 求职：关注企业招聘信息、招聘会，积极投递简历参与面试，抓住招聘季尾巴。 三支一扶：根据招考公告安排，参与考试，关注具体省市考试信息。 特岗教师：各省市集中安排在4—9月进行招录工作，详情关注相关省市招录公告。 西部计划：登录大学生志愿服务西部计划信息系统进行报名	

续表

月份	相关事项	小贴士
2021 年 5 月	求职：毕业前抓紧时间投递简历，寻求面试机会，招聘会进入淡季。 留学：联系学校，办理护照，申请签证等。 公务员：部分省市公务员联考笔试成绩陆续公布，资格审查开始，关注相关公告。 西部计划：根据公告要求参与笔试、面试。 特岗教师：大部分省市特岗教师招录资格初审开始	① 找到工作的毕业生，面临职场过渡问题，提前做好角色转换的准备，让自己更快适应职场。 ② 没有找到工作的毕业生，应调整心态，适当降低求职要求，把握就业机会
2021 年 6 月	求职：完成学校就业手续办理，领取报到证。 考研：录取通知书陆续返回。 公务员：部分省市公务员联考面试、录用陆续开始，关注相关公告。 入伍：登录"全国征兵网"进行兵役登记、应征报名，女兵报名时间一般为 6—8 月。 西部计划：统一体检、公示、录取。 特岗教师：部分省市进行笔试、资格复审	① 办理离校手续时，户籍、档案、组织关系等一个都不能少。 ② 企业不能落户时，要把户口挂靠在人才市场或迁回原籍
2021 年 7 月	留学：进行身体健康免疫检查，办理公证文件，完成入学准备。 西部计划：集中派遣培训。 特岗教师：部分省市进入面试、体检及公示阶段	因意向学校和国家不同，留学时间安排有差异

📑 自我测评

1. 下载《就业协议书》模板，并根据自己的实际情况进行模拟填写。

2. 阅读下面的案例，分析当事人是否可以在不支付违约金的情况下辞职。

喻玲玲是某高等职业技术学院的毕业生，毕业后到某公司工作，与该公司正式签订了为期 2 年的劳动合同。在劳动合同终止前 1 个月，喻玲玲提出不再与公司续约，人事部表示同意并要求其 1 个月后办理手续。约定的 1 个月时间到期后，当喻玲玲到人事部办理离职手续时，人事部负责人却提出："要辞职必须按规定支付后 3 年的服务未到期的违约金 10 000 元。"原来公司制定的《员工手册》第 18 条规定：凡到公司工作的人员至少应服务 5 年。所以公司认为：喻玲玲与公司签订的 2 年劳动合同虽然已经到期，但至少还应与公司续签 3 年的劳动合同才符合公司条款，如果喻玲玲不再为公司服务，则应支付违约金 10 000 元。喻玲玲不知道该不该支付这 10 000 元。

提示

（1）公司内部手册的制订不能只参考公司单方面的意见，还必须考虑所有员工的意愿。

（2）公司规章制度的制订必须与国家法律、法规的规定相符合，对劳动合同没有约定且国家法律、法规没有规定的，才能做出补充规定。

（3）劳动合同期满时，劳动合同终止，一方不得强迫另一方延长劳动合同期。

3. 阅读下面的案例，分析当事人该如何保护自己的就业权益。

2019 年，某大学的十多名大学生毕业后集体到深圳的一家民营企业从事电子产品组装工作。当时该企业给大学生的口头承诺是月薪 6 000 元，外加年终分红；工作满 1 年，分房；工作满 5 年，配车。这些大学生都觉得真是天上掉馅饼，这么好的机会怎能错过呢。于是，他们没有多想就草率地与该企业签订了劳动合同。1 个月之后，所有人都大呼上当了。他们的月薪确实是 6 000 元，但在工作中他们经常会违反合同上的"霸王条款"。例如，工作时间上厕所超过 2 分钟，罚款200 元等。结果，一个月高强度工作下来，扣掉各种罚款，实际发到大家手里只有 3 000 元不到。大学生集体反抗，说辞职不干了，该企业拿出劳动合同，要求每人交 10 000 元的违约金。

提示

（1）大学生在签订劳动合同时，一定要认真看清合同里面的各项条款，这样才能有效地保护自身的权益。

（2）大学生一旦发觉上当受骗后，要及时向用人单位所在地的劳动保障监察大队或公安派出所报案，寻求法律保护。

4. 阅读下面的案例，分析用人单位与陈超解除劳动合同的做法是否妥当。

陈超是全日制大专毕业生，他在求职时发现仅凭自己的大专学历，很难找到一份好工作。在一次招聘会上，陈超看到了一个自己十分满意的岗位，但唯有学历这一项达不到岗位要求，他不想失去这次机会。于是，陈超利用非法渠道购买了一张假文凭。后陈超经过笔试和面试并最终应聘成功。

在陈超工作 2 个月后，该企业发现他的学历证明是假的。此时，陈超只得承认自己为了应聘成功，不得以撒谎欺骗企业的事实。陈超请求企业看在自己的工作能力和工作态度上能够予以谅解。但企业强调员工应该以诚信为本，陈超却以欺骗的方式达到与企业签订劳动合同的目的。为惩戒和杜绝此类行为的发生，企业立即解除了与陈超签订的劳动合同。

提示

陈超提供了假的学历、学位、专业技术资格证书，不具备应聘资格，故与用人单位签订的劳动合同是无效的。

第四章
就业心理与调适

面对就业的压力，大学生难免出现诸如焦虑、自卑、偏激、嫉妒及盲从等心理问题。与此同时，用人单位也越来越重视大学生的心理素质。因此，大学生要有充分的心理准备和正确的认识，积极开展自我调适，坦然面对挫败，正确地对待理想与现实的差距，以保障就业的顺利进行。

学习目标

- ◆ 了解心理素质对大学生就业与择业的影响。
- ◆ 了解大学生在就业过程中应具备的心理素质。
- ◆ 了解大学生就业常见的心理问题。
- ◆ 掌握心理问题的调适方法。

案例导入

临近毕业之际，同学们都在为找工作忙得不可开交，但张林连个人简历都没有做，更别说去参加校园招聘会了。原来张林是害怕找不到一份好工作，不能接受自己投简历或者面试遭到别人拒绝，更为重要的是，他担心找到的是自己不喜欢的工作，却要硬着头皮做一辈子。所以，对于未来，张林只想选择逃避。

了解了张林的情况后，辅导员找到张林谈心，对张林说："找工作没有你想象的那么难，只要调整好心态，敢于尝试，看到机会就努力抓住，怎么可能没有好结果呢？现在，你的当务之急就是赶紧制作好简历，然后积极地去找工作！"张林听了辅导员的话，开始调整自己的状态，决定振作起来和同学们一起找工作。

第一节　心理素质

就业和择业时的心理准备工作是非常重要的，大学生只有努力地提升自己的心理素质才能提高成功就业的概率。下面对心理素质的相关知识进行介绍。

一、心理素质的含义

心理素质是先天和后天的结合，它是衡量个体心理健康水平的重要指标，是个体综合素质的核心部分。大学生心理素质的好坏将会直接影响其日后的工作和生活。那么，大学生如何才能提高心理素质来适应社会不断发展的需求呢？下面提供了 3 种方法。

1. 了解自己的内心

不仅不同的大学生存在心理素质的差异，而且同一位大学生在心理素质各方面的表现也可能会有不同，有些方面是强项，而有些方面则是弱项。比如，有的大学生一到考试就焦虑，而该大学生可能在人际交往方面却能轻松自如。因此，大学生首先要剖析自我，了解哪些是自己心理素质的强项，哪些是弱项，只有看清楚缺点才有改正它的目标和动力。

2. 控制自己的情绪

情绪是一个人心理活动最直接也是最真实的外在反映。一个人在面对困境或挫折时，通常会表现出紧张、焦虑、烦躁、失落等消极情绪，试想带有这样的情绪，怎么能做好事情呢？因此，控制好自己的情绪是大学生有效提高心理素质的关键。

3. 提升自己的受挫力

所谓受挫力，指个体在遭遇挫折情境时，能否经得起打击和压力，有无摆脱困境而使自己避免心理与行为失常的一种耐受能力。一般情况下，受挫力较强的大学生，受挫折的消极影响较小且影响时间较短；反之，受挫力较弱的大学生在遇到挫折时，易表现出心理和行为的失常。适当的挫折有助于大学生更好地认识自我，大学生应提升自己的受挫力。

二、心理素质对大学生就业的影响

一个人的心理素质是在其先天素质的基础上，经过后天的环境与教育的影响而逐步形成的。心理素质包括人的认识能力、情感、品质、意志、气质和性格等方面。心理素质的水平直接影响个体的发展、活动效率及个体对各种环境的适应。因此，心理素质对大学生就业的影响是非常大的，尤其是在以下 3 个方面。

1. 对就业目标的影响

心理素质对大学生确定正确的就业目标起着至关重要的作用。拥有良好的心理素质，大学生才能客观、正确地评价自我，并客观分析社会和用人单位所需的人才，从而在就业过程中找准自己的位置。

如果心理素质不良，就会导致大学生自我认识失衡，甚至造成紧张、慌乱、意志力下降等一系列心理问题，使大学生难以找准职业定位，从而带来就业的困扰。

2. 对就业过程的影响

大学生在就业过程中要面临自荐、面试、笔试等一系列的考验，能否顺利地通过这些考验，心理素质起着重要作用。良好的心理素质可以使大学生在面对困难时，沉着冷静、乐观向上、勇于创新、缜密思考、果断决策。

在就业过程中，心理素质好的大学生能够及时地调整情绪，正确地支配自己的感情和行为，特别是遇到不利状况时，更能有效地克制自己，调整心境，努力摆脱消极情绪的影响，避免不良心态的出现。

3. 对职业适应的影响

大学生走上工作岗位后，角色的转变、工作环境的变化及人际关系的变化，将给大学生带来种种新的考验。心理素质过硬的大学生，能适时地调整心态，把握自我，与新的环境保持平衡，尽快适应职业角色。相反，不具备良好心理素质的大学生，将会难以适应职业角色，难以发挥自己的特长，进而使个人的事业受阻。

阅读材料

心理素质很重要

某五星级酒店客房部主管在检查房间时，发现305房间的洗手台上有一根头发，镜子上还有水珠。经查后得知这是实习生胡琳琳打扫的房间。经理把胡琳琳叫到305房间，向她说明情况。胡琳琳赶紧拿起抹布擦拭起来，她觉得已经擦拭干净后，让经理再检查。经理说："镜子上面怎么还有水珠？台面的缝隙里还有水印。"胡琳琳拿起抹布再次擦拭起来。擦完之后，经理又检查一遍说："小胡，你怎么这么粗心？这个酒杯上还有手印！"经理的声音越来越严厉。这一次，胡琳琳掉下了眼泪。她觉得自己已经尽力了，重做了几遍都未达标，心想会不会是经理故意找碴儿。本该5点就下班的，结果6点多了还没下班。她越想越气，决定辞职。

本案例的主人公胡琳琳因为工作不到位受到经理的批评就决定辞职，在一定程度上说明胡琳琳的心理素质需要提高。实习生应该以高标准要求自己，虚心接受批评，这样才能克服不足，提高工作质量，迅速进步。

三、心理素质对大学生择业的影响

良好的心理素质对大学生确定择业目标也起着促进和保障作用。大学生应加强思想修养，加强人格品质的锻炼，维护和增强心理健康。心理素质对大学生择业的影响主要体现在以下4个方面。

1. 气质对大学生择业的影响

气质是人的典型的、稳定的心理特征。心理学家把气质分为多血质、胆汁质、黏液质及抑郁质4种类型。不同气质类型的人在生活和工作中会表现出不同的心理活动和行为方式。气质没有好坏之分，对人的智力发展和成就高低不起决定性作用，但是对人的职业有一定的影响。

（1）多血质

多血质的人活泼、好动，反应灵敏，喜欢与外人交往，兴趣广泛；但兴趣容易变化，注意力易转移，情绪波动大，一旦遇到困难，容易灰心丧气。多血质类型的大学生，一般适合从事外交、公关、管理、纺织、服务、医疗、法律、体育等工作，一般可以选择企业家、教师、医生、律师、军人、推销员等职业。

（2）胆汁质

胆汁质的人精力旺盛、脾气急躁，容易冲动，心境变换剧烈，反应迅速，但缺乏自制力和耐性。胆汁质类型的大学生适合从事难度较大、需要随机应变的工作，不适合从事稳重、细致的工作，一般可以选择演员、外交接待人员、导游、飞行员、宇航员、节目主持人、演讲者等职业。

（3）黏液质

黏液质的人安静稳重、沉默寡言，显得思维、语言、行动都较为迟缓，情绪兴奋点较低，感情不易外露，注意力不易转移，坚韧、执着、淡漠，自我控制力较强；但是容易因循守旧，不愿意改变旧习惯去适应新环境。黏液质类型的大学生不适合从事变化多样、需要随机应变的工作，适合从事有板有眼、需要忍耐力和持久力的工作，一般可以选择秘书、护士、化验员、资料员、出纳员、保管员、话务员、会计师等职业。

（4）抑郁质

抑郁质的人孤僻、行动迟缓，善于观察他人不易觉察的细节，情绪体验深刻、细腻、持久，兴趣专注、不易转移，善于忍耐；但难以承受较大的心理负担，面对困难总是畏缩不前。抑郁质类型的大学生不适合从事变化多样、需要当机立断的工作，适合从事细致、需要耐心的脚踏实地的工作，一般可以选择法官、外科医生、档案管理员、打字员、排版员、化验员、雕刻师等职业。

> **提醒**
>
> 不同职业对人的气质有特定的要求，如医务人员要求耐心、细致；飞行员要求机智灵敏、注意力集中等。气质具有相对稳定性，纯粹属于单一气质类型的人极少，大部分人都是几种气质类型兼具的混合体。大学生在择业时要注意扬长避短。

2.　性格对大学生择业的影响

性格是个体表现最明显，也是最重要的心理特征。一个人的性格主要从其对事物的态度和习惯化的行为方式表现出来。性格的分类方法很多，常见的是分成内向型性格和外向型性格两大类。

（1）内向型性格

内向型性格的特点：谨慎、自我克制、乐于独处、固执、自尊心强、不喜欢与人交往、少言寡语、富有责任感、有耐心、较稳重等。内向型性格的大学生适合从事的职业有科学研究员、书刊编辑、银行职员、会计、打字员、考古研究员、电话员、档案管理员、地质勘探员、图书管理员等。

（2）外向型性格

外向型性格的特点：大胆、果断、爽快、大方、活泼、乐于与人交往、灵活、随和、坦率、自信、冒失等。外向型性格的大学生适合从事的职业有政治家、社会活动家、公关人员、律师、商人、商品销售、导游、时装模特等。

大多数人的性格偏向于某种类型或属于中间类型。大学生在择业时，要把自己的性格特点和职业特点结合起来考虑，以更好地发挥个人的性格优势和潜能，避免因性格的不足对职业产生不良影响。

3. 兴趣爱好对大学生择业的影响

兴趣是最好的老师，当一个人对某种职业感兴趣时，就会对该种职业表现出肯定的态度，会全身心地投入其中，调动自己最大限度的潜能，并获得工作的快乐；反之，如果一个人从事自己不感兴趣的职业，积极性和投入程度都会大打折扣。

人的兴趣千差万别，不同的兴趣使人对不同的职业产生不同的态度。下面是 10 种常见的兴趣与职业选择的关联。

① 喜欢做有规律的工作，愿意按常规、有秩序地进行活动的人，可以从事的职业有图书管理员、档案整理员、打字员、统计员等。

② 喜欢与人打交道，对信息传播、推销、采访等活动有兴趣的人，可以从事的职业有推销员、记者、教师、服务员、行政管理人员等。

③ 对分析、推理、测试等活动感兴趣，喜欢做研究的人，可以从事的职业有工程技术员、化学研究员、生物研究员、地质勘探研究员、侦察研究员等。

④ 不喜欢与人交往，愿意做具体事情的人，可以从事的职业有工程技术人员、建筑师、会计等。

⑤ 喜欢进行操作，动手能力强，对零件、机械感兴趣的人，可以从事的职业有驾驶员、机械制造师等。

⑥ 喜欢指挥和管理，有组织协调能力，喜欢获得众人尊敬和获得声望的人，可以从事的职业有行政人员、导演等。

⑦ 喜欢创造性的工作，有想象力和创造力的人，可以从事的职业有科学研究员、经济分析师、产品研发人员等。

⑧ 乐于帮助人，具有同情心的人，可以从事的职业有医生、护士、律师、咨询员、福利员、科技推广员等。

⑨ 对艺术有浓厚的兴趣，喜欢完成具体的工作，善于欣赏和思考的人，可以从事的职业有美容美发师、装潢设计师、园林设计师、版面设计员等。

⑩ 对人及人的心理和行为感兴趣，喜欢研究人的问题的人，可以从事的职业有心理咨询师、教师、公关人员等。

大学生在择业时，能够充分地考虑自己的兴趣爱好是十分重要的。大学生在平时应当注意培养多方面的兴趣爱好，广泛的兴趣可以促使自己注意和接触多方面的事物，为择业创造更多有利的条件。

4. 能力倾向对大学生择业的影响

人的能力一般可分为技能（现有的突出能力）和倾向性能力（经过培训可能获得的技能）两种。

心理测验表明，人的各种能力是有差异的，如有人擅长语言、有人擅长操作、有人擅长绘画等。研究表明，倾向性能力和职业选择有以下关联。

① 数理逻辑能力强，有一定的模仿能力、观察能力和创造能力的人，适合从事的职业有理论研究人员、大学教师、审计员、统计员等。

② 组织管理能力强的人，适合从事的职业有机关公务员、教师、编辑、导演等。

③ 记忆能力、模仿能力、操作能力强的人，适合从事的职业有建筑师、装潢人员、维修人员、试验员、保管员等。

④ 思维敏捷、反应迅速、注意力集中的人，适合从事的职业有法官、警察、律师、驾驶员等。

⑤ 形象思维能力、表达能力、写作能力、观察能力、社交能力强的人，适合从事的职业有教师、记者、翻译、导游、推销员、律师等。

⑥ 具有特殊能力的人要根据其特长选择职业，如舞蹈演员、杂技演员、绘图员等。

大学生在选择职业时，也不能单从兴趣爱好出发，还要实事求是地检验自己的学识水平和能力是否适合某项职业。

四、大学生在就业过程中应具备的心理素质

目前，大学生处在一个充满竞争的时代，用人单位对大学生的心理素质提出了更高的要求。而具备哪些心理素质才算是一个合格的应聘者呢？下面罗列了 4 项大学生在就业过程中应具备的心理素质。

1. 积极的学习态度

大学生要充分利用在校期间的学习机会，努力学习，并在学好专业技能的同时，加强综合素质的培养。大学生不仅要拥有丰富的知识，而且要培养创新思维能力，多参加有意义的活动，开阔自己的眼界，为就业打下坚实的基础。

2. 自信的生活态度

自信是对自己充分肯定时的心理态度，是帮助个体战胜困难取得成功的积极力量。自信不是自恋，更不是自大，而是大学生对自己的素质、潜能、特长、经验及缺点等都有一个清晰的认识。只有这样才是真正的自信，才能让大学生认清自己在日后的社会工作或生活中可能扮演的角色。

3. 良好的情绪、情感

情绪是人的生理反应，主要表现为喜怒哀乐等；情感则是人对客观事物是否满足自身需要而产生的态度体验，主要表现为爱、恨、幸福、厌恶等。

大学生正处于青春期，充满了活力与朝气，但情绪不稳定，容易激动。与中学生相比，大学生已经具有一定的调节和克制自己的情绪、情感的能力，但较之成年人仍显得动荡多变，极不稳定，这种状态对大学生就业是很不利的。大学生只有培养良好的情绪、情感，才能有效地进行思考和行动，充分发挥自己的才智。

4. 坚强的意志品质

坚强的意志是一个人成才的重要心理条件，大学生在就业的过程中，不论是主观还是客观原因，都会遇到各种各样意想不到的困难，如果没有坚强的意志，就会产生心理压力，造成心灰意冷、彷徨苦闷、摇摆不定等情况。

大学生可以通过以下 5 种途径来培养自己的意志品质。

① 学会在活动中清楚地认识自己的行为目的和社会意义，自觉克服困难，排除干扰，勇往直前。

② 学会在活动中适时、果断地下决心，提高对事物的判断力和敏感性。

③ 学会在行动中正确地支配和控制自己的行为和情绪。

④ 面对多种动机时，能够分清轻重缓急，分清主要矛盾和次要矛盾，主动排除干扰，确保行动达到预期目的。

⑤ 在行动中锻炼自己不怕困难、不达目的绝不罢休的意志品质。

第二节　大学生就业常见的心理问题及调试

大学生的心理问题涉及学习、生活及就业等多个方面。产生就业心理问题时，大学生可以通过一些自我调适方法，来消除心理困扰，维持心理平衡，并寻找最佳的解决途径来实现自己的目标。

一、大学生就业常见的心理问题

人的心理需要一种微妙的平衡，太过自卑或自信、太过浮躁或优柔寡断都是不健康的心理。大学生在就业过程中，面对就业市场的激烈竞争，会产生一些心理问题，如焦虑、自卑、怯懦、畏惧、逃避、偏激、抑郁、自负、嫉妒、攀比、依赖、优柔寡断、盲从等。

1. 焦虑

焦虑指一种缺乏客观原因的内心不安或无根据的恐惧。在就业过程中，大学生产生焦虑心理是非常普遍的，如焦虑是否会得到这份工作、笔试中是否会出现失误等。

一般而言，适当的焦虑可以增强大学生的进取意识，激发其上进心，使其产生求胜的心理；但是，如果是过度焦虑，且自身无法化解，就会导致其心理障碍，严重时将会影响大学生在就业过程中主观能动性的发挥。

📄 阅读材料

学会化解焦虑

临近毕业，由于一次次的应聘被拒，日趋沉重的焦虑替代了陈亮拼搏进取的决心，也影响着他择业的思路。虽然陈亮在不停地调整自己的择业目标，但他发现自己离预定的目标越来越远。陈亮心灰意冷，并开始出现心悸症状，有时候还整夜失眠。为此，他开始喝酒，希望借助酒精来缓解自己的焦虑，但仍然于事无补。陈亮的脾气也越来越暴躁，常常和身边的人发生口角，甚至一度产生了厌世的情绪。

后来经过家人和好友的安慰，再加上一份工作的成功聘用，陈亮终于恢复了原来的自信。陈亮描述起那段可怕的日子，这样说道：“基本上每天就在焦虑与烦躁中度过，每一分每一秒都是煎熬。”

2．自卑

自卑心理在大学生就业过程中也很常见。一些大学生由于客观原因产生了自卑心理，如非名牌大学、冷门专业、家庭经济环境单薄、社会关系贫乏等；有些大学生则是由于主观因素造成自卑心理，如性格内向、不善于表达、人际交往能力差等。

在自卑心理的作用下，大学生常常会精神不振，整日唉声叹气，导致求职屡屡受挫。

3．怯懦

大学生在求学期间，以理论学习为主，没有太多的工作经验，在求职时，往往因为担心说错话给用人单位留下不良印象而产生怯懦心理，不利于就业的顺利进行。

阅读材料　　　　　　　　　　　**胆小怯弱，难以成功**

在求职时，大学生如果克服不了心理上的怯懦，往往会造成事与愿违的结果。

即将毕业，小杨也要准备应聘的相关事宜，可生性怯懦的小杨却面临巨大的挑战。在面试时，他总是怕说错话给用人单位留下不好的印象，以致回答的音量过低或干脆不回答。因此，每每面试他都通不过。于是小杨决心努力改变，克服怯懦。

4．畏惧

初入社会的大学生遭遇挫折是在所难免的。有的大学生在遇到挫折后，能够积极地调整心态、重拾信心；可有的大学生在挫折的打击下，往往会一蹶不振，对求职产生畏惧心理。产生畏惧是出于个体心理上的自我保护机制。产生畏惧心理的大学生会选择逃避失败、逃避就业，以此来减轻挫折对他们的心理打击。

事实上，挫折并不可怕，只要大学生能够转变看待挫折的角度，就能够将挫折当作迈向成功的一次考验。

5．逃避

逃避实际上就是一种抵触心理，有些大学生对父母和学校的依赖性很强，一旦独立面对社会，会发现社会比想象的错综复杂，也会看到一些社会的阴暗面，因而不想面对，常常产生逃避心理和抵触情绪。

6．偏激

有些大学生在就业过程中，固执地认为某种职业的发展前景很好，一定要将自己的择业目标定在这一方向，但最后可能以失望告终。大学生应认真地审视自己和职业世界，不要被一些固有观念或道听途说影响。

7．抑郁

大学生在就业过程中如果屡屡遭受挫折，不被用人单位认可，往往会导致情绪低落，甚至产生抑郁心理。

8．自负

有的大学生在校是风云人物、学生会干部，再加上自己所学的专业比较紧俏，就容易过分自信，产生骄傲的心理。持这种心理的大学生在求职时，往往好高骛远，对自己的期望过高，对用人单位很挑剔，以致很难找到自己满意的工作。

自负的危害

　　林泽就读的人工智能专业市场需求旺盛，加之林泽的成绩优秀，所以林泽在求职时不仅盲目自信而且过分挑剔，对岗位的期望值过高，不仅要求收入丰厚、社会地位高，而且要求工作轻松。似乎每一个用人单位的条件他都不是完全满意，因此，迟迟没有签约。等到最后，那些林泽不满意的工作早已被他人收入囊中，他却还在待业中。

9. 嫉妒

　　在就业过程中，有些大学生看到同学找到了比较理想的工作，自己却一无所获，就会产生嫉妒心理，心有不甘。嫉妒是一把"双刃剑"，用得好会化作成功的动力，用不好则会伤人伤己。

都是嫉妒心在作怪

　　某舞蹈学校需要招收一名有表演经验的大学生做舞蹈老师，舞蹈专业的小静获得了这个难得的机会。

　　小静的同学有的羡慕、有的嫉妒。其中一名叫涂敏霞的学生，说此次招聘有"内幕"，消息在同学之间传播开来。因为影响较大，导致小静整天郁郁寡欢。后来事情终于水落石出，是因为涂敏霞认为自己各方面的条件都比小静好，可主考官偏偏录取了小静，她心有不甘，才会散布谣言诬蔑小静。学校对涂敏霞进行了严厉的批评与教育。

10. 攀比

　　一些大学生在求职时，不是从自身的实际出发，而是为了与同学攀比。这些大学生看到与自己成绩差不多的同学找到令人羡慕的工作时，为了获得心理上的平衡，就会重新设计自己的求职目标。其结果是高不成、低不就，错失就业机会，陷入被动之中。

11. 依赖

　　依赖心态往往产生于独立性较差的大学生身上。如果过分依赖父母和师长，不愿意去面对社会的竞争，就是一种不健康的心理，不利于大学生的就业和今后的职业发展。

12. 优柔寡断

　　有些大学生虽然心中已有了意向单位，但仍然抱着等一等、比一比的念头，签协议一拖再拖，这就是优柔寡断心态，往往会令大学生失去就业机会。

13. 盲从

　　一些大学生具有较强的依赖性，自主性较差，在就业过程中，不先考虑自己的兴趣爱好和特长，而是一味地从众，什么工作热门就去做什么，根本不去思考自己是否有能力胜任、是否有发展空间等问题，不利于职业生涯的发展。

阅读材料

难做决定

小张接到了一家公司的录用通知。开心之余，小张有点发愁了：这家公司是大公司，工作环境很好，制度也很健全，薪酬还可以，但其提供的职位与小张所学的专业完全不对口。

小张真是为难，一边不想放弃高薪的工作，另一边又不想放弃自己的专业。最终，小张在犹豫不决中错过了这家公司的签约时间，痛失机会，后悔不已。

阅读材料

适合自己的，才是最好的

张小丽一直以自己的表姐为榜样。表姐在大学毕业以后，只通过短短的 3 年时间就事业小有所成。外婆的 80 岁大寿，全家团聚，表姐也在，张小丽趁机向表姐请教如何能快速成功。表姐建议她做销售，发展比较快。一心想证明自己的小丽，听后马上找了一份销售保险的工作，并暗暗下定决心，一定要像表姐那样，好好干出一番事业来。

可是张小丽从小性格就比较内向，不善于表达自己，也没有什么人脉，卖保险很是吃力，连续 3 个月都没有业绩。最终小丽退出了这个行业。

二、心理问题的调试方法

在就业过程中产生心理问题时，大学生应当正确对待，不要慌张，也不要消极被动。下面是心理问题的常用调试方法。

1. 自我反省

大学生在面对就业过程中的各种矛盾和问题时，首先要正确地认识和评价自我，了解自己的优势与不足，明确自己未来的发展方向，分析自己最适合从事什么职业。只有通过理智、冷静的自我反省，才能客观地评价自己，才能在就业中对自己准确定位，科学地进行人职匹配，为理想的职业目标做好充分的知识、能力和心理准备。

2. 适度宣泄

宣泄法，就是将心理的焦虑、烦躁、冲动等不良情绪用对人无害的方式发泄出来，以达到舒缓压力的目的。有一种既简单又有效的宣泄办法，就是找一个空旷的地方，对着远方大声呼喊。当然，最有效的办法还是倾诉，向父母或者朋友倾诉自己的忧愁、苦闷，在此过程中大学生可以获得更多的感情支持和理解，增强克服困难的信心。

大学生还可以通过健身、旅游等方式适度地宣泄自己的情绪。这样的宣泄避免了不当情绪在大学生内心的积压，以便大学生能合理调整心态，在迎接下一轮挑战时增强信心。

3．正视挫折

对乐观的人来说，挫折是人生的一种挑战和考验。挫折可以帮助大学生成长，使大学生变得更加成熟、聪明。

大学生在就业过程中难免会遭遇各种各样的挫折，但这仅仅是人生的一个小插曲，要敢于正视，不因小挫而失锐气。在面对挫折感觉惊慌失措、抑郁时，要想办法调整自己的情绪，以积极进取的心态认真总结，不断努力，反复尝试，最终实现职业生涯目标。

4．保持乐观

大学生应该时刻保持一种乐观的心态，相信事情一定会往好的方面发展。

大学生平时可以多参加一些娱乐活动，结交一些志同道合的朋友，这样可以转移就业压力。此外，大学生还应积极参加各种公益活动，在帮助他人的同时获得认可与快乐。

5．学会转移注意力

转移注意力是调试心理问题的有效方法之一。当心理问题出现时，大学生可以通过转换环境、参加娱乐活动等方式转移注意力。例如，大学生可以通过听音乐的方式来转移注意力。

① 心情抑郁时，宜听旋律流畅优美、节奏明快的乐曲，如《百鸟朝凤》。

② 心情焦虑时，宜听节奏缓慢、风格典雅的乐曲，如《大海》。

③ 如果正处在激怒的时候，宜听旋律优美、恬静悦耳、节奏婉转的乐曲，如《春江花月夜》《月光》等。

④ 失眠时，宜听节奏少变、旋律缓慢、清幽典雅的乐曲，如《二泉映月》。

6．其他调适方法

除了上面介绍的几种方法，大学生还可以通过一些辅助措施来解决就业过程中产生的心理问题。比如，深呼吸、合理安排膳食或采用肌肉张弛放松练习法等。肌肉张弛放松练习法即通过手臂、头部、躯干、腿部的逐次松弛练习达到全身放松的方法。通过该练习可以减轻或消除大学生的各种不良身心反应，如紧张、焦虑、恐惧、入眠困难等。

自我测评

1．回想一下自己在就业过程中是否产生了一些心理问题。如果有，试说明自己是如何化解的。

2．请列举自己常用的或听过的心理调试方法。

第五章
职业适应与职业发展

　　告别大学校园，步入职场，是每一位大学生人生历程中的一次重大转折。在这个重要的转折阶段，大学生应做好从学生到职场人的角色过渡，同时还要根据自己所选择的职业的要求和社会发展的要求，不断地完善自身的职业素质，大胆迎接挑战，为今后的职业发展打下良好的基础。

学习目标

◆ 了解适应职场角色应做的准备工作。
◆ 了解职场环境的适应方法。
◆ 了解为实现职业发展应具备的技能。
◆ 了解实际工作中需要注意的问题。

案例导入

　　李静蕾毕业后来到一家中型企业工作。刚到的那几天，李静蕾对工作充满了热情，干劲十足。可是没过几天，李静蕾的工作积极性就下降了，她觉得工作的状态与自己当初的想象很不一样。

　　一天，李静蕾与一个同事发牢骚，说："这家企业的管理问题很多，工作没意思。"没想到这话竟然传到了领导那里，还没等李静蕾真正地了解和认识这个企业，就被辞退了。一开始，李静蕾还满不在乎，觉得自己有的是机会。可是，当李静蕾再次在求职大军中奔波近两个月也没有找到比之前条件更好的用人单位时，才感到后悔。

第一节　适应职场角色

大学生在走向工作岗位之初，对职业人这个角色难免会有些不适应，因此，大学生在踏入职场之前就要尽快地调整自己的心态，对自己的职场角色有比较清晰的认识，这样才有助于自己克服走上岗位时可能产生的情绪波动，从而更好地适应职场生活。

一、转换角色，增强责任意识

初入职场的大学生，面对与校园生活截然不同的环境和角色，有很多东西需要学习和适应。其中，角色的成功转换是大学生适应新环境的重要标志，也是人生中一个新阶段的开始。

1. 从学生角色到职业角色的转换

个体在职业生涯中的角色会不断发生变化，因此，角色转换是对个体在社会关系中的动态描述。

告别校园，走上工作岗位，意味着大学生已经脱离了各方面的监护，开始独立自主地生活。因此，尽快地从学生角色融入职业角色，实现角色转换，对于大学生的职业成功意义非凡。

（1）有利于大学生尽快适应职业生活

入职后，大学生面对崭新的工作和生活环境，谁能尽快地实现角色转换，谁就能较快地适应社会，并掌握成功的主动权。

大多数大学生都能较快地度过适应期，独立、愉快地开展工作。但也有个别大学生在一两年内都难以适应和胜任工作。为此，有的人变得迷惘消极、自暴自弃，不断地调动工作。此时，就需要大学生正视自己、面对现实、脚踏实地，这也是度过适应期的关键。

（2）有利于大学生在人才竞争中脱颖而出

竞争性是市场经济的一个基本特征。适者生存、优胜劣汰是不以人的意志为转移的客观规律。初为职业人时，大学生必然会面临来自各方面的挑战和竞争，只有尽快地将所学的理论知识应用于实践，并不断提高自身的素质和能力，快速地进入职业角色，熟练开展工作，才能在激烈的人才竞争中脱颖而出。

（3）有利于大学生今后的发展

从学生到职业人的角色转变，实质上是从理论落实到实践的过程。能否较快且顺利地实现角色的转变，反映出大学生的潜在素质和能力水平的高低。大学生应以积极的态度顺应职业工作的需要，主动适应岗位的要求，努力地完善自己，为今后的职业发展打下扎实的基础。

在角色转换过程中，大学生应学习如何在企业中行事，逐步了解和认同企业的价值观，具备企业所需的能力及社会知识，从而在企业中担当某种角色，真正成为企业的一员。大学生要想实现社会化，具体应达到以下标准。

① 业务熟练，通过学习，熟悉所从事的工作。

② 与企业其他成员成功地建立和谐关系。

③ 全面了解正式或非正式工作关系，以及企业内部的权力结构。

④ 掌握企业独有的专业术语及缩略语、行话等。

⑤ 了解特定的企业目标和价值观。

⑥ 理解和赞成企业的传统、习惯、仪式等，并熟悉企业重要成员或有影响力成员的个人背景和工作经历。

📖 **阅读材料**

职场角色认识不清楚

林小周是一名刚毕业的大学生，在校期间，林小周凭借过硬的专业知识获得过多次嘉奖。临近毕业，林小周就被一家世界 500 强企业破格试用。试用期刚开始时，林小周的表现还算不错。

又过了几天，林小周被派与外商谈判。但在没有得到领导同意的情况下，他竟然擅自同意更改合同条款。领导得知这一事件后，勃然大怒，训斥林小周，林小周嘴上虽然承认了错误，但心里却不服气。之后林小周陪领导去参加与客户的谈判，在谈判桌上，林小周竟然随意打断领导的发言，主次不分，让领导大为不满。林小周逐渐给领导留下了自我主义、爱表现的不良印象。试用期一到，林小周就被人事部门通知不用再来上班了。

2. 增强责任意识

所谓责任意识指个体必须明确地知道什么是责任，自觉、认真地履行社会职责，并在参加社会活动的过程中，把责任转化到行动中去的心理特征。大学生增强责任意识是实现人生目标的必要条件。

大学生增强责任意识的主要措施如下。

（1）树立正确的自我意识

责任感不是与生俱来的，它是随着个体自我意识水平的提高而逐步形成的。大学生正处于世界观、人生观和价值观形成的重要时期，具有很强的可塑性。大学生要从理性的层面理解人和社会的关系，意识到人是社会人，需要有自己的担当，不能随心所欲。大学生自尊、自爱、自强的自我意识一旦形成，就会产生强大的内驱力，进而激发他们责任行为的出现。

（2）通过实践培养责任意识

实践活动对培养大学生的责任意识具有重要作用，主要体现在以下两个方面。

① 高校实践活动的多样性，可以在一定程度上满足大学生认识社会的好奇心，并能将大学生的积极性、能动性充分调动起来。比如，各种社团活动、志愿活动等都是大学生乐于参与的实践活动。

② 通过参与不同的实践活动和扮演不同的角色，可以让大学生体验到责任，并因承担责任而获得成就感，从而明确人与社会的关系，树立正确的三观。比如，有的大学生参加了志愿活动，在帮助他人、服务社会的同时自己也获得了满足，并体会到自己对社会的作用。

当代大学生要想成为适应时代发展需求的人才，不仅要有丰富的科学文化知识，还需要具备较强的社会责任意识、诚实守信的职业操守和乐于奉献的精神。这些高尚、优良的品质都是大学生成为高素质人才的必备条件。大学生只有具备强烈的责任意识，才能更好地提升自己的素质，使自己成为社会的有用之才。

二、做好准备，树立岗位责任意识

岗位责任意识指人们对本职工作负责，忠于职守，尽职尽责的职业素养，这是职业意识的核心内容之一。比如，某一工作岗位上的劳动者在规定的工作时间内，是否充分履行了自己所在岗位的职责，是否保质保量地完成了自己的工作，这都是衡量该劳动者有没有岗位责任意识的起码标准。

大学生进入职场，必须树立爱岗敬业、忠于职守的思想意识，忠诚地履行岗位责任，规范地执行岗位规范。不管在任何时候或任何情况下都要坚守岗位，真诚地对待本职工作。树立岗位责任意识是一名职业人最基本的职业素质。无论大学生将来选择什么样的职业，都必须尽职尽责地完成本职工作。

📖 阅读材料

尽职尽责的仓库管理员

林浩大专毕业后，在一家汽配生产厂从事仓库管理员的工作。林浩需要定期对库房进行分类整理工作，保持配件存放整齐，数量准确，同时还要通过公司内部的进销存软件对商品的库存状态进行实时更新，保证物资设备的及时供应。林浩每天的工作虽然忙碌，但却有条不紊，他尽职尽责，把仓库整理得井然有序。

在林浩管理仓库的一年时间内，仓库没有发生过一起失火、盗窃案件，其他工作人员每次提货也都能轻而易举地找到所要提取的货物。在建厂5周年庆典大会上，厂长按老员工的级别，亲自为林浩颁发了10 000元的奖金。一些老职工对此感到很意外，厂长似乎也猜到了大家的想法，于是说道："作为一名普通的仓库管理员，林浩能够做到在工作中零差错，而且积极配合其他部门人员的工作，对自己的岗位恪尽职守，真正做到了爱厂如家，我觉得这个奖励他当之无愧。"台下响起了热烈掌声。

三、融入工作，加强自主意识

自主意识是人的思想、身心、认识水平发展到一定阶段的产物，也是人所特有的思想活动，它属于人的意识范畴。大学生自主意识的实质是其思想认识水平的体现，具体表现为在学习、工作、活动中具有独立的主人翁意识，有明确的目标和自觉积极的态度。比如，在学习中遇到难以解决的困难时，虚心向他人请教；在工作中积极寻求发展的机会，善于进行自我调节和自我控制，最大限度地发挥自身的潜能。

大学生加强自主意识，就是要有意识地加强自主性，比如，培养自己的主动性、独立性和创造性等。具体可以从以下两个方面着手。

（1）大学生要学会规划自己的学习和生活。在大学阶段，大学生需要了解自己该选择什么样的学习和生活方式，明确自己的职业目标，才能发挥自身的自主性和创造性。

（2）大学生要树立正确的价值观。大学生要认清当前的就业形势，不要片面地追求功利，要有主人翁意识，积极参与公益活动，充分发挥自己的主观能动性和独立性。

📄 阅读材料

变被动为主动

经过两个月的求职生活，张华终于找到了一份与自己专业对口的工作。上班第一天，领导就让张华来安排此次外宾来访的会议接待工作。这是张华的首次会议接待工作，他积极主动地向主管部门和相关领导了解会议的相关信息，包括来访人数、经费预算、食宿场地及会议要求等。明确会议内容和要求后，张华还对食宿场地进行了实地调查摸底、综合分析，最后他做出了3套不同的会场安排方案和食宿场地选择方案呈报领导。领导十分满意，张华后续又协助接待人员成功地完成了此次接待工作。

张华在筹备接待工作的过程中，主动做好准备和安排方案，领导一批准，张华就立即一一实施，因此，接待工作获得了较好的效果。张华的出色表现，来源于他的主人翁精神、变被动为主动的意识，以及高度的责任感。

第二节　适应职场环境

对刚步入职场的大学生而言，如果不加快了解职场环境并调整自己适应新环境，就有可能陷入迷茫困惑。下面从学习业务知识、增强团队意识和理性对待挫折与批评3个方面来介绍快速适应职场环境的方法。

一、学习业务知识

随着社会和科技的快速发展，知识更新的周期不断缩短，大学生应为适应不同的职业需求打下坚实的"硬件"基础。为了适应不同岗位的需求，大学生需要不断地学习，及时补充业务知识。

一般来说，大学生初到工作岗位，自身的知识量有限，知识结构并不一定合理，工作起来难免有些吃力。因此，大学生应根据职业的特点、性质、工作程序及其相互关系，虚心向有经验的同事或领导学习，学习他们观察问题、分析问题和解决问题的方法，不断丰富自己的专业知识，提高自己的专业技能。

> 🪂 **提醒**
>
> 　　如果大学生应聘的用人单位提供岗前培训，大学生就应该借助此次机会，调整学习态度，熟悉用人单位的规章制度、用人理念、技术特点等，以便尽快适应新的职场环境，更好地融入团队中。

二、增强团队意识

　　团队意识是一种主动性的意识，即将自己融入团队，想团队之所需，从而最大限度地发挥自己的作用。团队意识的核心是协同合作，比如，企业内部各部门、各成员之间密切合作，相互配合，是企业正常运行的重要保证。所以，大学生步入职场后，为了保证工作的顺利进行，必须增强团队意识，具体措施如下。

　　① 大学生要由衷地把自己的前途与团队的命运联系在一起，愿意为团队的利益与目标尽心尽力。

　　② 大学生要对团队具有无限的忠诚，决不允许有损害团队利益的事情发生。在处理个人利益与团队利益的关系时，大学生要采取团队利益优先原则，个人服从团队。

　　③ 大学生要把团队的事视为自己的事，做事积极主动、尽心尽力、认真勤勉。

　　④ 大学生应把团队成员视为"家人"，相互信任、相互依存、相互帮助、荣辱与共。

三、理性对待挫折与批评

　　对初入职场的大学生而言，在职业道路上遇到挫折与批评是在所难免的，此时，如果大学生处理不当，就会给自己造成心理压力，从而影响工作和生活。因此，大学生应理性地对待挫折、批评，这不仅对大学生的成长有益，而且对大学生更好地适应职场环境也具有积极的意义。

1. 正确看待挫折

　　不论从事何种工作，遭受挫折总是在所难免的。面对挫折时，大学生一定不要失去内心的平衡，而应积极地想办法进行调整，让自己从挫折中解脱出来。对待挫折可从以下 3 个方面入手。

　　（1）积极地进行自我调节

　　积极地进行自我调节是大学生正确对待挫折的常用方法，比如，将内心不满的消极情绪转化为发奋图强、力争上进的积极情绪；或加倍努力工作，去实现预定目标；或改变工作方法，另行尝试或进行补偿，以期达到"失之东隅，收之桑榆"的效果。

　　（2）正确认识工作上的成败

　　大学生在遇到挫折时不要灰心，也许这一次挫折就是下一次成功的开始。与此同时，大学生要正确认识工作上的成败，胜不骄，败不馁。时常审视自己的工作，吸取经验，接受教训，这对大学生而言是一笔宝贵的财富。

　　（3）勇于面对问题

　　遭受挫折并不可怕，可怕的是不敢面对现实中的问题。大学生战胜挫折的关键是，把自己定位为解决问题者，而不是让自己成为问题的一分子。有关专家建议大学生在遭受挫折后，反问自己 4 个问题。

① 问题到底是什么——寻找问题所在。

② 出现问题的原因是什么——反思根源。

③ 可能的解决方案有哪些——思考对策。

④ 哪些是最佳解决方案——选择决策。

坚持以上 4 点，并努力去解决问题，就能够战胜挫折，最终迎来成功。

2. 虚心接受批评

对待合理的批评，大学生应微笑面对，虚心接受。具体来说，接受批评有以下 4 种方式。

（1）安静聆听

安静聆听指先让批评者把意见表达完，如果听完了还不清楚错误所在，最好再追问一句："您能说得再具体一点吗？"以便找出自己受批评的原因，分析批评是否有道理。

（2）坦然接受

如果确实是自己错了，被批评之后应勇敢地说一声："是我错了，我接受您的意见，今后一定改正。"这是最好的办法。

（3）推迟作答

如果批评者自恃有理，态度蛮横，那不妨说一声："您让我先想想，明天再继续谈好吗？"这样可以控制自己的情绪，以免引起冲突。

（4）婉言解释

如果批评者对事情的原委了解不够，批评得没有道理或纯属误会，那么大学生可以做出解释，以便让对方了解事情的真相。"您误会了，事情是这样的……"语言要委婉，语气要平和，这对双方都有好处。

总之，对善意的批评，不能找借口推脱责任或默不作声。无论采取什么方法，都要认真诚恳，心平气和。更重要的是改正错误，取得进步。

第三节 实现职业发展

职业发展是个体致力于职业道路的探索、建立并取得成功的终身的职业活动。大学生要想实现职业发展，首先要融入职业角色，然后树立一个良好的职业形象，最后围绕自己的职业目标来提高职业素养。

一、融入职业角色

每个人在不同的时间、不同的环境、不同的场合都会处于不同的社会角色，并享有不同的社会权利，履行不同的社会义务，遵循不同的社会规范。每个人扮演的主要角色，由其承担的主要任务来决定。如大学生的主要任务是学习，其主要角色就是学生，他们对承担的"学生"角色十分熟悉，但对社会职业人员的角色要求却相对比较陌生。

大学生要想在较短的时间内完成职业角色的转变，应当注意以下 4 个方面。

1. 重视岗前培训

岗前培训对刚刚进入职业角色的大学生而言是非常重要的。大学生通过岗前培训可以了解用人单位的基本情况，熟悉规章制度和工作流程，更重要的是树立团队意识，培养自己的人际协调能力和奉献精神。大学生一定要以认真的态度把握好这样一次充实自己、表现自己和提升自己的机会。事实证明，很多大学生就是因为在岗前培训期间显露才华、表现出色才被委以重任的。

2. 注意知识的转化

拥有知识并不意味着拥有一切。大学生一定要谦虚、随和，在尊重同事、尊重经验的同时，适时适度地展现自己的专业知识，主动交流，创造良好的成才氛围，更有效地将知识运用到实践当中。

3. 强化责任意识

大学生在工作之初，一般不会被委以重任，而是先从基层干起，从小事做起。不管工作的轻重，分工的高低，大学生都要以满腔的热情、高度的事业心和责任感认真对待。另外，大学生也不要片面地认为自己被大材小用，对一些工作热情不高，甚至闹情绪，这都是缺乏责任意识的表现。

阅读材料

下岗的原因

　　小斌是某大学的研究生，自从面试成功进入一家大型企业后，就自以为是，经常迟到，自由散漫，并且对待工作马马虎虎，对于一些基层工作更是不理不睬。在小斌工作期间，还因为责任意识不强致使企业蒙受损失。最终他没能逃脱下岗的命运。

　　作为刚步入工作岗位的大学生，仅有文化知识是远远不够的，重要的是脚踏实地、谦虚谨慎、乐于奉献，并不断提高自己的组织纪律性和岗位责任意识。若一个大学生不能摆正自己的位置，总是眼高手低，不能用自己所学积极地为社会、为集体作贡献，而是自以为是，不踏实工作，被淘汰是迟早的事。

---

4. 养成实事求是的工作作风

大学生对待工作的态度应认真谨慎。工作中一旦出现失误，大学生就要认真地分析原因，总结经验教训，找准失误点，避免类似失误再次发生；同时，要敢于向领导和同事承认错误，开展批评与自我批评，并勇于承担责任。总之，大学生要在工作过程中养成实事求是的工作作风，积极进取。

二、树立职业形象

树立良好的职业形象是大学生实现职业发展的重要条件。那么，该如何树立良好的职业形象呢？可以从以下 3 个方面着手。

1. 仪表端庄

仪表是一个人职业形象的基本外在特征，端庄的仪表会给人留下良好的第一印象。大学生初到用人单位，要注意穿着打扮符合所从事职业的要求，始终保持积极向上的良好形象。

2. 言谈举止谦逊

大学生在职场环境中要举止谦逊、落落大方、实事求是，切忌高傲自大、夸大其词。对遇到的问题、疑惑，要虚心向同事或领导请教。谦虚的品格会在职场上给人留下良好的印象，会使大学生更快地树立职业形象。

3. 诚实守信

诚实守信是做人的基本准则，"人而无信，不知其可"。大学生要言行一致，自觉遵守用人单位的作息时间和其他规章制度，讲信用，培养不失约、不失信的作风。

大学生在树立职业形象时，还应该避免犯以下错误。

① 不懂装懂。

② 炫耀自己曾经的成绩，如毕业于重点大学、是优等生等。

③ 炫耀自身的优势，如家庭的经济条件好、认识行业中的权威人物等。

④ 传播公司里的"小道消息"。

⑤ 对工作推三阻四。

三、提高职业素养

素养指个人通过训练和实践而获得的道德修养。在此基础上，可以将职业素养理解为个体在职场生活中通过训练和实践而获得和表现出来的职业道德修养和综合品质。总体来说，可以把职业素养分为职业道德信念、职业知识技能和职业行为习惯3类。

（1）职业道德信念

良好的职业素养应该包含积极向上的职业道德信念。纵观古今中外，每一个成功的职场人士基本都拥有正面积极的职业道德信念，如爱岗、敬业、忠诚、奉献、负责、包容和开放等。

（2）职业知识技能

职业知识技能指从事某一职业所需要具备的相关的专业知识技能，是职业素养的基础。一个人若没有基本的职业知识技能，连工作的基本要求都完不成，想要成为行业的佼佼者更是不可能的。

（3）职业行为习惯

职业行为习惯是职业素养的外在表现形式，是个体在工作过程中不断学习、改变和提升而最终形成的一种行为习惯。

那么大学生应该怎样提高自己的职业素养呢？

（1）要树立正确的三观

三观指世界观、人生观和价值观。树立正确的三观意味着大学生在日常学习与生活中，要培养良好的学习与生活习惯，树立一套正确健康的价值评判、取舍标准，并开始形成自己的职业意识。

（2）多参与校内外的实践活动

通过参与校内外的实践活动，大学生能够在活动中积累具体的工作经验，提升自己的职业素养，并以此提高自己的职业能力和专业知识水平。

（3）了解与行业相关的信息

大学生应多搜集自己感兴趣或想要从事的职业信息，了解该职业的具体要求，再将自身条件对照其具体要求，看哪些是自己缺乏或不达标的，尽快制订相应的计划，努力提高自己的职业素养。

对每个人来说，职业素养都是非常重要的。因为每个人都会在社会分工里扮演不同的职业角色。尤其是大学生，更应该努力提高自己的职业素养，这对于求职和将来的职业发展都有积极作用。拥有较高的职业素养是职业发展道路顺畅的保障。

第四节　实际工作中需要注意的问题

大学生从学生角色成功转变为职业角色后，应全身心地投入职业发展中。为了积极促进职业的发展，大学生在实际工作中需要注意以下 4 个方面的问题。

一、科学有效地工作

工作压力大、任务重是作为职场新人的大学生在职场中普遍面临的问题。如何才能高效地完成工作，收获成就感？大学生必须学会科学的工作方式。

① 有计划。大学生要按照事情的轻重缓急做详细的安排，制订分步开展的工作计划。

② 有组织。大学生要合理安排好工作时间，使其紧张有序、张弛有度。

③ 有效率。大学生应规划好工作进度，提高工作效率。整天忙忙碌碌却没有成果的人，并不是一个有效的工作者。大学生一定要纠正"只有加班工作，才会得到赏识"的错误观念。

④ 有技巧。大学生应通过不断的探索和总结，深入了解工作的特点和规律，并在把握规律的基础上采用一定的方法和技巧，达到事半功倍的效果。

⑤ 养成良好的职业习惯。习惯是影响成功的要素之一，大学生要养成良好的工作习惯，如准时、每日制订工作计划等。

二、培养爱岗敬业精神

爱岗敬业是对各行各业劳动者最普遍、最基本的要求，是一个人做好本职工作的重要前提和可靠保障。大学生要想尽快适应工作的要求，除了要有投身实践的信心和勇气，还要充分了解和熟悉工作环境，并主动了解用人单位的发展历程、发展前景等相关信息，从而对所从事的工作岗位有较全面的认识和把握。

爱岗敬业的最终表现是乐业、勤业、精业、实业 4 个方面。

① 乐业指喜欢自己的专业，热爱自己的本职工作。

② 勤业指勤奋、刻苦地学习专业知识，努力钻研自己的业务。

③ 精业指不断提高自己的专业技术、业务水平，精益求精。

④ 实业指依靠科学、实事求是，对本职工作一丝不苟，有严格的务实精神。

三、主动建立人际关系

人际关系已经渗透到了所有的社会关系中，它对于大学生实现职业发展具有重要意义。大学生初到工作岗位，要努力处理好与同事之间的合作关系、与领导之间的上下级关系、与客户之间的业务关系。

大学生主动建立人际关系可以从以下两个方面做起。

1. 塑造良好的人格魅力

良好的人格魅力是建立人际关系的催化剂。大学生可以从以下 3 个方面塑造良好的人格魅力。

① 尊重他人。初到一个新环境，大学生应该从零开始，在工作中不管对方的职务尊卑、年龄大小、文化高低，都要尊重其人格和情感，尊重他们的劳动成果，虚心请教，才能赢得他人的尊重。

② 平等待人。大学生一定不要以貌取人、区别待人，在工作中应平等待人。

③ 乐于助人。在他人有困难时大学生应当热情相助，而不能袖手旁观，更不能幸灾乐祸。患难见真情，只有热情帮助他人的人才会得到他人的帮助，才会赢得他人的认可。

2. 建立和谐的人际关系

大学生步入职场要适时地调整自己，主动向同事表示自己的友好态度，这样才能建立和谐的人际关系。

四、注意细节问题

下面列举了一些大学生步入职场时应注意的细节问题。

① 微笑面对每一个人。

② 工作中要成熟、稳重。

③ 做好每一件小事。

④ 展现主动热情的个性。

⑤ 要学会与人沟通。

⑥ 严格遵守规章制度。

⑦ 尊重身边每一个人。

⑧ 不强出头。

⑨ 不斤斤计较。

⑩ 独立做好分内工作。

⑪ 不要妄加评论单位的制度和规定。

⑫ 不要卷入办公室的是非之中。

自我测评

1. 你觉得要顺利完成从学生到职业人的角色转换要重点关注哪些问题？

2. 你计划在步入职场后如何建立人际关系？

3. 你认为要提高职业素养应从哪些方面入手？

PART 02

创新
创业篇

主要内容:

- ◆ 创新意识与创新思维;
- ◆ 大学生创业基础;
- ◆ 创业的流程;
- ◆ 大学生创业案例剖析;
- ◆ 中国"互联网+"大学生创新创业大赛。

第六章
创新意识与创新思维

面对日益严峻的就业形势，大学生要全面提升自身的综合素质，不断满足用人单位对人才的需求，比如，争做创新型人才、复合型人才等。而大学生创新能力的培养又与创新意识与创新思维的培养密不可分。本章将重点介绍创新意识与创新思维的培养。

📝 学习目标

- ◆ 了解创新意识的特征与类型。
- ◆ 了解创新意识的培养方法。
- ◆ 了解创新思维的特点与方式。
- ◆ 掌握创新思维的培养方法。

🔀 案例导入

1957 年的一个冬夜，安藤百福经过一家拉面摊，看到人们顶着寒风排着长队只为吃一碗拉面。站在拉面摊对面的安藤百福心想，要是有一种面，只要用开水冲一下就能吃，大家很可能会喜欢。

1958 年春天，安藤百福便开始着手研究怎样做好吃的面食。安藤百福为产品设定了 4 个目标：味道要好，不需要烹饪，安全卫生且便宜，具有很好的保存性。

面条的做法看似简单，实际上原料之间的搭配却非常微妙，安藤百福是一个外行，所以他做出来的面不是粘成一团，就是松松垮垮的。安藤百福只能做了扔、扔了又做，一次次重复着相同的步骤，看不见一丝希望。经过一番努力后，安藤百福终于解决了面条保存的问题，却发现面条太过干燥，不便于进食。

有一次在饭桌上，安藤百福的夫人做了一道可口的油炸菜，安藤百福猛然间从中领悟到了做方便面的诀窍：油炸。面是用水调和的，而在油炸过程中水分会散发，所以油炸食品的表面有无数的洞眼，就像海绵一样，加入开水后，面能够很快变软。如此一来，将面条浸在汤汁中使之入味，然后用油炸使之干燥，就能制作出既能长期保存又可用开水冲泡的面了。由此，第一包方便面——"鸡肉拉面"便诞生了，一经上市就引起轰动，仅一个月就销售了上千万包。但安藤百福并没有止步，他继续不断地创新，开拓自己的方便面事业。

1966年安藤百福第一次去欧美进行视察旅行，希望找到把方便面推向世界的办法。当安藤百福拿着鸡肉拉面去洛杉矶超市让采购人员试吃时，采购人员拒绝了，原因是他们没有盛面条的碗，只有纸杯。在安藤百福的坚持下，采购人员把鸡肉拉面分成两半放入纸杯中，注入开水，然后用叉子吃，吃完后就把杯子扔进了垃圾箱。

此时，安藤百福灵光乍现，脑子里有了开发"杯面"的想法。1970年，安藤百福将美国作为打入西方市场的突破口。为了适应欧美市场，安藤百福发明了"杯面"和"碗面"。从此，市场上就出现了3种不同类型的方便面，即袋装方便面、杯面和碗面。

由此可见，成功的创业者应有一双善于观察发现的眼睛，并能另辟蹊径，勇于尝试，不畏失败。

第一节　创新意识的含义与特征

创新意识是人类意识活动中一种积极的、富有成果性的意识形态，它是人们进行创造活动的出发点和内在动力。创新意识代表着个体奋斗的目标和价值指向，它能唤醒、激励和发挥个体所蕴含的潜在力。那么，什么是创新意识？创新意识又有哪些特征？下面将进行具体讲解。

一、创新意识的含义

创新意识指人们根据社会和个体生活的发展需求，产生的创造前所未有的事物或观念的动机，并在创造活动中表现出的意向、愿望和设想。创新意识是形成创造性思维和创造力的前提，其基本构成要素包括创造动机、创造兴趣、创造情感和创造意志4种。

① 创造动机：它是创造活动的动力因素，它能推动和激励人们进行并维持创造性活动。

② 创造兴趣：它是促使人们积极追求新奇事物的一种心理倾向，它能促进创造活动的成功。

③ 创造情感：它是引起、推进乃至完成创造的心理因素。个体只有具有创造情感才能促使创造活动成功。

④ 创造意志：它是在创造中克服困难、冲破阻碍的心理因素。创造意志具有目的性、自制性和顽强性。

二、创新意识的基本特征

创新意识具有以下 4 项基本特征。

1. 新颖性

创新意识的产生源于个体为了满足新的社会需求，或是用新的方式更好地满足原来的社会需求。也就是说，创新意识就是求新意识，具有新颖性。

2. 历史性

创新意识是以提高人们物质生活和精神生活水平为出发点的，在很大程度上会受社会历史条件的制约，比如在封建社会，创新意识就会受阶级性和法律道德观念的制约。

3. 差异性

人们的创新意识与其自身的社会地位、文化素养、兴趣爱好及环境氛围等因素都有关系，这些因素对创新意识的产生具有重大影响。而这些因素也因人而异，因此，创新意识具有差异性。

4. 质疑性

质疑性是创新意识的重要特性，它是贯穿整个创新实践活动的关键特征。大胆质疑不仅是创新意识形成的逻辑起点和先决条件，而且是整个创新实践的源泉和动力。创新实践的过程一般为产生质疑意识→提出问题→形成创新意识→解决问题→出现新结果→完成创新实践。从中可以看出，质疑意识十分重要，也验证了"科学研究始于问题"这一理念。

提醒

创新是发展的不竭动力。创新意识对于大学生尤其是想要在创业领域寻求突破的大学生具有重大价值，具体表现为创新意识是大学生进行创业的精神指南，它具有引导大学生进行创业的重要功能；创新意识能激发大学生的创业潜能。

阅读材料   奇思妙想源于创新意识

林明是一名多媒体设计专业的大学生。由于家庭条件不是很好，为了减轻家里的负担，林明经常做兼职，为网店设计网页。

林明大学毕业后回到家乡，在亲人和朋友的帮助下，创办了一个养鸡合作社，销售鸡蛋。转眼就到了收获鸡蛋的时候，受之前网页设计工作的启发，林明突然有了一个"新创意"——开发"小明鸡蛋网上身份查询系统"，为每批鸡蛋进行登记，让消费者看到更加透明的产品信息，安心采购。

林明的奇思妙想让他手中的 5 000 枚鸡蛋在不到两周的时间内就销售一空，林明的事业也渐渐开拓出了一片新天地。

第二节　创新意识的类型

创新意识以思想活跃、不因循守旧、富于批判性和创造性，以及敢于独树一帜为主要表现。个体只有在强烈创新意识的鼓舞和推动下，投入常人难以想象的精力和热情，才能取得丰硕的成果。根据创新意识的基本特征和表现形式，可以将创新意识分为求新求异意识、求真务实意识、求变意识和问题意识 4 种类型。

一、求新求异意识

创新意识具有新颖性和差异性的基本特征，因此，求新求异意识是创新意识的主要类型。敢于别出心裁、追求新颖奇特是创新活动的前提和内部动力。

求新求异意识要求大学生敢于突破常规，换个角度思考问题。遇到问题时，即便有很简单的解决办法，大学生也可以尝试换个角度进行思考。

二、求真务实意识

创新意识也是一种求真务实意识，不应当一味地强调标新立异。大学生不能认为凡是标新立异或与众不同的东西就是创新，而是应该脚踏实地，切忌过于偏激。就像永动机这样的设想，因为违背了自然界的基本规律，所以肯定不会成功。

要使创新活动产生有价值的成果，就必须尊重客观规律。寻找事物的客观规律，按规律办事，就是求真务实的确切含义。创新离不开求真务实，反之，求真务实本身又是不断创新的过程。

三、求变意识

创新意识还是一种求变意识，它追求突破已有的格局，包括思想的、实物的、方法的等。这里所说的"变"主要是指变革、革新。

创新活动源于创新意识，而创新活动的形成就是不断发现错误、消除错误、接近正确认识的过程，也是不断破旧立新、推陈出新的过程。创新活动即为不断变革的过程，创新意识因此又表现为求变意识。

四、问题意识

创新意识同时又是问题意识。强烈的问题意识，首先表现在善于提出问题。爱因斯坦曾说过："提出问题比解决问题更重要。"有了新问题，就必须加以解决，如用现有的途径和方法得不到圆满答案，就必须用新的方法。解决问题的过程又将是一个创新过程。

提醒

　　发现问题是形成创新意识的起点，没有问题，创新将会成为无源之水、无本之木。同时，问题又是创新的前提，一切发明创新都源于质疑。由此可见，大学生培养问题意识是十分重要的。

第三节　创新意识的培养

　　无论是在学习、生活还是职场中，人们都在不断地提出创新这一理念。在创新的过程中，强烈的进取精神和勇于探索新事物的创新意识都是十分重要的。拥有了创新意识，人们才敢去想别人不敢想、做别人不敢做的事情。那么大学生应当如何培养创新意识呢？下面将进行详细讲解。

一、积累知识

　　知识的积累是培养、激发创新意识的必要条件。大学生要培养创新意识，首先要增强自身的求知欲，培养勤奋求知的精神。只有不断地学习新知识，大学生才能在自主创新创业的过程中发挥主力军的作用。

　　扎实的基础知识和良好的学习方法是创新的前提，开阔的视野也有助于大学生进行创新。只有掌握了创新的基础知识和基本技能，并遵循创造性规律，了解科技发展和知识更新的动态，形成较强的学习能力和思维能力，才能萌生创新意识。

阅读材料　　　　　　　**合伙开发小游戏**

　　钱亮、赵军和林小路是某大型网游公司的员工。虽然他们工作的年限不长，但个人能力却非常突出，尤其是钱亮和赵军，他们在工作之余经常阅读一些关于游戏设计的相关书籍，还经常光顾图书馆，而林小路则喜欢关注游戏市场的变化。在看到国内手机软件尤其是游戏软件市场蓬勃发展的趋势后，他们看到了商机。经过反复的商量，3人决定辞职创业。

　　他们创业的项目是一款适合在手机上玩的小游戏。经过5个多月的艰苦奋战，一款画面美观、操作性强、引人入胜的小游戏终于出炉了。他们制订了相应的营销方案，向国内的游戏开发商推广他们的产品和服务，最终大获成功。

二、消除心理障碍

对于创新，有些大学生有一种天然的抵触和恐惧，认为创新是科学家才能做的事情，自己没有能力去创新，更没有创新意识。其实，人人都能创新，人人都具备创新的潜能。为了把这种创新潜能激发出来，培养创新意识，大学生首先就要消除创新的心理障碍，树立创新的信心。消除心理障碍，培养创新意识的常用方法有以下 3 种。

1. 战胜从众心理

从众心理会严重阻碍大学生创新能力的发展，辩论是战胜从众心理、提升思维能力的好方法。大学生在对某一问题持有不同看法时，应勇敢发表自己的见解，据理论事，不盲目从众，便能很好地战胜从众心理。

2. 战胜胆怯心理

胆怯心理是比较普遍的心理障碍，对大学生培养创新意识有强烈的抑制作用。大学生要想战胜胆怯心理，就应当敢于质疑、勇于探索，不断激励自己。

3. 战胜自卑心理

自卑心理会使大学生缺乏自信和想象力，进而自我封闭。要想战胜自卑心理，大学生应当进行积极的自我暗示，辩证地看待创新道路上遇到的失败和挫折，具备坚强的自信心和顽强的进取精神。

> 🪂 **提醒**
>
> 大学生在平时应多关注在平凡工作岗位上做出不平凡创新业绩的先进人物和相关事迹，积极参与学校组织和开展的观念创新、技术创新、管理创新等一系列活动，通过实践，树立"人人都能创新，人人都具备创新的潜能"的意识，从而激发创新思维，培养创新意识。

三、激发好奇心

创新需要个体具备强烈的好奇心。古今中外有很多真知灼见、发明创造都是人们通过不断探索而获得的，而人们的探索欲望就常常表现为强烈的好奇心。

好奇心会使人们对事物或人充满兴趣，这些兴趣会促使人们想要去质疑、探索或刨根问底。此时人的思维就会变得异常活跃，人的潜能也会得到释放，人的创造性也会随之空前高涨。

📲 阅读材料   **改良版蒸汽机的发明者——瓦特**

瓦特出生于格林诺克小镇，父亲是造船工人，祖父和叔父都是机械工人。在孩提时代，瓦特就对身边的事物具有强烈的好奇心和钻研精神。由于家庭的影响，瓦特从小就熟悉了许多机械的工作原理和制作技术。

在瓦特的家乡，家家户户都是生火烧水做饭，这种司空见惯的事几乎没有人会留意，但瓦特却不一样。有一次，瓦特在厨房里看祖母做饭，灶上烧着一壶开水，开水沸腾的时候，壶盖就会不停地被向上掀动。瓦特观察了很久，感觉很奇怪，猜不透其原因，于是请教了祖母。

祖母说："水开了就会这样。"

瓦特不解，又追问："为什么水开了壶盖就会跳动？是什么东西推动它吗？"

祖母没法给瓦特一个确切的答案。瓦特决定自己寻找真相，于是接下来的几天瓦特一有时间就会蹲在火炉旁边细心地观察。经过反复的尝试和耐心的观察，瓦特终于明白了：原来是水蒸气在推动壶盖跳动。这一物理现象，正是蒸汽机的发明原理。

之后，瓦特运用科学理论，逐渐发现了纽科门蒸汽机的不足之处。从1765年到1790年，瓦特进行了一系列的发明，比如分离式冷凝器、汽缸外设置绝热层、离心式调速器及节气阀等，使蒸汽机的效率相比纽科门蒸汽机提高了3倍多，最终诞生了现代意义上的蒸汽机。

四、参与创新活动

大学生在培养创新意识的过程中一定要树立科学的创新理念，明确创新的真实含义，以防仅仅把创新当作一种口号，而不解决实际问题。

大学生应该积极参与创新活动，比如创新创业培训或是创新创业大赛，如图6-1所示。同时，大学生不要怕在创新过程中犯错误，要大胆尝试，才能在创新之路上不断成长。作为尚在学习阶段的大学生，先不要期望自己有什么惊人的壮举，而是要先激发自己的创新意识，学会思考、怀疑与探索，再结合自身的实际情况来加以实践。

图6-1 第五届中国"互联网+"大学生创新创业大赛海报

> **提醒**
>
> 近年来，为以创业带动就业，各地都不同程度地开展了免费的创新创业培训。大学生应该响应当地政府、就业部门的号召，积极了解并参与到这些培训活动中，提升自己的创新创业能力。

第四节 创新思维的含义与特点

创新思维是人类特有的精神活动，具有很强的主动性和主观性。借助创新思维，人们可以突破环境和经历的限制，去认识、想象和预测那些没有接触过或经历过的事物，从而实现创造。下面介绍创新思维的含义与特点。

一、创新思维的含义

创新思维指以新颖、独创的方法去解决问题的思维过程。人们运用创新思维能够不受现成的常规思路的约束，以超常甚至反常规的方法或角度去思考问题，并提出与众不同的解决方案，从而产生新颖的、独到的、有社会意义的思维成果。

创新思维不是单纯地依靠现有的知识和经验进行抽象和概括，而是在现有的知识和经验的基础上进行想象、推理和再创造。

二、创新思维的特点

创新思维是思维的高级形态，具有新颖性、求异性、灵活性、突发性、综合性、逆向性等特点。

1. 新颖性

新颖性指一项构思会使人耳目一新，展示出一种新的概念、新的形象和新的结构。

2. 求异性

求异性指对司空见惯的、似乎已成定论的事物或观点采用多种不同的方法进行思考。换而言之，就是从多个方面对事物进行深入探索，以求找到问题的解决方法，从而树立新思想，创立新形象。

求异性是在实事求是的基础上，基于客观事实提出质疑或否定。要想有所创新，就不应拘泥于常规，不应轻信权威，而要以怀疑和批判的态度看待一切事物和现象。

3. 灵活性

灵活性指能及时转换思路，进行多角度、多方位、多学科、多层次的立体思考。具体表现为及时放弃旧的思路而转向新思路，及时放弃无效的方法而采用新方法。

4. 突发性

所谓突发性，指创新思维在极短的时间内，以一种突发的形式，迸发出创造性的思想火花，产生新的概念。创新思维的突发性，可能是在长期构思酝酿后水到渠成地爆发开来的，也可能是受某一偶然因素的触发而产生的。突发性思维主要包括直觉思维、顿悟思维、灵感思维。

5. 综合性

综合性思维不是简单地把对事物的各个部分、侧面和属性的认识，随意、主观地拼凑在一起，也不是机械地相加，而是按照事物内在的或必然的互相联系对其各个方面的结构和功能进行系统认识的一种思维方法。

6. 逆向性

逆向性就是有意识地采用"反常规"的思路去思考问题。如果把传统观念、常规经验、权威言论当作金科玉律，就会阻碍大学生的创新活动。因此，为实现某一创新或解决某一以常规思路难以解决的问题时，不要以长久以来形成的固有思路去思考问题，而应从相反的方向寻找解决办法。只有奇思妙想，才能避免"构思平庸""与人雷同"的结果。

阅读材料

转变思路变亏为盈

毕业后，李宇新没有找工作，而是决定自主创业。李宇新很看好餐饮行业，认为开一家自助火锅店一定能成功。经过一番市场调查，李宇新决定将自助火锅店开在学校附近。

一开始，李宇新的自助火锅店生意还不错，可是顾客浪费食物严重，导致火锅店的效益下滑，甚至有 1 个月还出现了亏损的情况。无奈之下，李宇新只能做出明文规定：凡是浪费食物者罚款 20 元。这一规定出台后，火锅店的生意就一落千丈。面对每天惨淡的营业额，李宇新开始反思自己做出的这项规定，意识到一个道理：不要让顾客"吃亏"。因此，李宇新决定对每一位顾客多收 10 元的餐费，然后将原来的规定调整为：凡没有浪费食物者奖励 20 元！结果生意又重新好起来且减少了浪费现象。

第五节 创新思维的方式

创新思维是可以被描述，并被学习掌握的。常见的创新思维有多种方式，包括逻辑思维、联想思维、发散思维、求同思维、形象思维、直觉思维等。在实践中，这 6 种思维类型各具特色，都是不可或缺的。

一、逻辑思维

逻辑思维也称抽象思维，是人们在认识活动中运用概念、判断、推理等思维方法，对客观现实进行间接的、概括的反应的过程。逻辑思维的基本单元是概念，基本思维方法是抽象，基本表达工具是语言和符号。逻辑思维具有规范、严密、确定和可重复的特点。

逻辑思维是人脑的一种理性活动，思维主体把感性认识阶段获得的对于事物认识的信息抽象成概念，运用概念进行判断，并按照一定的逻辑关系进行推理，从而产生新的认识。也就是说，要想创新，要想找出复杂问题的解决方案，就必须运用逻辑思维。

二、联想思维

联想思维是在人脑的记忆表象系统中，由于某种诱因使不同表象发生联系的一种思维活动。通过联想思维，人们可以从他人的发明创造中获得灵感，并进行创新。例如，在指甲剪被发明后，有人在此基础上又发明了手机支架指甲剪。该工具融合了手机支架、指甲剪、开瓶器等功能，属于联想思维的创新成果。联想思维具有以下 3 个特征。

1. 连续性

联想思维的主要特征是由此及彼、连绵不断。联想可以是遵循逻辑的，但更多情况下是天马行空的，联想链的首尾两端往往没有必然的联系。

2. 形象性

联想思维是具体化的思维，其基本的思维操作单元是表象，是一幅幅的画面。因此，联想思维十分生动，具有鲜明的形象。

3. 概括性

联想思维可以很快地把联想到的思维结果呈现在联想者的眼前，是一种把握整体的思维操作活动，因此具有很强的概括性。

阅读材料　　　　　　　　　**联想思维在销售中的应用**

"莉莉烘焙"是刚毕业的大学生陈莉创办的，是一家主要经营鲜牛奶、手工饼干、面包和蛋糕等的食品店。因为质优价廉，且送货上门，牛奶的销量非常不错，使店铺获得了不错的利润。但由于创业资金有限，店铺的位置较为偏僻，店中其他的优质商品，如饼干、面包、蛋糕等却少有人问津。

陈莉也想过通过广告和网络媒体的方式来推广店铺的其他食品，但尝试过一段时间后她发现这些推广方式成本过高，并且效果也不是很理想。随着牛奶订单的不断增多，陈莉突然意识到，其实这些牛奶订单的背后就是一个庞大的消费群体，何不在这部分人群中运用有效的营销推广手段，宣传自己的手工饼干、蛋糕和面包呢？

于是，陈莉开始着手设计精美的小卡片。首先，在卡片正面印上手工饼干、面包、蛋糕的名称和价格，然后，将卡片背面印制成订货单，便于顾客签名并填写所需食品的品种、数量及送货时间。这些卡片是挂在牛奶瓶上的，顾客在取牛奶时就可以直接看到卡片信息。该方案一经实施，很多订购牛奶的用户同时也开始订购其他食品，陈莉店铺的生意终于好起来了。

三、发散思维

发散思维又称扩散性思维、辐射性思维，指从多种角度、方向去设想、探求答案，最终使问题获得圆满解决的思维活动。

发散性思维是创新思维的核心。发散性思维不受任何限制和禁锢，可以提出大量可供选择的方法、方案或建议，也可以提出一些别出心裁、出乎意料的见解，使看似无法解决的问题迎刃而解。发散思维有其自身的特点，如流畅性、变通性、独特性和多感官性。

1. 流畅性

流畅性指在极短的时间内生成并表达出尽可能多的思维观念，以及较快地适应、消化新的思想。流畅性反映的是发散思维的速度和数量特征。

2. 变通性

变通性就是克服脑中固有的思维框架，按照新的方向来思索问题。变通性需要借助横向类比、跨域转化、触类旁通等方式，使发散思维沿着不同的方向扩散，表现出多样性和多面性。

3. 独特性

独特性指人们在发散思维中做出不同寻常的、异于他人的新奇反应的能力。独特性是发散思维的最高目标。

4. 多感官性

发散思维不仅需要借助视觉和听觉，还需要充分利用其他感官来接收信息并进行加工。如果思维者能够想办法激发兴趣，把信息情绪化，赋予信息以感情色彩，便会提升发散思维的效果。

四、求同思维

求同思维也称聚合思维、辐合思维、集中思维，是一种有方向、有范围、有条理的收敛性思维活动。求同思维具有集中性和最佳性两大特点，即求同思维的过程是集中指向的，目标单一，其目标是寻求最佳。在创新活动中，人们运用求同思维进行的发明创造处处可见，如收录两用机、组合家具等。

大学生要创新，就必须要善于从复杂多变的事物之中，发现其中包含的共性因素，即找出事物间的结合点。一般情况下，组合事物并不等于将原来的几种事物简单相加，而是产生新的性质和功能。

> 🪂 **提醒**
>
> 发散思维和求同思维在思考的过程中是相辅相成、互为补充的。发散思维可以帮助创新者开阔思路，产生多种解决问题的可能方案；求同思维则可以帮助创新者整合思绪，在解决问题的众多方案中，通过分析、比较、判断，选出一个最佳方案。

五、形象思维

形象思维是以直观形象和表象为支柱的思维活动，是人的一种本能思维，具有普遍性。在人们日常的生活、学习和生产活动中，形象思维一直起着重要作用。例如，画家绚丽的作品、舞蹈家优美的形体语言都是形象思维的结果。

形象思维具有形象性、想象性和粗略性3个基本特点。

1. 形象性

形象性是形象思维最基本的特点。形象思维所反映的对象是事物的形象，是从形象上来认识和把握所研究对象的本质和规律的。形象思维的形象性使它具有生动性、直观性和整体性的优点。

2. 想象性

想象是思维主体运用已有的形象形成新形象的过程。形象思维并不满足于对已有形象的再现，而是致力于追求对已有形象的加工，从而实现新形象的输出。因此，想象性使形象思维具有创造性的优点。

3. 粗略性

形象思维对问题的反映往往是粗线条的，对问题的把握是大体上的，对问题的分析是定性的或半定量的。形象思维通常用于问题的定性分析，而抽象思维则可以给出精确的数量关系，所以，在实际的创新活动中，需要将抽象思维与形象思维结合使用，才能取得更有效的成果。

六、直觉思维

直觉思维是不受某种固定的逻辑规则约束而直接领悟事物本质的一种思维活动。如突然对某一问题有"灵感"和"顿悟"，甚至对未来事物的结果有"预感"或"预言"等，都是直觉思维的表现。直觉思维主要有简约性、独创性、突发性3个特点。

1. 简约性

直觉思维是从整体上考察思维对象，调动思维者全部的知识经验，使之通过丰富的想象做出敏锐而迅速的假设、判断或猜想。直觉思维是一瞬间的思维火花，是长期积累后的一种升华，是思维过程的高度简化，但它却能清晰地触及事物的"本质"。

2. 独创性

直觉思维是对研究对象整体的把握，不专注于细节推敲，与逻辑思维恰恰相反。正是由于直觉思维的无意识性、随意性和灵活性，它才是丰富的、发散的，才能使人的认知结构向外无限地扩展，具有反常规的独创性。

3. 突发性

直觉思维的过程极短，稍纵即逝，其所获得的结果是突如其来的。人们对某一问题冥思苦想，往往不得其解，反而容易在不经意间顿悟问题的答案，这就是直觉思维的成果。例如"万有引力定律"就是牛顿在苹果园休息时，不经意间受到苹果落地事件的激发而研究发现的。

> **提醒**
>
> 　　尽管直觉的产生极为突然，然而其生成绝非偶然，必须要有相关知识的积累。这里说的知识，既包括有关的经验知识，又包括专业的理论知识。对大学生而言，可以通过不断学习专业知识、参与社会实践等方式来培养自己的直觉思维能力。

第六节　创新思维的培养

　　创新思维是每个大学生都应该具备的思维能力。总的来说，大学生创新思维的培养应从以下两个方面着手。

1. 激发创新潜能是培养创新思维的前提

　　激发创新潜能的方法有良性暗示、快乐心灵、成果激励、制造险境等。

（1）良性暗示

　　暗示可分为良性暗示和负面暗示两种。良性暗示能够开发大脑中的创新潜能。大学生应尽可能地从周围环境或他人那里得到良性暗示，也可以直截了当地对自己进行良性暗示，并拒绝那些压抑创新潜能的负面暗示。

（2）快乐心灵

　　快乐与创新密不可分。快乐与人的需求相关，而需求的满足可以通过外界的事物来改变，也可以通过内心来调节。一个拥有快乐心灵的人，其大脑中的创意也会源源不断地涌现出来。

（3）成果激励

　　每个人都希望自己付出的劳动有所收获，因此，用成果（即物质或精神奖励）来激发个体的积极性会取得很好的效果，会使个体的大脑高速运转起来。

（4）制造险境

　　人在遇险时，会展示出非凡的能力，这种能力就是人的潜能。因此，大学生只要适时地为自己制造一些险境，就有可能开发出无限的潜能。在困难面前，大学生要相信自己能行，从而激发出大脑中潜在的能量，想出应对的策略，并产生有效的行动。

2. 积累实践经验是培养创新思维的基础

　　实践是检验真理的唯一标准，所以大学生要培养创新思维就必须投身实践。每一项发明创造，都需要经历无数次实践，积累各种经验。

　　大学生应在课堂学习之余，走向社会，融入实践劳动，锻炼创新思维。创新理念只有在实践中才能变为现实，大学生的创新思维、创新能力也只有在实践中才能得到真正的发展。

⊨ 自我测评

1. 创新意识的类型有哪些?

2. 大学生如何培养创新意识?

3. 请完成以下测验,如果符合你的情况,请回答"是",不符合请回答"否",拿不准则回答"不确定"。将结果与表 6-1 核对,检测自己是否具备创新意识。

（1）你认为那些使用古怪和生僻词语的作家,纯粹是为了炫耀。

（2）无论什么问题,要让你产生兴趣,总比让别人产生兴趣要困难得多。

（3）即使是十分熟悉的事物,你也常用全新的眼光看待它。

（4）你常常凭直觉来判断问题的正确与错误。

（5）你善于分析问题,但不擅长对分析结果进行综合、提炼。

（6）你的审美能力较强。

（7）你聚精会神工作时,常常忘记时间。

（8）你做事总是有的放矢,不盲目行事。

（9）你的兴趣在于不断提出新的建议,而不在于说服别人去接受这些建议。

（10）你喜欢那些一门心思埋头苦干的人。

（11）你不喜欢提那些显得无知的问题。

（12）你特别关心周围的人如何评价自己。

（13）你很容易对周围的新事物感到好奇,一旦产生兴趣就很难放弃。

（14）你认为按部就班、循序渐进才是解决问题最正确的方法。

（15）你关心的问题是"是什么",而不是"为什么"。

（16）你总觉得自己还有潜力。

（17）你不能从他人的失败中发现问题,并吸取经验和教训。

（18）你对工作充满热情,当完成一项工作之后总有兴奋感。

（19）你遇到问题能从多方面探索它的可能性,而不是拘泥于一条路。

（20）你认为,如果打破固有的理念、行为方式、秩序或体制,就不能建立更好的模式。

表 6-1 评分标准

题号	"是"评分 / 分	"否"评分 / 分	"不确定"评分 / 分
（1）	1	2	0
（2）	0	4	1

续表

题号	"是" 评分 / 分	"否" 评分 / 分	"不确定" 评分 / 分
（3）	3	1	0
（4）	2	1	0
（5）	3	0	1
（6）	1	2	0
（7）	1	2	0
（8）	0	2	1
（9）	2	0	1
（10）	0	2	1
（11）	0	3	1
（12）	0	2	1
（13）	2	1	0
（14）	0	3	1
（15）	0	2	1
（16）	3	0	1
（17）	0	3	1
（18）	2	1	0
（19）	3	0	1
（20）	0	3	1

结果分析

得分为 36 分以上：说明你是一个具有较强创新意识的人，具有将思考结果加以实现的能力。如果你已经小有成绩，要戒骄戒躁；如果暂时还没有成绩也不用着急，只要努力就总会在某些方面崭露头角。你适合从事环境较为自由，没有太多约束，对创新有较高要求的职业，如装潢设计师、工程设计师、软件编程人员等。

得分为 22 ～ 35 分：说明你的创新意识一般，对事物的判断讲究现实，习惯采用现有的方法与步骤来思考和处理问题，很难有较大的创新成就。思维灵活性是创新的基础，你可以尝试做一些培养创新意识的训练。你适合从事管理、市场营销等方面的职业。

得分为 22 分以下：说明你缺乏创新意识，比较循规蹈矩，做事一板一眼、一丝不苟，而且凡事讲究原则、遵守制度。你适合从事对纪律性要求较高的职业，如会计、质量监督员等。

4. 常见的创新思维有哪些方式？每一种创新思维方式的特点是什么？

5. 充分利用发散思维，尽可能多地说出曲别针的用途。

6. 阅读下面的题目，给出分析答案。

（1）某个城市地铁里的灯泡经常被偷。偷窃者常常拧下灯泡，导致产生安全隐患。接手此事的工程师不能改变灯泡的位置，也没多少预算供他使用，那他应该怎样解决这个问题呢？

（2）游客有时会从帕特农神庙的古老立柱上砍下一些碎片作为纪念品带走。雅典当局如何才能阻止这一违法行为呢？

（3）在一个小镇里有 4 家鞋店，它们销售同样型号、同一系列的鞋子，然而其中一家鞋店丢失的鞋子数量是其他 3 家平均丢失鞋子数量的 3 倍，为什么会出现这种情况？又应该如何解决这个问题呢？

（4）一座城市被森林大火所困扰，相关负责人想清除城镇周围山坡上的灌木丛。如果用螺旋桨飞机来操作，极易产生火花，导致火灾。他们该怎么办？

第七章
大学生创业基础

有越来越多的人选择以创业这种形式来实现自己的理想，大学生就是其中的一个重要群体。但由于大学生的社会实践经验与能力都有所欠缺，因此也出现了一些失败的案例。为了提升创业的成功率，大学生在选择自主创业时，应做好充分的创业准备，如了解创业的要素和类型、了解创业的帮扶政策、进行自我剖析、做好心理准备等。下面介绍大学生创业的基础知识。

📓 **学习目标**

◆ 了解创业的要素和创业的类型。
◆ 了解大学生创业政策和创业现状。
◆ 学会进行自我剖析。
◆ 做好创业前的心理准备。

⤭ **案例导入**

来自偏远地区的赵俊楠，通过刻苦学习，终于考上了一所重点大学。但是，母亲的身体不好，家里已经没有能力支付赵俊楠今后的学费了。于是赵俊楠决定自己解决今后的学费问题。开学后，他开始四处打听当地的小商品批发市场。之后，他趁课余时间逛遍了周边所有的小商品批发市场。仔细对比了各种充电宝的性能和价格后，他以批发价购买了一批销量较好的充电宝，在宿舍楼中进行推销，很快售空。这是他掘得的第一桶金。之后，赵俊楠又开始销售同学们常用的其他日用品。最终，赵俊楠通过努力解决了自己的生活费和学费问题，并开始认真考虑毕业后的创业问题。

第十章

大学生创业基础

第一节　初识创业

创业是创业者对自己拥有的资源进行优化整合，继而凭借个人能力或团队能力创造出更大的经济或社会价值的行为过程。创业是就业的另一种表现形式，大学生进行创业不但能为自己创造就业的机会，而且能为他人提供就业岗位。下面介绍创业的含义、要素、类型及过程。

一、创业的含义

创业可以从广义和狭义两种角度来理解。

·① 广义的创业指创业者在从事的各种社会活动中，对社会产生积极的影响，并为国家、集体和群体做出贡献。

② 狭义的创业是指创业者的生产经营活动，主要是开创个体和家庭的小事业。比如，某一位大学生毕业后利用家人提供的资金成立了一家企业，将企业从无做到有，从小做到大，这就属于狭义上的创业。

二、创业的要素

对创业来说，特别重要的要素就是创业机会、创业团队和创业资源，它们贯穿于创业的始终。新创企业往往具备一般企业所不具有的创造力和想象力，许多科技创新企业在公司进入成熟阶段后，都希望能够将公司重新带入创业阶段，重新获得企业新创时的那种激情和快速发展的动力。但由于新创企业相对脆弱，会有很多因素制约着它们的成长和发展，所以创业者要把握好创业机会、创业团队和创业资源这 3 个要素，并充分地利用和发挥。

1. 创业机会

创业机会主要指具有较强吸引力的、持久的、有利于创业的商业机会，创业者可以据此为客户提供有价值的产品或服务，并同时获得利润。创业者要善于把握住每一个稍纵即逝的创业机会，因为抓住创业机会就等于离创业成功更近了一步。

2. 创业团队

创业团队是为进行创业而形成的集体。团队成员之间有共同的创业目标、共担创业风险并共享创业利益。一个优秀的创业团队通常具备共同的价值观、共同的目标、团队成员和定位这 4 个基本要素。

3. 创业资源

创业资源是新创企业创立和运营的必要条件，它是新创企业在创造价值的过程中所需要的特定资产，包括有形资产和无形资产。创业资源的主要表现形式有创业资本、创业人才、创业机会和创业技术等。

三、创业类型及过程

前面介绍了创业的含义和基本要素，下面介绍创业类型及创业过程。

1. 创业类型

按照不同的标准，可将创业分成不同的类型。创业者熟知各种创业类型后，就可以在日后的创业决策中选择最适合自己条件的创业类型。

（1）按创业项目划分

按照创业项目来分类，创业一般可以分为传统技能型、高新技术型和知识服务型3种。

① 传统技能型。传统技能型项目具有顽强的生命力，因传统的技术或工艺具有其独特的技艺或配方，许多现代技术都无法与之竞争，故此类项目一般拥有天然的市场优势，尤其是一些与人们日常生活紧密相关的行业，如酿酒业、饮料业、服装与食品加工业等。

② 高新技术型。高新技术型项目主要指知识经济项目、高科技项目，此类项目的知识密集度高，带有前沿性、研究开发性等。判断高新技术企业的标准有以下4条。

A. 知识密集、技术密集。

B. 大专以上学历人员占职工总数的30%以上，且研究开发人员占10%以上。

C. 高新技术产品研究开发费用占总收入的3%以上。

D. 技术性收入与高科技产品产值总和占企业总收入的50%以上。

③ 知识服务型。当今社会，知识更新速度快。为了满足人们节省精力、提高效率的需求，各类知识型咨询服务机构也在不断地增加和细化，如会计事务所、管理咨询公司、广告公司等。知识服务型项目是一种投资少、见效快的创业选择。

（2）按企业建立渠道划分

按照企业建立的渠道，可以将创业划分为自主型创业和企业内创业。

① 自主型创业。自主型创业指创业者个人或团队白手起家进行创业。自主型创业充满了挑战和机遇，大学生的想象力、创造力能得到最大限度的发挥。同时，自主型创业的风险和难度也都很大，创业者往往缺乏足够的资源、经验和支持。

② 企业内创业。企业内创业是进入成熟期的企业为获得持续的增长和长久的竞争优势，通过授权和资源保障等支持的企业内创业。一个企业在不断变化的环境中，只有不断创新、不断推出新的产品和服务，才能延伸企业的生命周期。成熟企业的增长同样需要创业的理念、文化，需要创业者利用和整合企业内部的资源进行创新。

（3）按动机角度划分

按照创业者的动机角度来划分，创业可分为机会型创业与就业型创业。

① 机会型创业。机会型创业指创业者抓住、利用市场机遇进行创业，它以新市场、大市场为目标，因此能创造出新的需要，或满足潜在的需求。机会型创业会带动新的产业发展，而不是加剧市场竞争。

② 就业型创业。就业型创业的目的在于谋生，指创业者为了谋生而自觉地或被迫地走上创业之路。这类创业企业的规模一般较小，且项目多集中在服务业，并没有创造出新的需求，而是在现有的市场上寻找创业机会。

2. 创业过程

创业是一个阶段性的过程，可以把该过程按时间顺序划分为创意期、种子期、启动期、发展期、快速发展期和成熟期6个阶段。每个阶段都有不同的中心任务，下面分别介绍。

（1）创意期

创意期的企业与实体企业有较大的距离，不论是创业机会还是商业模式或团队构成，都还停留在创意的萌芽状态。企业什么时候才能够真正创立起来，这时候的创业者一般还不能回答。

创业者跨越创意期的标志是大致确定创业方向和目标市场。创业者在寻找创业方向和目标市场的过程中，一定要不断积累知识与能力，可通过在课余时间兼职、参加社团、参加创业培训等，不断积累创业经验。

（2）种子期

这一时期创业者一般已经初步选定合适的创业机会。为了使创业机会能够成为现实，创业者需要寻找合适的合作伙伴，吸收必要的有形及无形资源，构建可能的商业模式。

此时，企业尚未建立，也不涉及组织结构问题，只是几个志同道合的创业伙伴走到一起组成创业团队，进行相关技术的研究开发和创业前期的准备活动。在种子期，创业者要特别关注创业机会，考虑创业技术是否成熟，预测市场前景是否良好，并编写《创业计划书》。

（3）启动期

启动期属于企业的正式创立阶段。企业的创立时间基本明确，并且已经有了一个处于初级阶段的产品，可以初步投入市场；企业也组建成功，拥有一个分工较为明确的管理队伍，组织结构初步成形。

在搭建企业之后，创业者就要规划必要的竞争策略以应对市场压力。启动期的关键是要做好资金、人员的安排，选择合适的合作伙伴，制订适合企业的管理制度和市场策略，度过脆弱期，确保企业进入发展期。

（4）发展期

通常企业经过1年左右的启动期后，生存问题基本得到解决，即进入发展期。发展期一般需要3～5年。随着企业的发展，团队成员对企业的未来应更具信心。但同时创业者也将面临迅速增多的管理事务，因此需要考虑进一步规范组织制度。

在发展期创业者的主要挑战是规划企业的下一步发展。创业者需要有意识地从公司战略层面思考企业发展的目标，同时进一步调整企业的商业模式。如果创业者管理团队的能力和素质无法满足企业的发展战略需要，则需要吸收新的团队成员。在发展期，创业者要特别注意快速完成资本的原始积累，形成企业的主攻方向，实行粗中有细的管理模式，培养企业骨干的能力等。

（5）快速发展期

在经过3～5年的发展期后，企业一般开始进入快速发展期。在快速发展期，创业者需要进一步确定发展目标和公司战略。以新的战略为基点，企业可能需要发展新的商业模式，创业者可能希望组建自己的销售队伍，扩大生产线，进一步拓宽市场。

这一阶段，企业逐步形成规模，产品开始具有一定的市场占有率。在快速发展期，创业者不仅要立足于原有的创业点，而且要尝试开发相关产品及开展相关项目。企业所拥有的资源越丰富，管理制度越到位，就越可能成为风险投资机构热衷的投资对象。创业者应致力于专业化的发展，即使要发展多元化的业务线，也应该是与主营业务相关的多元化。同时，要扩大企业规模，对产品和服务进行延伸；降低开支，减少浪费；优化资金募集方式，并细化分工；做好知识产权的保护等。

（6）成熟期

在成功发展5～10年后，企业一般开始步入成熟期，此时企业的核心产品通常已在市场上占有较大份额，利润额剧增。成熟期的企业组织结构日趋完善，但也可能出现组织创新的惰性和障碍。

经营中存在的潜在风险和创业者可能的失当举措，会使成熟期的企业出现衰退的苗头。对企业来讲，在这一阶段筹集资金的较佳方法之一是上市。

成功上市筹集的资金一方面可为企业发展增添动力，使企业拓宽运作范围和扩大规模，另一方面也可为风险投资的退出创造条件。这一阶段，创业者要不断开发新产品、新服务、新市场，注重年轻干部的培养和继任者的选择等。

第二节　大学生创业政策支持

为支持大学生创业，国家和各级政府相继出台了许多优惠政策，涉及融资、开业、税收、创业指导等诸多方面。另外，为激发大学生的创新创业热情，政府还组织开展了各种创业活动，例如中国"互联网＋"大学生创新创业大赛、"创青春"全国大学生创业大赛等。

一、大学生开展自主创业的意义

大学生自主创业是社会创业中非常重要的一部分。虽然在现实生活中，大学生创业还存在诸多不足，如创业实践少、自主创业的科技含量和成功率较低、抗挫折能力不够等，但是不能否认的是，自主创业不仅对大学生自身发展和成长具有重大意义，而且对社会发展和国家繁荣也具有重大的现实意义和深远的历史意义。

据《2019 年中国大学生就业报告》（就业蓝皮书）显示，2018 届大学生自主创业比例为 2.7%，较 2017 届（2.9%）略有下降，与 2015 届和 2016 届 3.0% 的自主创业比例相比有明显的下降趋势。图 7-1 所示为 2014 届至 2018 届大学生自主创业比例。

图 7-1　2014 届至 2018 届大学生自主创业比例

1. 自主创业有助于社会生产力的发展

创业者是现代生产力的催生者，创业活动是创业者进行技术创新并实现产业化的主要形式。目前，我国的科技创新成果很多，但产业转化率和科技成果转化率均偏低。

2. 自主创业有助于实现经济高速增长

创业活动与社会经济之间是相辅相成的。一般而言，经济发达的地区也是创业活动活跃的地区，推动创业活动，也就推动了经济的发展。虽然目前大学生创立的大多数是一些中小企业，但这些中小企业也是一支不可低估的新兴力量。

目前，我国大学生创业所占的 GDP 份额不高，但在不久的将来，随着越来越多的大学生加入自主创业的行列，我国自主创业的企业不论是数量还是质量都将有一个大的飞跃。

3. 自主创业有助于创造新的就业机会

大学生自主创业有利于缓解国家的就业压力，并为更多的大学生提供新的就业岗位，能从根本上解决大学生就业难的问题。一人创业成功，可以带动多人就业。同时，自主创业还增加了中小企业的数量，开创了新的产业领域，为经济发展注入了活力。

大学生创业就是利用自己的知识、才能和技术，以自筹资金、技术入股、寻求合作等方式创立新的就业岗位，为自己、为社会创造就业机会。

🔲 阅读材料   **电子商务带来的就业机会**

小林在高考之前看到了电子商务市场的发展前景，决定以后进入电子商务行业。于是，小林在大学就选择了"电子商务"专业。上学期间，他还在一家规模比较大的淘宝女装店兼职做客服。大学毕业后，小林说服同校好友，两人开设了一家经营女鞋的淘宝店。选择女鞋为店铺的主营商品是因为小林就住在一个被称为"鞋都"的地方，直接从厂家拿货，货源稳定，也节省了成本。

由于电子商务市场持续火热，且小林的商品物美价廉，店铺的成交量越来越大。为了将店铺做大做强，小林的网店逐渐增设了客服、网店美工、网店运营人员等岗位。小林团队的成员大多是大学刚毕业的年轻人，这些年轻人很有干劲，刚刚踏入社会，对电子商务行业都抱有极大的兴趣。

如今，小林的团队已从最初的两个人发展为近百人，从淘宝店发展到了天猫店，从到厂家选品进货发展到原创设计，开始走向创业的另一个高峰。在小林看来，"创业"其实是"就业"的另一种形式——通过另一个平台，以创业者的心态对待和发展自己的梦想，最终依靠自己的努力来实现梦想。

---

4. 自主创业有助于实现自我价值

创业是大学生就业的有效方式，也是大学生实现自我价值的有效途径。大学生通过自主创业，可以把兴趣与职业紧密结合，实现人生价值。大学生在创业过程中往往会面临许多困难与挫折，历经千辛万苦才能取得成功。因此，创业是一个锤炼意志的过程，是大学生学习、提高、锻炼和自身发展的过程。大学生创业成功，不仅个人可以获得收益，实现自我价值，还能回报社会，为国家的繁荣做出贡献。

5. 自主创业是时代赋予大学生的历史使命

时代造就青年，时代呼唤青年。大学生自主创业将为国家造就一批年轻的企业管理人才。创业者是我国未来经济发展的主力军，而大学生则是我国现在和未来创业的主体力量之一。

二、大学生自主创业的优惠政策

下面介绍自主创业的大学生所能享受的优惠政策。对准备创业的大学生而言，只有先了解这些政策，才能走好创业的第一步。

1. 国家创业帮扶政策与措施

为促进大学生以创业带动就业，更好地实现知识的产业化，国家相关部门出台了一系列的帮扶政策与措施。

（1）教育部出台的创业帮扶措施

2019 年，教育部对于大学生创业重点提出了"全面深化高校创新创业教育改革""落实完善创新创业优惠政策""加大创新创业场地和资金扶持力度""加强创业指导与服务"等措施，具体内容如下。

① 全面深化高校创新创业教育改革。各地各高校要将创新创业教育贯穿人才培养的全过程，把创新创业教育和实践课程纳入高校必修课体系，促进创新创业教育与专业教育有机结合、与思想政治教育深度融合。开展好大学生创新创业训练计划、中国"互联网＋"大学生创新创业大赛和"青年红色筑梦之旅"活动，着力培养大学生的创新意识、实践能力和奋斗精神。

② 落实完善创新创业优惠政策。各地要配合有关部门深化商事制度改革，进一步完善落实税费减免、创业担保贷款、创业培训补贴等优惠政策。各高校要按照《普通高等学校学生管理规定》的要求，进一步细化创新创业学分积累与转换、弹性学制管理、保留学籍休学创业、支持创新创业学生复学后转入相关专业学习等政策，允许本科生用创业成果申请学位论文答辩。

③ 加大创新创业场地和资金扶持力度。各地各高校要加强大学科技园、创业孵化基地等创新创业平台建设，为大学生创新创业提供场地支持。各高校要积极推动各类研究基地、实验室、仪器设备等教学资源向创新创业学生开放。有条件的地区要积极推进设立高校毕业生就业创业基金，高校要通过政府支持、学校自设、校外合作、风险投资等方式多渠道筹措资金，支持大学生自主创业。

④ 加强创业指导与服务。各地各高校要进一步建立健全各级各类大学生创业服务平台，为大学生创业提供项目对接、财税会计、法律政策、管理咨询等深度服务。鼓励各高校聘请行业专家、创业校友、企业家等担任大学生创业团队指导教师，鼓励专业教师、实验室老师全程指导大学生创新创业。

（2）人力资源社会保障部出台的创业帮扶措施

① 着力抓好就业创业政策落实。

各地要坚定不移地把政策落实作为高校毕业生就业创业工作的主线。加强统筹实施，将高校毕业生就业创业政策与经济政策、引才引智政策有机结合，在推动产业转型升级、区域协调发展、实施乡村振兴战略、支持小微企业创新发展中，多渠道开发适合毕业生的就业岗位。巩固基层就业主阵地，深入实施高校毕业生基层成长计划，统筹推进"三支一扶"计划等服务项目，加强政策引导和服务保障，鼓励毕业生到城乡基层、中西部地区、艰苦边远地区就业创业。加大宣传解读，开展"筑梦未来与你同行"高校毕业生就业创业政策宣传推介活动，用好报刊网端等媒介，将各项政策打捆打包、广而告之，引导帮助更多毕业生熟悉政策、运用政策。优化经办流程，拓展政策申请渠道，推进政策受理、审核、发放全程网上办理，提供一站式服务、"最多跑一次"等便利。健全落实推进机制，把督促检查贯穿政策落实全程，大兴调查研究之风，及时推动解决政策实施中遇到的困难和问题，使政策更好地助推毕业生就业创业。

②着力强化就业服务保障。

各地要适应高校毕业生多元化、个性化就业需求，加强就业市场供需衔接和精准帮扶，指导帮助毕业生理性择业、积极就业、爱岗敬业。突出有针对性的职业指导，开展"高校毕业生就业指导百城行"活动，动员高级职业指导师等专业力量进校园、进社区，组织学生参观人力资源市场，通过指导、测评、体验等方式，提升毕业生职业素养和就业竞争力。加密就业服务专项活动，丰富民营企业招聘周、就业服务月、服务周、大中城市联合招聘等内容，运用"互联网+"技术推进就业信息跨区域互通共享，用好高校毕业生精准招聘平台，发挥各类人力资源服务企业作用，更好地促进入岗匹配。做细做实就业帮扶，推动地市人力资源社会保障部门与所在地高校开展就业信息服务对接，协调教育部门在7月份毕业生离校时同步启动未就业毕业生信息交换、报到接收、服务接续工作，完善信息核查、登记反馈、跟踪服务制度，逐一摸清需求，落实精细化帮扶措施。强化服务项目支撑，拓展一批高质量就业见习岗位，持续开展离校未就业高校毕业生技能就业行动，将有需求的毕业生都组织到就业准备活动中。更加注重就业托底，启动实施青年就业启航计划，聚焦长期失业、就业困难毕业生等青年，加大政策服务倾斜力度，帮助他们尽快适应和融入就业市场。

③着力推动创业带动就业。

各地要抓住打造"双创"升级版的有利契机，集中优质资源支持高校毕业生创业创新。强化能力素质培养，将创业培训向校园延伸，依托各类培训机构、企业培训中心等平台，创新开发一批质量高、特色鲜明、针对性强的培训实训课程，更好地满足毕业生创业不同阶段、不同领域、不同业态的需求。加大政策资金支持，落实好创业担保贷款、一次性创业补贴、场租补贴等扶持政策，支持有条件的地方设立高校毕业生就业创业基金，积极引入各类社会资本，多渠道助力毕业生创业创新。优化创业指导服务，推动公共就业创业服务机构、创业孵化基地向毕业生开放，充实完善涵盖不同行业领域、资源经验丰富的专家指导团队，为毕业生创业提供咨询辅导、项目孵化、场地支持、成果转化等全要素服务，帮助解决工商税务登记、知识产权、财务管理等实际问题。搭建交流对接平台，组织"中国创翼"创业创新大赛、创业项目展示推介、选树创业典型等活动，结合实际打造更多富有地方特色的创业品牌活动，为创业毕业生提供项目与资金、技术、市场对接渠道。

④着力加大就业权益保护。

各地要把保障高校毕业生就业权益摆在突出位置，积极营造有利于就业公平和人才合理流动的良好环境。加强人力资源市场监管，严厉查处虚假招聘、违规收费、"黑中介"等违法违规行为，规范人力资源市场秩序。健全招聘信息管理制度，持续推进国有企业招聘应届高校毕业生信息公开，强化用人单位主体责任和招聘服务提供者信息审查责任，不得设置性别、民族等歧视性内容，确保毕业生能获得真实可靠的就业信息。加大就业权益保护宣传，在招聘会现场、服务大厅和相关网站发布防范求职陷阱的专门提示、典型案例、维权警示和投诉渠道，增强毕业生风险防范意识和权益保护意识。促进就业顺畅流动，简化档案转递手续，做好集体户口落户、社会保险转移接续等工作，为毕业生跨区域、跨不同性质单位就业提供便利。

各地要切实加强对高校毕业生就业创业工作的组织领导，树立务实进取的工作作风，健全就业目标责任制，强化部门协同配合，加大就业宣传和舆论引导，根据就业形势变化及时采取有针对性的措施，全力保持高校毕业生就业局势总体平稳。

2. 地方具体优惠举措列举

按照相关文件指示，各地方根据实际情况制定了具体的大学生创新创业优惠政策。下面列举了部分地方政府的大学生创业优惠举措。

《四川省人民政府办公厅关于加大力度促进高校毕业生就业创业的意见》的主要内容如下。

① 支持高校建立各种形式的创业园、孵化园、科技园、创新创业俱乐部，开展大学生创新创业训练和项目孵化，对项目提供技术支持和专业辅导，促进项目转化。

自 2014 年 1 月 1 日起，对在校大学生和毕业 5 年内的高校毕业生，在高校创业园、孵化园、科技园、创新创业俱乐部等创新创业平台内孵化的创业项目，经学校和有关部门确认，对创业团队或项目给予 1 万元创业补贴。同一领创主体有多个创业项目的，最高补贴可达到 10 万元。所需资金由省财政从高校毕业生创业补贴资金中安排。确认程序由人力资源社会保障厅、财政厅、教育厅另文规定。

对在校大学生和毕业 5 年内的高校毕业生在上述高校创新创业平台内通过工商注册或民政登记的创业主体（含其他依法设立、免于注册或登记的创业主体，如在电子商务网络平台开办"网店"、农业职业经理人等），给予 1 万元创业补贴。所需资金由省财政从高校毕业生创业补贴资金中安排。在上述高校创新创业平台以外进行工商注册或民政登记的创业主体（含其他依法设立、免于注册或登记的创业主体，如在电子商务网络平台开办"网店"、农业职业经理人等），由所在地市或县级人民政府给予 1 万元创业补贴，省财政从高校毕业生创业补贴资金中补助地方政府一半。

② 鼓励地方各类产业园区、高新技术开发区建立大学生创新创业孵化基地，为大学生创业提供技术指导、金融服务、中介服务和生活等方面服务，鼓励、吸引、支持大学生入园创业。

自 2014 年 1 月 1 日起，对在校大学生和毕业 5 年内的高校毕业生，在地方建立的大学生创新创业孵化基地内孵化的创业项目，经有关部门确认，每个项目给予 1 万元补贴。同一领创主体有多个创业项目的，最高补贴可达到 10 万元。所需资金由同级政府安排，省财政从高校毕业生创业补贴资金中补助一半。

③ 科技型小微企业招收高校毕业生达到一定比例的，可申请不超过 200 万元的小额贷款，并享受财政贴息。

④ 将小额担保贷款和贴息对象从毕业年度高校毕业生扩展到在校创业大学生。相关贴息资金，中央属和省属高校，由省财政从高校毕业生创业补贴资金中安排；市（州）属高校，由市（州）财政解决。

在电子商务网络平台开办"网店"的高校毕业生，可享受小额担保贷款和财政贴息政策。

⑤ 对离校未就业高校毕业生实现灵活就业并办理实名登记、缴纳社会保险费的，当地政府 2 年内对其给予一定数额的社会保险补贴。补贴数额不超过其实际缴费的 2/3，所需资金从就业专项资金中列支。

⑥ 加大就业困难高校毕业生帮扶，从 2014 年起，将现行只限于城乡低保家庭毕业生的求职补贴扩大到残疾毕业生。补贴数额和所需资金按现行规定执行。

⑦ 拓宽高校毕业生就业实习、见习基地的领域和功能。各级人力资源社会保障、教育部门和共青团组织要通过改革创新、发挥市场作用，积极培育、认定一批学科齐全、门类完备且集实习、见

习功能于一体的实训基地，既可用于大学生实习，又可用于高校毕业生就业见习。相关补贴按现行政策规定执行。由高校创办及高校与企业联办的大学科技园，纳入实训基地认定范围。对认定的实训基地实行动态管理。

⑧ 鼓励在校大学生参加创业培训，将创业培训补贴对象从毕业学年的在校大学生，扩展到在校大学生。相关补贴资金，中央属和省属高校由省财政从高校毕业生创业补贴资金中安排，市（州）属高校由市（州）财政安排。

⑨ 各高校要全面开展职业发展指导和就业创业教育，将就业创业教育纳入教学计划，建立贯穿整个大学教育期间的职业发展和创业就业指导课程体系。人力资源社会保障、教育等部门和共青团组织、高校要密切配合，加强高校创新创业指导教师业务培训，大力开展青春创业大讲堂、"挑战杯"创新创业大赛、大学生创业成果展（交易会）等活动，营造"以创新带动创业、以创业带动就业"的良好氛围。

⑩ 建立四川省大学生创新创业俱乐部及网络平台，组织创新创业论坛、创业讲座培训、创业规划大赛、创业经验交流、创业项目推介等专题活动；搭建大学生之间及大学生与企业家、创业成功人士、专家学者、创业导师、金融投资经理人、政府部门负责人之间随时沟通、深入交流、学习研讨的平台；提供法规政策咨询、创业项目评估预测和投资融资服务；推荐大学生创业项目入驻创业园区（孵化基地）。

⑪ 国有企业招聘应届高校毕业生，除涉密等特殊岗位外，要按照公开、公平、公正原则实行公开招聘，招聘信息要在相关网站公开发布，对拟聘人员应进行公示。

从今年开始，将选调生、公务员等省公招项目的考试录用时间提前到毕业学年的上学期进行，中小学教师录用考试由省教育主管部门统一组织一次性招考。省直有关部门、各市（州）人民政府、各高校要统筹安排好考录工作，最大限度地方便大学生参加考试和职业选择，降低求职成本。

⑫ 省和市（州）两级人民政府在已建立就业创业工作联席会议制度的框架基础上，进一步健全高校毕业生创业就业工作协调机制，切实加强领导，有关部门要分工协作，齐抓共管，形成合力。各市（州）、县（市、区）政务服务中心设立大学生创业服务窗口，安排人力资源社会保障、工商、税务等部门工作人员现场办公，为大学生创业提供一站式、"一条龙"服务，减少工作环节，提高办事效率。

> 🪂 提醒
>
> 随着大学生就业压力的加剧，国家在"大力推进创新创业，以创业带动就业"的总体方针下不断改进、完善鼓励和支持大学生创业的相关政策。各地方根据国家的相关指示，结合当地的具体情况，制定了各具特色的大学生创业帮扶优惠政策。这些具体的优惠政策会不断地进行调整、更新或完善，大学生可咨询当地就业中心或查询政府网站以获得当地、当年的确切帮扶信息。

妙宁水饺店

面对严峻的就业形势，刚大学毕业的妙宁觉得创业或许是正确的选择。妙宁在逛街时，发现街上的小吃店一家接一家，而且每个店的生意都很好。妙宁突然想到了自己最喜欢吃的老家的水饺，于是她毫不犹豫地选择了开水饺店这一创业项目。

在妙宁看来，四川水饺名声在外，并且水饺的准备工作主要在前期。此外，妙宁还进一步了解到，国家出台了一系列鼓励大学生创业的政策，按照规定，毕业年度内自主从事个体经营的高校毕业生，3年内可享受月销售额不超过2万元暂免征收增值税等优惠政策。于是，妙宁通过银行贷款的方式凑齐了前期的启动资金，在大学旁的一条小吃街上租了一个店面，开始了她的创业之路。自开业以来，小店的生意红火。不久，税务部门就主动与她联系减免税费的事宜。

三、部分大学生创业园区的基本情况

我国正处于经济高速发展的阶段，创业正是推进我国经济持续发展的一个重要因素。大学生是创业大军中最重要的一股力量，他们代表了新一代创业者的素质。大学生通过创业可以创造社会财富，缓解当下的就业压力，促进经济的健康发展。

在国家的帮助扶持下，有越来越多的大学生创业园区逐渐兴起，营造了支持大学生创业的社会氛围，提高了大学生自身的能力，有助于大学生创业成功。部分大学生创业园区的基本情况如表7-1所示。

表7-1　部分大学生创业园区的基本情况

创业园区	基本情况	特点
浙商大学生创业园	"两低"优势——低门槛创业进入机制、低风险退出机制	连接了本土浙商资源和大学生创业群体
深圳大学生创业园	每年投入100万元设立深圳大学学生创业基金	主要支持有市场潜力的科技创新项目及在商业模式上有特色的项目
上海大学国家大学科技园	由孵化基地、市北工业园及莘莘学子创业园3部分组成	主要产业化方向为信息技术、新材料、生命科学、机电一体化、环境保护技术
湖南大学生科技创业园	提供创业场所使用费、自主创业开办费和各类社保补贴，享受优先获得担保贷款、全额补贴各项税费等政策扶持	以优惠政策为引导，以创业培训为支撑，以全程专业服务为手段，打造大学生创业、就业、企业和事业"四位一体"的示范基地

续表

创业园区	基本情况	特点
成都高新区技术创新服务中心	园区由起步区孵化园、西区孵化园、高新孵化园组成，先后获得"国家级高新技术创业服务中心""国家高新区先进孵化服务机构""全国大学生创业基地"等称号，是国家人事部与地方政府共建的首家留学人员创业园	创新服务中心通过降低创业者的创业风险和创业成本，提高了创业的成功率，促进了科技成果转化，培育出科技型企业和企业家
杭州市上城区大学生创业园	联合中国美术学院建立大学生创业领导小组，成立大学生创业俱乐部，联合冰川投资管理有限公司创办了上城区大学创业园	搭建大学生就业创业"一站式"服务窗口、网上"一站式"服务平台和审批绿色通道，从就业创业信息公开、就业创业技能提升、就业创业服务整合等环节解决大学生就业创业中遇到的困难
江苏省大学生创业园	具有项目开发、风险评估、开业指导、创业培训、政策咨询、信息检索和融资等一系列创业孵化服务和相应的创业孵化扶持政策	可为入驻的创业企业提供人事代理、劳动保障、工商、税务、融资、信息检索和咨询等"一站式"服务

四、大学生创业现状分析

在政策利好的驱动下，越来越多的大学生将目光投向了自主创业。然而对刚毕业的大学生而言，创业并不是一件容易的事情。下面对大学生的创业现状和创业过程中存在的问题进行分析，帮助大学生少走弯路，增加创业成功的概率。

1. 大学生创业现状

我国的大学生创业近年来正逐步发展：一方面大学生有创业热情，敢于尝试；另一方面国家的政策扶持改善了大学生的创业环境，吸引了更多的大学生投身创业并获得成功。但是，创业成功者毕竟还是少数，一些大学生创业者很快就遭遇了失败。其失败的原因主要有以下 5 个方面。

（1）缺乏经验和技能

由于大学生长期在校园学习、生活，对社会缺乏较深的了解和认识，特别是在市场运作、企业运营等领域缺乏相关的知识和经验，因此大学生对创办企业的各种办事流程不熟悉，社会交往能力、沟通能力不足，对遇到的问题缺乏预见性，不会主动发现和解决问题。

（2）创业项目的选择竞争激烈

服务业是大学生创业的首选领域。近两年来，大学生自主创业较为集中的行业为中小学教辅、互联网、综合餐饮等。但这些行业市场饱和度高，竞争比较激烈，大学生创业者又缺乏社会经验，很容易在激烈的市场竞争中败下阵来。

（3）高校的创业教育不足

受传统高等教育体制的影响，我国的大学生创业教育在一开始仅限于思想上的引导和精神上的鼓励。由于缺乏必要的心理准备和文化环境上的支持，大学生的观念难以从传统的就业观转变为创业。我国的大学生创业教育尚处于起步阶段，一些高校还缺乏统一的从业标准，师资队伍也缺乏创业经历和实践能力，使创业教育的质量难以得到保证。

（4）大学生的心理素质差

大学生创业者有一部分人是为了逃避就业压力而选择创业，还有个别人仅仅是受他人的影响或是一时心血来潮，盲目跟风，并没有真正的创业理想和创业准备。

刚走上社会的大学生依赖性强，抗挫折能力弱，而市场竞争是残酷的，大学生在创业过程中肯定会遇到各种挫折和打击。一些大学生很容易就此悲观消沉，最后导致创业失败。

（5）资金不足

很多大学生都有不错的创业项目或设想，但由于资金匮乏难以付诸实践。启动资金及后续经营资金的不足也是大学生创业者面对的一大难题。

2．大学生创业存在的问题

我国的大学生创业经历了十多年的发展，虽然取得了一定的成效，但还是存在一些问题。

（1）服务体系不够完善

目前，政府对创业的扶持政策主要聚焦在税费减免和融资服务等方面，对大学生在创业过程中遇到的问题的解决途径关注不够。

（2）融资环境不利

创业是一项对资金需求较大的活动，而大学生普遍没有稳定的收入来源，因此，创业资金不足成为大学生创业需要面对的首要问题。

据调查显示，很多大学生的创业资金都来源于家庭支持或私人借贷，通过这种资金来源渠道获得的资金数额较小，并且持续性差，对家庭条件一般的大学生来说，很容易造成沉重的心理压力，影响创业活动的决策。

（3）大学生能力不足

创业是一件很艰难的事情，需要大学生有较全面的综合素质，其中最重要的一点就是经营管理能力。

在创业初期，创业者个人的经营管理能力非常重要，凡事都要自己亲历亲为。在企业初具规模后，创业者是否具有管理和领导团队的能力，是否懂得选择并留住合适的人才，这种管理能力往往比创业者自身的经营能力更为重要，而这往往是大多数没有经验的大学生所欠缺的。

第三节　创业与自我认识

虽然国家对大学生创业有许多优惠政策，但这并不意味着鼓励大学生盲目创业。在进行创业之前，大学生应该对自己有充分的认识，即能够正确地认识自己的优点和缺点，知道自己当下所处的环境，避免盲目选择而导致创业失败。

一、自我剖析

俗话说："知己知彼，百战不殆。"这里的知己，要求大学生不仅要对创业过程中可能涉及的各个领域有所了解，还要清楚自己能做什么、该怎么去做。

1. 我有哪些能力

认识到"我是个什么样的人，具有什么样的能力和性格特征"，这是自我认识中最难的一项。每个人都有自己的优点和缺点，大学生只有真正地了解自己的优势，客观地认识自己的不足和欠缺，才能明确自己是否适合创业，才能在创业的过程中扬长避短，充分发挥自己的才智。

阅读材料

比尔·盖茨的成长

比尔·盖茨从小就十分好动，并且喜欢思考，更酷爱读书。

比尔·盖茨不仅记忆力超乎寻常，而且有许许多多新奇独特的想法，比如他把垃圾桶改造成了体育锻炼的道具。比尔·盖茨对自己喜欢的事物十分痴迷和专注，并习惯于思考，经常废寝忘食地专注于某一事物。13岁时，比尔·盖茨进入私立的湖滨学校就读。在那里，他迷上了一台笨拙的计算机。在八年级时，比尔·盖茨就通过自己的学习和钻研写出了他的第一个软件程序。到了十年级，他开始传授计算机知识，并为学校研制学生座次排序软件。

比尔·盖茨的缺点也不少，他在学校调皮捣蛋，还经常搞些恶作剧，让老师和同学哭笑不得。他也不擅长与人协作，在学校的一次篮球赛上，他接到队友的传球后只顾自己投篮，而不愿意把球传给队友，赛后遭到同伴的斥责。

1973年，比尔·盖茨考进了哈佛大学。在那里他和保罗·艾伦为微型计算机开发了不同版本的 Basic 编程语言。

因为对计算机和软件的热爱，1975年，比尔·盖茨离开哈佛，成立了微软公司。他致力于将计算机发展成为每个家庭、每个办公室中必备的工具。在比尔·盖茨的领导下，微软公司快速发展，不断改进软件技术，使软件更加实用和富于乐趣。

---

2. 我要成为谁

未来的我是怎样的？我要做什么？这是大学生评估自己时应该首先考虑的问题。这时，大学生不妨问问自己，自己所向往和崇拜的人是谁？以榜样为目标，关注和学习榜样的优点，这就是成功的开始。

明确目标和方向，找到自己最希望成为的人，可以使大学生富有进步的激情。有了这样的激情，大学生才能够保持充分的活力，在创业的过程中向选定的方向努力。因为只有当人渴望成功时，才会有动力去做好一件事，才可能取得成功。

> **提醒**
>
> 首次创业的大学生，可以将自己崇拜的企业家作为榜样，通过阅读成功企业家的传记来学习他们的创业心态、模式等，使自己在潜移默化中受到影响，获得一定的启发。

二、找准目标并拉近距离

大学生要想创业成功，首先要转变自己的心态，以一个企业家的标准来要求自己，使自己逐渐具备一个企业家应有的魄力、思维模式、洞察力及分析处理事务的能力。

另外，大学生还应该将自己目前所拥有的资源和将来自己想要达到的目标进行比较，明确二者之间的差距，将差距转化为动力，并通过不断学习和积累经验，来慢慢缩小差距。

三、获得良好的人脉关系

人脉代表了创业者构建的人际网络或社会网络，良好的人脉关系可以帮助大学生减少创业过程中的阻力。因此，人脉是创业过程中重要的资源。一个目标明确的创业者，在创业之前就应该广交朋友，扩展自己的人际圈。下面介绍大学生拓展人脉资源的一些小技巧。

1. 加入学生会

在大学校园里，几乎每个学院都有学生会。打算创业的大学生可以加入学生会，一方面锻炼自己的综合能力，另一方面结交一些有能力的学生和老师，积攒人脉资源，为今后的创业打下基础。

2. 参加志愿者活动

大学生可以利用课余时间多参加一些志愿者活动，这样就可以结识到一些社会中的朋友，培养自己的人际交往能力。

3. 参加竞技比赛

大学生应该多参加一些竞技比赛，不论校园内外。这是一个认识新朋友的大好时机，也是展现自我的机会。优秀的大学生会吸引很多志同道合的人，这样自己的人脉圈就会越来越大。

4. 从事兼职工作

越来越多的大学生利用寒暑假做兼职，这样不仅可以积累收入，减轻家庭负担，而且能融入社会，锻炼自己为人处世的能力，充实阅历。从事兼职工作对于大学生的快速成长和人脉的扩充都是非常有利的。

5. 定期联络

大学生需要对自己的人脉关系定期进行梳理和维护，比如通过聚会、聚餐等形式和朋友保持联系；如果没有时间见面，也可以通过微信、打电话的方式予以问候，拉近与朋友之间的距离。

四、做好创业前的心理准备

创业的过程是艰辛的、充满风险的，创业的结果不一定是成功的，大学生需要坚持并付出长期的努力。大学生在进行创业前，应该做好充分的心理准备，不要因为后期的压力或挫折半途而废。

1. 胆识和魄力

大学生在创业前，要培养自己的胆识和魄力，要勇于尝试新的事物，要拥有坚定的信念、执着的精神，只有这样才能在变幻莫测的市场中把握住机会。一个有胆识的人在面对常人认为不可行的事情时，能够审时度势，看到危险中所蕴藏的机遇。

2. 自信

对大多数创业者来说，创业并不是一帆风顺的，而是充满艰辛和坎坷。但如果创业者对自己没有信心，创业就肯定会失败。大学生首先要相信自己能够创业成功，要相信自己的选择是正确的。

3. 毅力和坚持

大学生面对创业过程中的任何问题都不要畏惧，要始终坚持自己的目标，矢志不渝，通过努力战胜各种挫折。要坚信"风雨过后一定会有彩虹"。

📄 阅读材料　　　　　　　　**坚持使李华创业成功**

李华毕业于一所大学的计算机软件专业。他的成绩非常优秀，与导师合作的项目还获得了国家专项基金的扶持。在校外实习时，李华也受到不少公司的青睐，无论去哪一家公司，相信他未来的前景都会很好。但李华却是一个不喜欢被束缚的人，他决定自己创业。

李华选择创业的领域是移动分享。他计划开发的软件可以帮助用户通过互联网分享所见所闻。软件的操作十分简便，用户界面也非常人性化。

在软件开发前期，李华凭借他的锐气获得了一些投资，投资商也都认为他的公司未来一定会有非常大的发展。但不久投资商要求在软件中嵌入广告，李华拒绝了这种以损害用户的利益来换取盈利的要求。就这样，投资商中断了第二轮投资计划，李华遭遇了前所未有的危机。发不出工资的李华甚至不敢与员工对视。

但是李华天生是一个不服输的人。为了拿下投资，他多次与投资商磋商周旋。面对投资商撤资的威胁，他一遍又一遍地向投资商耐心分析，告诉他们前期加广告会给产品带来很大的损失。不管付出多大代价，李华都不能让自己的梦想破灭。

最后，投资商被李华的这种精神所打动，双方选择了一个折中的方案，即软件前期不加广告，但后期需要逐渐加入广告。李华的创业梦想终于得以继续。

---

4. 耐心

时间永远是最稀缺的资源，但创业的过程不仅艰辛，而且漫长，要想在短时间内看到效果，对大多数企业来说都是不现实的。这意味着大学生需要保持良好的耐心，要有长期创业的思想准备，并将自己的精力全部投入其中。

在遇到问题时，大学生应该冷静面对、认真分析、逐项解决，绝不能由于在某个环节上出现问题就产生浮躁情绪而怨天尤人，或者只找客观原因、忽视主观检讨，要明白"欲速则不达"。

📢 **提醒**

　　大学生要有信心、勇气和不屈不挠的精神，要以积极的态度迎接挑战，渡过创业的难关，最终才能取得成功。

🚩 自我测评

　　1. 我国对大学生创业者推出了哪些帮扶政策？

　　2. 创业前大学生应做好哪些心理准备？

　　3. 有创业想法或准备创业的大学生，不妨先做一个创业测评，通过测评来看看自己是否具备创业的前提条件，再进行查漏补缺，及早规划自己的创业之路。

　　（1）你知道自己为什么想创业吗？

　　　　是□　　否□

　　（2）你有强烈的创业动机吗？

　　　　是□　　否□

　　（3）你平时做事很自信吗？

　　　　是□　　否□

　　（4）你觉得遇到难题后，自己的决策力强吗？

　　　　是□　　否□

　　（5）你认为自己当前具备一些基本的管理、营销和财务知识吗？

　　　　是□　　否□

　　（6）你觉得自己平时好学吗？

　　　　是□　　否□

　　（7）你具备领导能力吗？

　　　　是□　　否□

　　（8）你平时遇到冒险的事情，敢于走在别人的前面吗？

　　　　是□　　否□

（9）你认为自己是一个负责的人吗？

　　　是□　　否□

（10）你认为自己具备开拓进取的精神吗？

　　　是□　　否□

（11）你平时的人脉关系广吗？

　　　是□　　否□

（12）你有能力带领和运作一个团队吗？

　　　是□　　否□

（13）你平时思考问题有创新性吗？

　　　是□　　否□

（14）创业的合伙人之间发生矛盾时，你会坚持原则、据理力争吗？

　　　是□　　否□

（15）你认为创业公司的财务预测中，最重要的是销售增长吗？

　　　是□　　否□

（16）你认为招聘员工时，最重要的是文凭吗？

　　　是□　　否□

（17）你认为创业成功的关键是资金实力吗？

　　　是□　　否□

（18）开始创业后，你认为应立刻做的第一件事是着手研发产品吗？

　　　是□　　否□

当回答的"是"多于"否"时，说明你已经具备一定的创业条件了，可以尝试进行创业；反之，则应慎重选择创业。当然，这个结果不是绝对的，创业条件是可以通过自己的努力来创造并改善的。

4. 认真思考并回答表 7-2 中的问题，将答案填写在相应的位置，看看自己是否有足够的能力创业。

表 7-2　创业素质和能力评估

问题	答案
毕业后，你准备自主创业吗	是□　　否□
如果你有创业的想法，打算做什么呢	

续表

问题	答案
你认为自己自主创业的优势有哪些	
你有哪些创业资源？列举出来	
如果你的企业出现资金不足、客户流量不足、技术短板等问题，你会采取什么办法解决	
你觉得自己创业会成功吗？有没有做好创业失败的打算	

5. 仔细分析你的现状，并想想将来你要成为什么样的人，请认真填写在表 7-3 中。

表 7-3 自我分析

时间	优点	缺点
现在	① ② ③ ④	① ② ③ ④
未来	① ② ③ ④	① ② ③ ④

第八章
创业的流程

创业的流程指创业者在创建企业时通常需要经历的基本步骤。创业的流程一般包括分析创业项目和创业风险、整合创业资源、设计商业模式、制订《创业计划书》、设立与管理新企业等阶段。

🔀 案例导入

随着生活水平的不断提高，人们出行的频率大大增加，旅店的业绩也在逐年攀升。但是人们出行在外，一日三餐往往都只能在外面吃，无法兼顾营养与美味，因此，大学生张小佳萌生了为出行在外的人提供日租房的想法，这样既可以满足人们的住宿需求，又能让人们在出行时饮食更安全、健康。

张小佳认为，日租房的服务人群绝大部分是年轻人或在校学生，他们对价格比较敏感，因此她决定主打高性价比路线。张小佳将创业地点选择在旅游景点附近，并投入了一定的资金进行装修，使日租房内不仅家电齐全，而且温馨整洁。所有的准备工作都已就绪，张小佳主要通过网络宣传日租房，而且在校园里张贴了宣传广告，从而节约了推广费用。

很快，张小佳就接到了第一笔业务。客人是 5 名大三学生，打算聚在一起过元旦。他们觉得在餐馆吃饭既贵又不卫生，还不如租一间日租房来自己做饭，不仅卫生，还节约，更重要的是有一种温馨感。客人们对张小佳提供的日租房非常满意，这令她很开心。她相信，坚持做下去就一定会成功。

第一节 分析创业项目和创业风险

在决定创业之后，大学生首先应该对创业项目和创业风险进行了解，以提升创业的成功率。下面介绍大学生创业项目的选择和可能面临的创业风险。

一、选择创业项目

大学生选择创业项目并不简单，尤其要挑选出既符合自身条件又有发展前景的项目。那么，大学生在选择创业项目时有没有一些策略呢？下面介绍大学生选择创业项目的原则和策略。

1. 选择创业项目的原则

大学生在选择创业项目时，应遵循以下 8 个基本原则。

（1）知己知彼原则

大学生在选择项目时需要铭记 4 个字：知己知彼。

所谓知己，就是大学生在选择项目之前，应该首先对自己的状况有一个清楚的认识和判断。比如，自己可以筹备多少创业资金，自己的兴趣和爱好是什么，自己的知识积累和人脉状况如何等。这样的自我认识越深入、越详尽，大学生就越容易找到适合自己的项目。

所谓知彼，就是要了解创业所在地的社会经济环境。要认真分析当地的经济发展政策，包括产业结构政策、金融政策、税收政策等；当地的消费环境，比如居民的购买力水平、购买习惯等；当地的自然和人文资源，包括传统的生产加工技术、独特的自然和人文景观等。

（2）量力而行原则

创业是一种风险投资，大学生应该遵从量力而行的原则。若大学生资金有限，就更应该规避风险较大的创业项目，把为数不多的资金投入风险较小、规模较小的创业项目当中，积少成多，滚动发展。

（3）短平快原则

大学生在创业之初普遍缺乏资金和消费者等资源，因此，为尽快脱离创业的"初始危险期"，使项目的运作进入良性循环，在同等条件下，大学生应优先考虑"短平快"项目。通过"短平快"项目不仅可以迅速收回投资，降低投资风险，而且即便项目后期的成长性不好，大学生也可以选择维持经营或主动退出，利用挖掘到的"第一桶金"另寻出路。

（4）充分利用自有资源原则

大学生在审视了创业环境之后，应该从中甄选出重点利用和开发的资源，甄选时应贯彻自有资源优先的原则。

自有资源指大学生本人拥有的或自己可以直接控制的资源，包括专有技术、行业从业经验、经营管理能力、个人社会关系、私有物质资产等。相对于其他非自有资源，自有资源的取得和使用成本往往较低。

（5）以市场为导向原则

不少大学生一味地认为，哪个行业热门、利润高，就应选择在哪个行业创业，其实这种想法是错误的。大学生必须树立"企业是为解决消费者的需求而存在的"这一理念，才能确保企业长盛不衰。

大学生选择创业项目应以市场为导向，从社会需求出发。大学生要想明确社会需求，就一定要做好市场调查，尤其是对首次创业的大学生而言，对市场进行详细的调研是不可缺少的。对市场进行调研可以从消费者和竞争对手两方面入手。

① 了解消费者。消费者有性别、年龄、文化层次、职业等方面的差异，大学生可依据这些因素对消费者进行分析、归类，把他们细分成一个个消费者群体，每一个消费者群体对应一个细分市场。大学生在选择项目时一定要明确自己所服务的消费者群体，以及他们对产品或服务需求的强烈程度。其需求越强，项目就越容易实行。

② 了解竞争对手。大学生要不断地了解自己的竞争对手，判断彼此间的竞争属于恶性竞争还是良性竞争。如果属于恶性竞争，大学生应考虑自己的产品或服务有没有独特的优势来应对，或者考虑转向其他项目。

⛱ 提醒

大学生不要执着于竞争激烈的热门项目，应该多考虑有特色的新项目。需要注意的是，有些项目很有特色，但是消费者不一定认可，所以大学生应该选择既有特色又有市场需求的项目，才能提高创业的成功率。

（6）因时而动原则

在创办自己的企业前，大学生应该主动了解国家目前正在扶持、鼓励的行业和限制的行业。大学生如果选择了国家政策扶持、鼓励的行业，会让企业今后的发展更加顺利。因此，选择创业项目要因时而动，大学生应密切关注以下两个时间段的市场行情。

① 当前行情，包括当前的市场需求、市场空白和市场上畅销的产品。大学生如果要选择当前畅销的产品项目，一定要冷静分析，明确其畅销的真正原因。

② 未来前景。大学生应仔细分析行业未来的发展前景，比如该行业是否符合国家产业政策，是否符合人们的消费发展趋势等。

（7）项目特色原则

特色是创业项目生命的内在根基，是企业长久生存的必要条件。这里所说的特色可以理解为别人没有的、先人发现的、与人不同的、强于他人的。大学生只有选择有特色的项目，才有可能在激烈的竞争中获得一席之地。

（8）合法性原则

大学生在选择创业项目时要选择国家允许进入的行业和领域。国家对于部分领域是明令禁止的，如非法传销；对于部分领域是有所限制的，如制药、烟草等；部分行业有资质限制准入门槛，如大型的建筑安装工程、矿山开采等。大学生所选择的创业项目及经营一定要符合法律法规，否则将面临巨大的风险。

此外，大学生在选择创业项目时还要考虑产品成本、价格与利润，比如产品或服务成本、售价、毛利、毛利率等。对于毛利率低于 20% 的项目大学生要慎重考虑，因为利润始终是创业的关键因素。

阅读材料

合法是创业的前提条件

张小秋是某大学公共关系学专业的学生，大学期间就一直在一家民营广告公司从事市场策划工作，这一经历触发了他的创业灵感。大四的时候，张小秋找到学计算机专业的 4 个同学商量成立公司，大家一拍即合，并制订了目标。经过 3 个多月的努力，一个注册资金为 10 万元的公司诞生了，张小秋为法定代表人。团队信心十足，准备大展拳脚。

在看到个别公司以经营电影网站的方式传播非法电影资源获取暴利时，张小秋的团队却依然坚守合法经营的理念。最终，非法经营的公司受到法律严厉的惩处，而张小秋的公司则始终坚守最初的创业原则和目标，在稳定的运营中取得了不错的效益。

2. 选择创业项目的策略

随着国家"以创业带动就业"政策的出台，创业赢得了众多大学生的关注，但大学生创业的成功率却相对较低。其原因之一就在于部分大学生在创业初期未能发掘出一个适合自己的、有生命力的创业项目。如果大学生在选择创业项目时采用科学的方法，准确识别和把握市场机会，就可以大大提高创业成功率。大学生选择创业项目的策略主要有以下 3 种。

（1）"先加后减"策略

大学生在选择创业项目时，首先要开阔视野，拓宽选择范围，即"做加法"。具体做法如下。

① 多阅读一些创业人物传记、贸易出版物、财经图书等来开阔自己的视野，培养自己创业的感觉和兴趣。

② 多参加一些投资贸易洽谈会、博览会及创业项目洽谈会等，开阔眼界、刺激思维。

③ 多参加一些创业讲座、小企业管理等课程，多结交经销商、批发商、企业界人士等，通过向他们请教，获取创业信息。

④ 通过参加"创业计划大赛""'互联网＋'大学生创新创业大赛"等创新活动，激发自己的灵感，获取创业信息。

"做加法"后，大学生的头脑中可能会产生众多的创业项目，此时就需要结合一定的评价指标、筛选机制将一些不能做或不适合做的项目逐一去掉，即"做减法"，比如将政策限制的、启动资金较多的、不环保的项目排除掉。

（2）条件筛选策略

在运用"先加后减"策略筛选出一部分项目后，大学生还需要根据条件再次筛选。筛选过程可按以下 3 个步骤来进行。

第一步，根据自己的兴趣来挑选。大学生可以把最想做的项目挑选出来，即从自己的兴趣入手。兴趣是一个人进行认识和实践行为的动力，影响着大学生的能力和知识结构的形成。如果选择了自己感兴趣的创业项目，大学生就会倾注全部心血，以坚韧的意志来督促自己不断努力。

第二步，根据自己的能力来挑选。大学生可以把自己能够做的项目挑选出来，即以大学生的自有资源入手。大学生在筛选创业项目时，既要考虑自己的兴趣，又不能仅仅凭借兴趣，否则风险很大。而自有资源才是完成创业项目切实的保障。

第三步，根据市场需求来挑选。大学生可以把具有市场需求的项目挑选出来。选择创业项目必须以经济效益为导向，从市场需求出发，才能取得理想的结果。

经过以上3轮筛选后，能够同时满足这3个条件的创业项目就是适合自己的创业项目。

（3）市场调查策略

选好一个适合自己的创业项目后，大学生还要对这个项目进行市场调查，以判断其可行性。大学生在进行市场调查时应抓住以下3个关键点。

① 确定调查目标。

首先，大学生要确定市场调查的目标，即明确目标人群的组成，判断自己的产品或服务能否满足其需求等。

② 把握调查要点。

把握调查要点的关键是满足客户价值。客户价值就是客户通过购买大学生的产品或服务实现的需求上的满足。客户需求的满足分为两种情形：一种是这种需求已经存在，但还没有被满足；另一种是已有的产品或服务能够满足客户需求，但大学生提供的产品或服务的客户价值更高。所以，大学生应该使用有限的资源创造出最大的客户价值。

③ 处理与分析数据。

大学生应对调查结果进行数据处理与分析，通过对数据的处理与分析，了解项目的市场需求，从而对项目进行有效的市场预测和决策，为创业成功提供保障。

二、分析创业风险

创业风险，通常指创业者在创业中面临的风险，即由于创业环境的不确定性、创业机会与创业企业的复杂性、创业者及创业团队与创业投资者的能力与实力的有限性等原因，而导致创业活动偏离预期目标的可能性及其后果。对经验、能力、资金等各方面都相对不足的大学生来说，他们所面临的创业风险主要体现在以下9个方面。

1. 缺乏市场调研

缺乏对市场的了解是目前大学生创业中普遍存在的现象。不少大学生没有对其产品或项目做市场调查的意识，而只是进行理想化的推断，甚至仅凭一时心血来潮做决定。大学生在创业初期一定要做好市场调研，在了解市场的基础上创业，企业才能长久。

2. 缺乏创业技能

一些大学生缺乏创业必备的知识和能力，不了解创业的相关政策法规，也没有在相关企业的工作、实践经历，应对市场变化的能力不足，这就大大增加了大学生创业的风险。

3. 社会资源贫乏

创建企业、开拓市场、推介产品等工作都需要调动社会资源，很多大学生在这方面感到非常吃力。大学生平时要多参加各种社会实践活动，扩大自己人际交往的范围。

4. 缺乏承受挫折的能力

一些大学生很少经历挫折与失败，所以抗挫折能力较差，加上没有做好迎接困难、面对挑战的心理准备，当遇到问题时，很容易心灰意冷，停滞不前。

另外，从创业成本上来讲，多数大学生对昂贵的、高风险创业费用的承受能力也是有限的。

5. 盲目扩张

一些大学生在创业过程中初尝甜头后，往往急于求成，想更快地收回成本和创造盈利，从而盲目扩张，造成企业不能与自身的能力、市场需求相协调，这样是极其危险的，大学生稍有不慎，就可能产生巨大的损失，导致前期所有的努力都功亏一篑。

6. 管理风险

企业管理，是一个企业存活的关键。大学生创业初期的合作伙伴往往是亲朋好友。大学生由于初涉商场，知识单一，又缺乏实践经验，很容易出现决策随意、患得患失、用人不当、急功近利等不当行为，再加上对合作伙伴的信任，而忽略了企业管理的重要性，长此以往，导致企业的管理混乱不堪，最后企业的存活也就越来越艰难。

7. 竞争风险

任何行业都会面临竞争的问题，对于新创企业更是如此。如果大学生选择的行业是一个竞争非常激烈的领域，那么在创业之初很有可能受到同行的排挤。

一些大企业为了把小企业吞并或挤垮，常常会采用低价销售的手段。对实力雄厚且已形成规模效益的大企业而言，短时间的降价并不会对其造成致命的伤害，而对初创企业而言，则可能造成倒闭的危险。因此，如何应对来自同行的残酷竞争是大学生创业必须考虑的问题。

8. 团队分歧

现代企业越来越重视团队的力量。初创企业在诞生或成长过程中最主要的力量来源一般是创业团队，一个优秀的创业团队能使创业企业迅速地成长起来。但与此同时，风险也蕴藏其中，团队的力量越大，产生的风险也就越大。一旦创业团队的核心成员在某些问题上产生分歧，就极有可能会对企业造成强烈的冲击。

事实上，做好团队的协调工作并非易事。很多创业初期很好的伙伴因为股权和利益的分配问题最终不欢而散。

9. 财务风险

我国大学生的创业资金主要来源于家庭支持、银行贷款、风险投资等渠道。除家庭支持外，从其他渠道获得资金都需要一定的资质和担保，这对刚进行创业的大学生而言，是非常困难的。同时，大学生普遍缺乏财务管理意识和专业财务知识，在账务处理上容易出问题。因此，财务风险也是大学生创业初期的绊脚石。

第二节　整合创业资源

资源整合是企业战略调整的手段，也是企业经营管理的日常工作。创业资源整合指创业者对不同来源、不同结构、不同层次及不同内容的创业资源进行优化配置，使其实现整体最优的动态过程。整合创业资源是一个复杂且漫长的过程，下面主要介绍大学生创业所需的团队资源和资金资源的优化配置。

一、组建创业团队

创业所面临的环境是复杂多变的，单靠一个人很难应对各种错综复杂的形势，因此，大学生通常需要组建一个创业团队来帮助自己完成创业。那么，该如何组建创业团队呢？组建创业团队有何优势？组建创业团队时又要遵循哪些原则呢？下面将详细介绍。

1. 创业团队的组建过程

创业团队的组建是一个复杂的过程，不同类型的创业团队在组建过程中会有不同的侧重点，但其过程是大致相同的。

（1）明确创业目标

创业团队首先要制订一个明确的、鼓舞人心的创业目标，使各成员在这个方面达成一致。当团队成员对于未来拥有共同的愿景时，就会向着共同目标努力奋斗。

（2）制订创业计划

在确定创业目标后，创业团队就要为实现这一目标制订一个周密的创业计划。创业计划是一份全面说明创业构想的文件，确定了创业团队在创业阶段的不同时期需要完成的任务，创业团队通过逐步实现阶段性目标最终实现创业总目标。

（3）寻找更多的团队成员

寻找团队成员的基础是志同道合、目标一致。共同的目标和经营理念可以将团队成员凝聚在一起。此外，团队成员在性格、技能、知识能力等方面最好能形成互补，这种互补既有助于加强团队成员间的合作，又能加强团队的战斗力。

（4）团队职权划分

创业团队职权划分指根据执行创业计划的需要，来具体确定每个团队成员所担负的职责和享有的权限。团队成员之间职权的划分必须明确，既要避免重叠和交叉，也要避免遗漏。

（5）构建创业团队的制度体系

创业团队的制度体系体现了创业团队对成员的控制和激励能力，主要包括团队的各种约束制度和各种激励制度。

① 创业团队通过各种约束制度（主要包括纪律条例、组织条例、财务条例、保密条例等）指导成员，避免其做出不利于团队发展的行为，实现对成员行为的有效约束，保证团队的秩序稳定。

②创业团队要实现高效运作需要有效的激励机制（主要包括利益分配方案、奖惩制度、考核标准、激励措施等），使团队成员能够切实体会到创业带来的利益，从而充分调动团队成员的积极性，最大限度地发挥团队成员的作用。而实现有效激励的前提是把团队成员的收益模式界定清楚，尤其是关于股权等与团队成员重大利益密切相关的事宜。

阅读材料

"唐僧团队"带给我们的启示

一个理想的团队就应该和"唐僧团队"一样，有4种角色：德者、能者、智者、劳者。德者领导团队，能者攻克难关，智者出谋划策，劳者执行有力。总的来看，"唐僧团队"最大的优势就是互补性，虽然历经九九八十一难，最终还是修成了正果。

德者居上。唐僧具备3大领导素质：第一，目标明确，擅于制订愿景；第二，手握紧箍，以权制人，没有权威，就无法成为领导；第三，以情感人，以德化人，领导一定要学会进行情感投资，多与下属交流、沟通，关心团队成员的衣食住行，塑造一种家庭的氛围。

能者居前。孙悟空可称得上是优秀的职业经理人，他有个性、有想法、执行力很强，也很敬业、重感情，懂得知恩图报。

智者在侧。猪八戒是一个比较好的辅助型人才，虽然功夫远不及孙悟空，但性格平和开朗，心态极好，毫无负担和压力，为人大度，沟通能力极强，也多次在关键时刻协助团队战胜妖魔，立下功劳。

劳者居下。沙和尚是个很好的管家，他经常站在孙悟空的一边说服唐僧；但当孙悟空有了不敬的言语时，他又马上跳出来斥责孙悟空，维护唐僧，可谓是忠心耿耿。沙和尚忠心耿耿，属于那种忠诚度高但能力欠缺的人才，企业应给予其适当的位置，但不能过于重用。

（6）团队整合

强大的创业团队并非是一开始就能建立起来的，很多时候团队是在企业创立一段时间之后才逐步形成的。随着团队的运作，团队在人员安排、制度设计、职权划分等方面的不合理之处会逐渐暴露出来，这时就需要对团队进行融合。

2. 创业团队的优势

创业团队相比个人创业具有更多的优势，它能够集合团队成员的力量来推动创业，从而增加创业的成功率。团队创业的优势主要包括以下4点。

（1）优势互补

俗话说："人无完人"。每个人的能力、性格和品质都有不足的地方，如果可以找到能取长补短、彼此协助的人，那无疑是最好的搭档。通过优势互补建立起来的创业团队，能够充分发挥每个人的特点，最终达到"1+1>2"的效果。

（2）分散风险

创业团队是一个整体，团队成员应该共同对企业运营过程中可能出现的问题负责。当资金不足时，团队成员可以分头寻找资金；当技术出现问题时，团队成员可以共同思考并解决问题。团队成员既分工明确又互相关怀，这种共命运、共奋斗的氛围，减轻了每个成员的压力，分散了创业的风险。

（3）帮助决策

由于不同的人对待事物的看法不同，所以大学生需要具有判断能力和识别能力的合作伙伴来给他提出忠告。大学生并不需要完全听从这些忠告，但伙伴必须指出问题所在，并给出参考性的建议，最后大学生综合考虑再做出决定。

（4）更容易成功

作为创业团队的领导者，在进行成员选择时最好选择不同性格的成员，因为相同性格的人容易犯相同的错误，而不同性格的人能够发现对方的错误并给予提醒，这样的团队才能在今后的创业之路上走得更远。

🪂 **提醒**

创业团队与个人创业相比也存在一定的缺点。比如，容易压抑成员的个性。如果创业团队中的领导者过于重视团队，强行将成员聚集在一起，可能会使成员产生排斥感，严重的还会导致团队的解散。针对这种情况，就需要团队领导者进行协调。

---

3. 组建创业团队的原则

大学生要想组建一支优秀的创业团队，还需要遵循以下 4 项基本原则。

（1）目标明确合理原则

创业目标必须明确、合理、切实可行，这样才能使团队成员清楚地认识到共同的奋斗方向，才能真正达到激励的作用。

（2）能力互补原则

大学生之所以要组建团队，其目的就在于弥补创业目标与自身能力之间的差距。只有当团队成员相互间在知识、技能、经验等方面实现互补时，才有可能通过相互协作发挥出"1+1>2"的协同效应，因此，团队成员之间要做到诚实守信、志同道合、取长补短、分工协作、权责明确。

（3）精简高效原则

为了减少创业期的运作成本，使各成员分享更多的创业成果，创业团队的人员构成应在保证企业高效运作的前提下尽量精简。

（4）动态开放原则

创业是一个充满不确定性的过程，团队中的成员可能由于能力、观念等方面的原因离开，同时也可能有新成员加入。因此，大学生在组建创业团队时，应注意保持团队的动态性和开放性，使真正适合的成员留在创业团队中。

二、寻求创业资金

无论是在创业初期，还是在企业的成长阶段，能够通过不同的渠道筹集到创业所需的资金，已成为创业者必备的基本素质。创业资金的筹集类型有两种，分别是债权融资和股权融资，下面分别介绍。

1. 债权融资

债权融资是创业者以一定条件，向资金供给者借钱，到期偿还本金和利息的融资方式。债权就是不卖出创业者的股权，投资人不作为创业者的合伙人或股东，而只是借款给创业者，并收取一定的利息。

（1）向亲戚和朋友借款

新创立的企业早期所需的资金具有不确定性，且需求量较少，因此在这一阶段，亲戚和朋友的借款就是最常见的资金来源。大学生和他们之间有一定的亲情、友情关系，因此容易建立信任感。

当然，大学生也应该全面考虑投资的正面、负面影响及其风险性，以公事公办的态度将亲戚和朋友的借款与其他投资者的资金同等对待。任何借款都要明确规定利率及本息的偿还计划，所有融资的细节都需达成协议，如资金的用途、资金的数额和期限、企业破产的处理措施等，最后形成一份相关的正规协议。

大学生还要注意，每一位家庭成员或朋友的借款都应建立在自愿的基础上。在接受他们的资金之前，大学生应仔细考虑公司破产可能带来的艰难局面。

（2）银行贷款

目前银行贷款有以下5种形式。

① 担保贷款

担保贷款指以担保人的信用为担保而发放的贷款。随着国内中小企业信用担保体系的建立和完善，目前各地均有专业化的信用担保机构。如果大学生缺乏合格的抵押物品，就可以向担保公司申请担保贷款。

② 质押贷款

质押贷款指以借款人或第三人的动产或权利作为质押物发放的贷款。大学生可用自己甚至亲朋好友（需要本人书面同意）未到期的存单、国债、国库券及人寿保险单等作为抵押物，从银行获取贷款。与抵押贷款相比，质押贷款转移了借款人或第三方提供的财产的占有权，移交银行占有。

③ 抵押贷款

抵押贷款指按照《中华人民共和国担保法》规定的抵押方式，以借款人或第三人的财产作为抵押物发放的贷款。办理抵押贷款时，应有银行保管抵押物的有关产权证明，贷款金额一般不超过抵押物评估价的70%。

④ 贴现贷款

贴现贷款指借款人在急需资金时，以未到期的票据向银行申请贴现而融通资金的贷款方式。贴现贷款具有流动性大、安全性高、自偿性强、用途确定、信用关系简单等特点。

⑤ 信用贷款

信用贷款指银行仅凭对借款人资信的信任而发放的贷款。借款人无须向银行提供抵押物或担保。相对抵押贷款而言，信用贷款更加便捷和人性化，没有抵押，手续便捷，门槛也比较低，只要借款人工作稳定、缴费记录良好就能获得贷款。目前国内信用贷款渐趋流行，但银行对信用贷款的信用审核严格，贷款额度相对较低，适合于需要短期小额贷款的创业者。

> 📖 阅读材料
>
> ## 良好的信誉获得贷款
>
> 为了满足预计的产品增长需求，某实业有限公司计划在西南地区建一个新厂。为了给企业扩展融通资金，该公司的总裁向某银行提交了一份贷款申请。这并不是该公司第一次向银行提交申请，早在两年前，该公司就与银行发展了业务关系，银行为其提供了两笔贷款，一笔是50万元的定期贷款，另一笔是10万元的信用贷款。由于公司经营良好，能够达到或超过财务计划目标，因此一直和银行保持着良好的信誉关系，并且能按时还款。
>
> 该公司的总裁也具有良好的经营和缴费记录，公司自创建之初便以较快的速度成长并盈利。因此，银行批准了该公司的贷款申请，为其提供了80万元的贷款。

（3）大学生创业贷款

大学生创业贷款是近年银行推出的一项新业务，它可以帮助大学生更好地实现创业梦想。我国各级政府出台了许多优惠政策支持大学生创业，大学生创业贷款就是其中的一项政策。它是银行等资金发放机构对高校学生（大专生、本科生、研究生、博士生等）发放的无抵押、无担保的大学生信用贷款。

① 大学生创业贷款优惠政策

大学生创业贷款优惠政策主要包括以下两点。

A. 大学毕业生在毕业后2年内自主创业，到创业实体所在地的工商部门办理营业执照，注册资金（本）在50万元以下的，允许分期到位，首期到位资金不低于注册资本的10%（出资额不低于3万元），1年内实缴注册资本追加到50%以上，余款可在3年内分期到位。如有创业大学生家庭成员的稳定收入或有效资产提供相应的联合担保，信誉良好、还款有保障的，在风险可控的基础上可以适当加大发放信用贷款，大学生还可以享受优惠的低利率。

B. 商业银行、股份制银行、城市商业银行和有条件的城市信用社为自主创业的大学毕业生提供小额贷款，并简化程序，提供开户和结算便利，贷款额度在5万元左右。贷款期限最长为2年，到期确定需延长的，可申请延期一次。贷款利息按照中国人民银行公布的贷款利率确定，担保最高限额为担保基金的5倍，期限与贷款期限相同。

以上优惠政策是我国针对所有自主创业的大学生制定的，各地政府为了扶持当地大学生创业，也出台了相关的政策法规，而且更加细化，更贴近实际。各地方的创业贷款优惠政策因地域、政府政策等有所不同，有创业意愿的大学生可到当地政府部门了解具体信息。

② 大学生创业贷款申请要求

申请大学生创业贷款需要满足以下5个要求。

A. 申请者年满18周岁，具有合法、有效身份证明和贷款行所在地合法居住证明，有固定的住所或营业场所。

B. 申请者持有工商行政管理机关核发的营业执照及相关行业的经营许可证，从事正当的生产经营活动，有稳定的收入和还本付息的能力。

C. 申请者投资项目已有一定的自有资金。

D. 贷款用途符合国家有关法律和银行信贷政策规定，不允许用于股本权益性投资。

E. 在银行开立结算账户，营业收入经过银行结算。

③ 大学生创业贷款申请资料

申请大学生创业贷款需要准备的资料如下。

A. 申请者身份证件（包括居民身份证、户口簿或其他有效证件原件）。

B. 申请者个人或家庭收入及财产状况等还款能力证明材料。

C. 申请者营业执照及相关行业的经营许可证，贷款用途中的相关协议、合同或其他资料。

D. 申请者担保材料，包括抵押品或质押品的权属凭证和清单，有权处分人同意抵（质）押的证明，银行认可的评估部门出具的抵（质）押物估价报告。

④ 大学生创业贷款申请流程

大学生创业贷款的申请流程如图8-1所示。

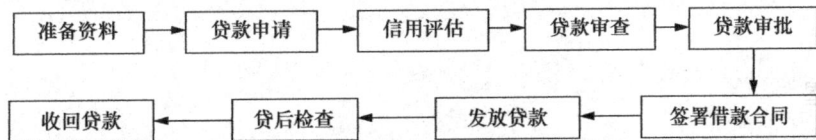

图8-1 大学生创业贷款的申请流程

大学生首先到当地劳动保障部门领取《就业失业登记证》等相关必要文件并准备好创业项目的相关资料；然后到当地劳动保障部门申请贷款支持，劳动保障部门审核通过后就可以将该项目推荐到相关银行；最后银行在审查完担保条件并实地进行项目考察后，如果全部合格就可以发放贷款了。如果手续齐全，整个流程大约需要1个月时间。如果创业项目可行性大、前景好，大学生也可以申请商业性创业贷款。

2. 股权融资

股权融资，指企业的股东愿意出让部分企业所有权，通过增资的方式引进新股东，同时使企业总股本增加的一种融资方式。股权融资包括创业者自己出资、争取国家财政投资、吸引投资基金投资及公开向市场筹集发行股票等方式。自己出资是股权融资的最初阶段，公开向市场筹集发行股票是最高阶段。下面对天使融资方式进行介绍。

天使融资（Angel Investment）是自由投资者或非正式风险投资机构对原创项目构思或小型初创企业进行的一次性的前期投资。天使融资并非单独的融资渠道，而是风险投资家族中的一员，与常规意义上的风险投资相比，二者既有相同点又有不同点。下面介绍天使融资的特点和获取渠道。

（1）天使融资的特点

天使融资一般具有以下 4 个特点。

① 带有强烈的感情色彩。创业者要说服天使投资人常常需要一定的感情基础，对方或者是志同道合的朋友，或者是由熟悉人士介绍等。

② 天使投资人曾经是创业者。天使投资人往往曾经有过创业经历，而且常常是某一行业的专家，可以为创业企业提供极为宝贵的咨询顾问意见。

③ 天使投资人对投资项目的期望较高。因为天使投资人是使用自己的资金进行投资，对投资回报的期望较高，所以对亏损的忍耐力不强。

④ 融资程序简单快捷，但融资额度有限。天使投资人只是代表自己进行投资，投资行为带有偶然性和随意性，因此没有复杂、烦琐的投资决策程序，但金额也有限。

（2）获取天使融资的渠道

一般情况下，大学生可以通过以下途径寻找到自己公司的天使投资人。

① 直接去找自己心目中的"天使"。大学生在创业的行业内往往都有一些崇拜的企业家，他们具有很高的声望和实力。大学生在适当的情况下可以去说服这些行业内的权威进行融资。

② 参加天使投资人的聚会。天使投资人大多会有一些经常性的聚会，以交流投资心得、寻找投资项目和探索合作机会。大学生如果知道有关活动的消息，可以直接前去参加并提交自己的《创业计划书》或做一些有关的项目展示。

③ 利用中介。大学生可以通过自己的财务顾问、法律顾问或有关的金融融资机构去联系天使投资人。

🪂 **提醒**

除了前面介绍的天使融资方式，还有创业资本融资和私募股权投资两种不同的股权融资方式。另外，如果大学生想到国外融资，则可以在国外的风险投资机构或协会（如英国风险投资协会）出版的风险投资机构名录中按图索骥，进行联系。

第三节　设计商业模式

商业模式就是一个企业满足消费者需求的系统，这个系统组织管理企业的各种资源（包括资金、原材料、人力资源等），使企业能够提供消费者需要购买的产品或服务。一个成功的商业模式可以帮助企业赢得市场竞争，实现快速增长。那么，该如何设计商业模式呢？下面从商业模式设计的基本要求开始进行介绍。

一、商业模式设计的基本要求

一个好的商业模式通常符合定位精准、扩展快、壁垒高、风险低 4 项标准。因此，在设计商业模式时，大学生应重点从这 4 个方面入手。

1. 定位精准

定位精准的核心是寻找到一个差异化市场，并为这个市场提供满足需要的、有价值的、独特的产品，让消费者愿意为此付费。在进行目标定位时，大学生需要考虑以下 6 个基本问题，才能确保定位精准。

① 是否进行了差异化的市场分析？

② 定位是否为目标市场和消费者创造了价值？

③ 是否确定了独特的市场定位？

④ 是否设计出了消费者所需要的产品或服务？

⑤ 产品本身为消费者创造了怎样的价值？

⑥ 消费者为什么愿意认可该价值而付费？

当然，大学生并不是随意找一个细分市场并提供优质的产品和服务就能成就一个优秀的市场定位，关键在于要寻找一个能持续增长、大规模、快速的市场，这才是确定其是否为优秀的市场定位的重要标准。

2. 扩展快

扩展快是很多企业在设计商业模式时容易忽略的问题。这里所说的扩展主要指收入的扩展。收入能否快速扩展，是衡量商业模式是否成功的关键因素。

任何一个企业的收入规模根本上都取决于消费者数量及平均消费者贡献两个因素。要想实现收入的快速增长，就要设计出能快速增加消费者数量的策略，或是提高平均消费者的贡献额。但从商业实践的角度来看，真正起到关键作用的还是消费者数量的增长速度，因为如果消费者数量太少，不能够实现大规模复制，从单一消费者身上获得再高的收入也是枉然。

3. 壁垒高

好的商业模式一定要和企业自身的优势紧密结合起来，最好是企业独有的优势，构筑出较高的竞争壁垒。很多企业之所以发展到一定阶段就会陷入瓶颈，就是忽略了竞争壁垒的问题，因此很容易被其他企业赶超。

4. 风险低

设计商业模式的最后一个环节，就是要综合评估企业可能面临的各种风险。在评估风险时，需要考虑以下 5 个方面的问题。

① 是否存在政策及法律风险？

② 是否存在行业竞争风险？

③ 是否有潜在的替代品威胁？

④ 是否已经存在价值链龙头？

⑤ 是否存在行业监管风险？

上述都是考虑商业模式所面临风险时需要注意的问题。评估风险的最终目标是要识别出所有可能的风险并制订相应的策略，使风险保持在合理范围内，便于控制。

设计商业模式需要考虑的问题有很多，上述 5 个是最基本，也是最重要的。另外，商业模式的设计既不是一蹴而就的，也不是一成不变的，商业模式需要在实践中不断被尝试、被修正，才会变得更趋完美。

二、精益创业画布

埃里克·莱斯（Eric Ries）提出的精益创业理论为企业提供了一个探索商业模式的工具。精益创业的核心思想是，企业首先要集中资源开发符合核心价值的产品，然后通过不断的学习和有价值的用户反馈对产品进行快速迭代优化，以适应市场发展的需求，最后将企业带入循序渐进的良性发展之中，使企业投入较少的资源就能够验证创业者的想法。

对初创企业而言，精益创业画布是一个非常优质的工具，它可以帮助大学生清晰地梳理商业模式。下面对精益创业画布进行详细介绍。

1. 精益创业画布的基本要素

精益创业画布的基本要素包括图 8-2 所示的 9 项内容。

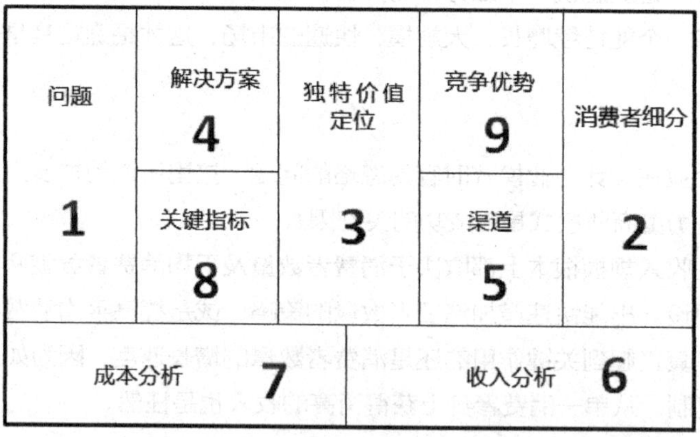

图 8-2　精益创业画布的基本要素

（1）问题

问题即需求痛点，问题和消费者群体的匹配是商业模式设计的核心。大学生在明确将要服务的目标消费者群后，要针对每个细分群列出 1～3 个最大的痛点。列举这些令人感到不安、沮丧、紧急的事情，再想想消费者会在什么时候最迫切需要解决这些问题，然后大学生就可以据此寻找"让痛苦消失"的方案。

当然，大学生还应该多和目标人群进行交流、沟通，最好做一些小规模的测试、调研，去验证这些痛点是否真正存在。

（2）消费者细分

创业一定要从消费者细分开始，因为不同的消费者群体是有差异的，没有一种产品能够满足市场中的所有消费者。大学生只有对消费者的定位足够准确，由此推出的产品或服务的针对性才会更强，才更能贴近消费者的核心需求。与此同时，大学生在目标人群中还可以进一步细分，重点列出种子用户，锁定潜在的早期使用者，通过他们获取消费者需求痛点，提出解决方案。

（3）独特价值定位

简单地说，独特价值定位就是用一句简短有力的话去描述自己和别人的不同，这是商业模式设计中最重要也是最难的部分。寻找独特价值的最好方法是直接从要解决的首要问题出发去寻找独特卖点，也可以针对种子用户来做设计。比如京东，除了以自营模式为主，还主打物流服务品质，就是因为物流一直是影响消费者体验的一大问题。

（4）解决方案

大学生在创业早期还可以利用有限资源，开发出最小化可行产品（Minimum Viable Product，MVP）去验证自己的想法和解决方案。如果消费者接受了MVP，那么说明大学生在创业初期设计的解决方案是正确的；反之，就需要重新去挖掘消费者的需求，针对每个需求痛点，重新思考最简单的解决方案，然后重新设计，经过验证、测试及反复修改后，将解决方案完善。

（5）渠道

创业初期，任何能把产品推销给潜在消费者的渠道都可以利用。大学生主要可以选择以下两种渠道。

① 内联式渠道是使用"拉式策略"，让消费者自然而然地找到自己。这种渠道包括微博、微信及网络直播等。

② 外联式渠道主要使用"推式策略"，让产品"接触"消费者。这种渠道包括电视广告、展销会等。

（6）收入分析

创业初期，大学生只能在合适的时机通过不同的方式让消费者付费，以此来验证自己的盈利模式的可行性。目前主要的盈利模式包括销售商品、广告收费、会员服务模式、增值服务模式等。

（7）成本分析

大学生在对成本进行分析时，应重点关注产品发布前需要多少成本，包括固定成本和变动成本，然后把收入和成本结合起来分析，计算出一个盈亏平衡点，以此来预估需要花费多长时间、资金和精力才能达到盈亏平衡点，从而进一步检验自己的商业模式是否可行。

🪂 提醒

融资成本也是进行成本分析时需要考虑的因素。不论是股权融资还是债权融资，都是需要考虑成本的。债权融资要考虑利息的支出成本，股权融资则要考虑取得股份的成本、融资的时间点及稀释的比例等。

（8）关键指标

不论是何种类型的产品或服务，都能通过获取、激活、留客、收入及口碑这 5 个关键指标来评估项目的进展情况，并以此决定是否继续投入等。

① 获取：指把普通访客转换成对产品感兴趣的潜在消费者的过程。比如，服装店把走过橱窗的消费者吸引到店铺内就是一次获取过程。

② 激活：指感兴趣的潜在消费者对产品形成较好的第一印象。比如，潜在消费者走进服装店后发现店内的服装物美价廉，服装店就成功激活了消费者。

③ 留客：指产品的"回头率"高或是消费者的忠诚度高。比如，对服装店来说，留客就是让消费者再次光顾商店。

④ 收入：指消费者实际支付商品的金额。

⑤ 口碑：指满意的消费者会向他人推荐或促成其他潜在消费者来购买产品或服务，这是一种比较高级的消费者获取渠道。比如，服装店的经营者让自己的朋友推荐该店铺。

（9）竞争优势

形成竞争优势有以下两种方法。

① 先让竞争对手看不见、看不起、看不懂，然后让竞争对手学不会、拦不住、赶不上。

② 把贵的变便宜，把收费的变免费。

这两种方法实际上都是从低端市场切入，开辟一个新的、之前大企业忽视的市场，通过积累低端消费者扩大市场占有率，然后再慢慢地向上提升产品档次。

2. 精益创业画布的制作步骤

制作精益创业画布可以分为以下 3 个步骤。

（1）写出初步计划

大学生在编写初步计划时，不要刻意追求提供最好的问题解决方案，而要试着形成一整套完整的商业模式，并保证在该模式下所有元素都能够相互配合。编写初步计划的要点有以下 5 项。

① 迅速起草一张画布，在第一版画布上消耗的时间最好不超过 15 分钟。

② 画布中有一部分内容空着也没关系，要么马上写下来，要么就留白。

③ 尽量短小精悍，将商业模式的精华部分提炼出来。

④ 站在当下的角度来思考，想想下一步应该先测试哪些想法。

⑤ 以消费者为本，仅仅调整一下消费者群体，商业模式就会发生翻天覆地的改变。

（2）找出风险最高的部分

阿什·莫瑞亚（Ash Maurya）认为创业一般分为 3 个阶段，如图 8-3 所示。第一阶段的核心是针对要解决的关键问题提出一套最为精简的对应方案；第二阶段的核心是检验企业所提供的产品和服务是不是消费者想要的，消费者是否愿意为此付费；第三阶段的核心是明确怎样才能使企业加速发展壮大。大学生应积极验证商业模式的各个环节，及时对不合理的环节进行改善，以便加速执行优化方案。

（3）测试计划

测试计划指针对商业模式的各个环节进行参与式观察和深度式访谈，有效地测试该商业模式的可行性。

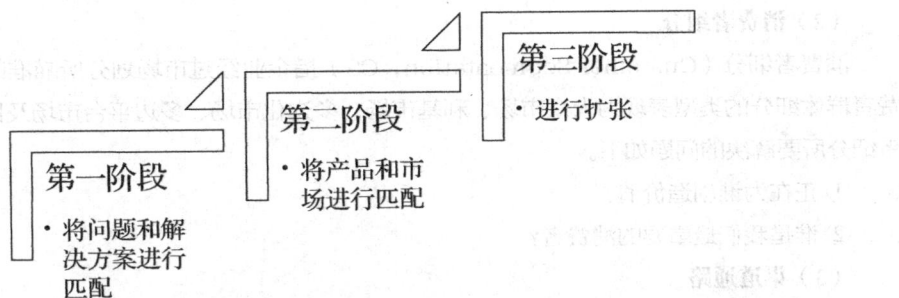

图8-3 创业的3个阶段

三、商业模式画布

商业模式画布不仅能够提供灵活多变的计划，而且容易满足创业者的需求。更重要的是，它可以将商业模式中的元素标准化，并强调元素间的相互作用。下面介绍商业模式画布的基本要素和制作流程。

1. 商业模式画布的基本要素

商业模式画布主要由9个模块组成，这9个模块之间相互作用、相互关联，它们之间的关系如图8-4所示。

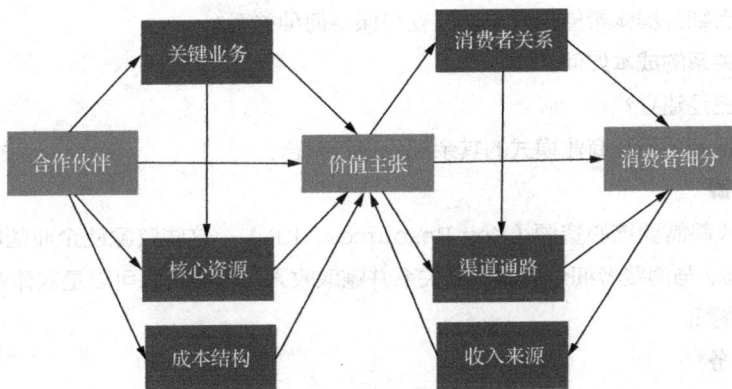

图8-4 商业模式画布各模块间的关系

下面介绍各模块的含义。理解每个模块的含义以及相互关系之后，就可以按照特定的流程，利用商业模式画布来设计出专属于自己企业的商业模式了。

（1）价值主张

价值主张（Value Proposition，VP）指通过迎合细分人群需求的独特组合来创造价值。价值可以是定量的（如价格、服务速度等），也可以是定性的（如设计、消费者体验等）。价值主张应解决的问题如下。

① 应该向消费者传递什么样的价值？

② 正在帮助消费者解决哪些难题？

③ 正在满足消费者的哪些需求？

（2）消费者细分

消费者细分（Customer Segmentation，CS）指企业经过市场划分所瞄准的消费者群体。消费者群体细分的类型表现为大众市场、利基市场、多边化市场、多边平台市场及区隔化市场。消费者细分所要解决的问题如下。

① 正在为谁创造价值？

② 谁是我们最重要的消费者？

（3）渠道通路

渠道通路（Channels，CH）指企业用来接触并将价值主张传递给消费者的各种途径。常见的渠道通路有直接渠道、销售队伍、自有店铺、合作伙伴店铺等。建立渠道通路时应思考以下问题。

① 如何整合渠道？

② 哪些渠道最有效？

③ 哪些渠道的经济效益最好？

④ 如何把渠道和消费者的接触与沟通过程进行整合？

（4）消费者关系

消费者关系（Customer Relationships，CR）被用来描述企业与特定消费者细分群体建立的联系，主要是信息沟通反馈。消费者关系的类型表现为直接关系、间接关系、交易型关系等。建立消费者关系时应思考以下问题。

① 每个消费者细分群体希望企业与之建立与保持何种关系？

② 建立这些关系的成本如何？

③ 哪些关系已经建立？

④ 如何把消费者关系与商业模式的其余部分进行整合？

（5）核心资源

每个商业模式都需要核心资源（Key Resources，KR），这些资源使企业能够创造和提供价值主张、接触市场、与消费者细分群体建立关系并赚取收入。核心资源可以是实体资产、知识资产、金融资产及人力资源。

（6）关键业务

关键业务（Key Activities，KA）指为了确保商业模式的可行性，企业必须要做的重要事情。关键业务可以分为制造产品、问题解决、平台或网络等几类。建立关键业务时应思考以下问题。

① 价值主张需要哪些关键业务？

② 消费者关系需要哪些关键业务？

③ 取得收入需要什么样的核心资源？

（7）收入来源

如果消费者是商业模式的心脏，那么收入来源（Revenue Streams，RS）就是动脉。收入来源的途径主要有两种：一种是通过消费者一次性支付而获得的交易收入；另一种是来自消费者为获得价值主张和售后服务而持续支付的费用。建立收入来源时应思考以下问题。

① 什么样的价值能让消费者愿意付费？

② 消费者更愿意如何支付费用？

③ 每个收入来源占总收入的比例是多少?

④ 消费者是如何支付费用的?

（8）合作伙伴

合作伙伴（Key Partnerships，KP）即企业为有效提供价值主张与其他企业形成的合作关系网络。合作关系主要有上下游关系、互补关系、合资关系、非联盟合作关系等。

（9）成本结构

成本结构（Cost Structure，CS）被用来描绘运营一个商业模式所需要的所有成本。成本结构分为成本驱动和价值驱动两种类型，前者侧重低价的价值主张，后者侧重增值型的价值主张和高度个性化的服务。建立成本结构时应思考以下问题。

① 哪些核心资源花费最多?

② 哪些核心业务花费最多?

③ 什么是商业模式中最重要的固定成本?

2. 商业模式画布的制作流程

将商业模式画布打印或在白板上画出来，和团队成员使用便利贴或马克笔共同描绘和讨论商业模式中的 9 个模块，这样就可以最大限度地发挥画布的价值。图 8-5 所示为与苹果公司的 iPod、iTouch 相关的商业画布。下面介绍商业模式画布的制作流程。

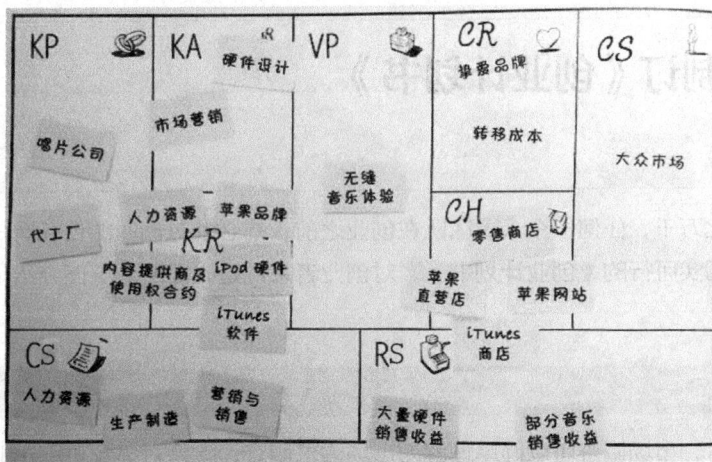

图8-5　商业模式画布案例

（1）描绘消费者细分市场

开始设计商业模式时，先让参与者描绘企业所服务的消费者细分市场。参与者根据消费者细分群体的不同，将不同颜色的便利贴贴在画板上，每组消费者代表一个特定的群体，并描述其特定需求。

（2）描述对价值主张的理解

让参与者描述对每个消费者细分群体所提供的价值主张的理解，参与者应当使用相同颜色的便利贴代表每个价值主张和对应的消费者细分群体。如果一个价值主张涉及两个差异很大的消费者细分群体，那么应当分别使用这两个消费者细分群体对应颜色的便利贴。

（3）用便利贴完成各个模块任务

参与者使用便利贴将该企业商业模式中所有的剩余模块标识出来。相关的消费者细分群体使用同一颜色的便利贴。

（4）评估商业模式的优劣势

映射出整个商业模式后，开始评估该商业模式的优劣势。将绿色（代表优势）和红色（代表劣势）的便利贴粘在商业模式中运行良好的模块和有问题的模块旁边。

（5）对现有商业模式进行改进

参与者可以在步骤（1）~（4）所产生的画布中对现有商业模式进行改进，也可以另外设计一个全新的商业模式。在理想情况下，参与者可以使用一个或几个商业模式画布来改进现有商业模式。

> 🪂 **提醒**
>
> 大学生在制作商业模式画布时应掌握以下 3 项原则：第一，搜集资料时应该尽量详细，不要漏掉看似很微小的信息；第二，抛开以往所有的固有观念和逻辑，去掉习惯思维的枷锁和束缚，大胆想象；第三，对于任何一个创新的概念和想法都不要轻易否定，运用最小试错原理，用最小的成本换取可行性。

第四节 制订《创业计划书》

市场环境变化万千，任何一个人或团队在创业之前，都必须对创业的目标有一个科学的设计和规划。制订一份切实可行的《创业计划书》，对创业者来说是必需的。下面介绍《创业计划书》的构思和编写方法。

一、市场调查

对大学生而言，市场调查可以简单理解为市场需求调查，就是对需要进行创业的产品或服务，通过科学的方法，有目的地搜集、记录、整理有关市场营销的信息和资料，然后分析市场情况，并对产品的市场现状和发展趋势进行分析，以便做出客观、正确的创业决策。下面介绍市场调查的内容和方法。

1. 市场调查的内容

市场调查的结果将直接影响创业者的决定，因此，大学生进行的市场调查的内容一定要尽量涉及市场的所有方面。市场调查通常应包括以下 5 个方面的内容。

（1）市场环境调查

市场环境调查主要包括法律环境、经济环境、社会环境、科学环境和自然地理环境等。具体的调查内容可以是国家的方针、政策和法律法规，当地的经济结构、风俗习惯，科学发展动态，气候等各种影响市场营销的因素。

（2）市场需求调查

如果要生产或销售某个产品，首先就应该对该产品进行市场需求调查。查看产品是否具有可发展的空间，即对产品进行市场定位。在对市场需求进行调查时，应重点关注以下问题。

① 产品的需求量有多大？

② 消费者的年收入是多少？

③ 让消费者产生购买行为的动机是什么？

④ 消费者是通过什么途径知道产品的？

⑤ 消费者购买产品的频率是多少？

⑥ 产品最令人满意的地方是什么？

⑦ 什么样的产品消费者是绝对不会购买的？

⑧ 同类型的产品，消费者更喜欢哪个品牌？为什么？

⑨ 消费者能够接受的产品价格范围是多少？

⑩ 消费者对产品有什么其他的要求？

提醒

当以消费者为对象进行调查时，大学生应注意某些产品的购买者和使用者并不一致，如对婴儿用品进行调查时，其调查对象应为孩子的父母。

（3）市场供给调查

市场供给调查主要包括产品生产能力调查、产品实体调查等。在对市场供给情况进行调查时，应重点关注以下问题。

① 产品的生产周期有多长？

② 产品的保质期有多久？

③ 产品的产量有多大？

④ 产品的质量如何？

⑤ 产品的型号有哪些？

⑥ 产品的规格是否符合消费者的使用习惯？

⑦ 产品有哪些功能？

⑧ 产品具有品牌效应吗？

⑨ 产品的进货渠道有哪些？

除上述问题外，大学生还应对生产商的一些基本情况进行调查，如办公地址、负责人等，确保生产商没有问题，以便建立长期的合作关系。

（4）市场营销调查

市场营销调查主要是对目前市场上经营的某种产品或服务的促销手段、营销策略和销售方式进行调查。在对市场营销情况进行调查时，应重点关注以下问题。

① 产品销售的渠道主要有哪些?

② 产品销售的区域主要分布在哪些地方?

③ 产品销售的环节有哪些?

④ 产品有什么宣传方式?

⑤ 产品有什么价格策略?

⑥ 产品有什么促销手段?

大学生应针对以上问题进行调查并分析,看看这些营销策略是否有效,有什么缺点和优点,从而决定自己采取什么样的营销策略。

(5)市场竞争调查

在市场竞争日趋激烈的今天,不了解竞争市场的情况、不研究竞争对手,就没有取胜的机会。

市场竞争调查是通过一切可获得的信息查清竞争对手的策略,包括竞争对手的数量、规模、分布与构成、营销策略等,从而制订合理的营销战略,扩大自己的市场份额,在激烈的市场竞争中占据有利位置。

2. 市场调查的方法

创业最重要的要素就是创业机会、创业团队和创业资源,它们贯穿于创业的始末,并且作用于企业成长、发展、成熟的各个阶段。大学生在利用现有资源和自身能力的情况下,还要根据创业的类型采取科学的市场调查方法。

(1)资料分析法

资料分析法是通过搜集一些现有的市场、行业和产品的相关资料,分析得出所需结论的方法。该方法要求搜集的资料必须及时、完整、正确和公正,否则分析的结果将不具有参考意义。搜集资料的方法很多,如网上搜集和报刊搜集等。

① 网上搜集

互联网本身就是一个巨大的数据信息的集合,其中包含了各种各样的信息和资源,但这些资料的信息量很大,质量也参差不齐,难以判断信息的真实性、可靠性、代表性等。因此,大学生在通过网络搜集资料时,一定要到一些比较权威的机构网站获取,如政府部门发布的普查资料、行业协会发布的行业资料等。

② 报刊搜集

一些专业的图书、报刊中会对近期的市场数据进行分析,这些数据一般较为准确,大学生可以直接参考。

(2)实地考察法

实地考察法是通过客观的态度和科学的方法,在确定的某个范围内进行实地考察,并搜集大量资料以统计分析,从而探讨问题的方法。采用实地考察法分析的结果一般较为详细、可靠,可以弥补资料分析法的不足。实地考察法有现场观察法和询问法两种形式。

① 现场观察法

现场观察法是调查人员凭借自己的眼睛、耳朵等感官或借助摄像器材,在调查现场直接记录正在发生的市场行为或状况的一种有效的获取资料的办法。其特点是调查对象往往是在不知晓的情况下接受调查的。例如,大学生到调查对象的营业场所去观察某产品的销售情况。

为了尽可能地减小调查偏差，大学生在采用现场观察法获取资料时，首先要选择具有代表性的调查对象和合适的调查时间与地点，并且采用不偏不倚的态度，即不带有任何看法或偏见地进行调查。

② 询问法

询问法是将要调查的问题，以电话或书面的形式向调查对象提出询问，以获得所需的调查资料的调查方法。大学生在采用询问法时可以与调查对象进行广泛的交流，如直接询问其对产品的看法，也可以采用问卷调查的形式，让调查对象填写调查表，以此获得所需的信息。

问卷调查需要在调查前将要调查的问题设计成问卷，然后调查对象将自己的意见或答案填入问卷中。一般的实地考察中，问卷调查是人们常采用的一种方式。

📖 阅读材料 　　　　　　**蜂蜜店的调查问卷与分析**

针对蜂蜜店销量提升较慢、客单价不高、客流量徘徊不前等情况，蜂蜜店自发组织了一次较为全面的门店消费者调查，相关内容如下。

时间：2020.3.08—2020.3.31。

地点："甜蜜蜜"蜂蜜分销店。

调查方式：现场发放问卷。

问卷数量：发出问卷 1 020 份，收回有效问卷 1 020 份。

以下为问卷的内容和分析的结果。

（1）您的性别是什么？

① 男士（182　17.84%）　　　　　　② 女士（838　82.16%）

分析：男士占消费者的17.84%，女士占消费者的82.16%，说明关于该商品，男士比女士消费得少，女士是蜂蜜的主要消费群体。

（2）您是通过何种途径知道"甜蜜蜜"蜂蜜分销店的？

① 电视（118　11.57%）　　　　　　② 电台（54　5.29%）

③ 社交媒体（216　21.18%）　　　　④ 户外广告（153　15.00%）

⑤ 宣传资料（119　11.67%）　　　　⑥ 别人告知（360　35.29%）

分析：通过户外广告得知的消费者比例为15.00%，通过社交媒体得知的消费者比例为21.18%，通过别人告知得知的消费者比例为35.29%，说明开业前和开业期间的户外广告、社交媒体、公众传播是消费者认识"甜蜜蜜"蜂蜜分销店的重要途径；通过别人告知得知的消费者比例为35.29%，说明店铺在消费者心中的认同度比较高，口碑不错。

（3）您通过何种交通工具来"甜蜜蜜"蜂蜜分销店？

① 公共汽车（57　5.59%）　　　　　② 出租车（18　1.76%）

③自行车（388　38.04%）　　④摩托车（19　1.86%）

⑤私家车（389　38.14%）　　⑥步行（149　14.61%）

分析：步行来店的消费者比例仅为5.59%，说明店铺的地理位置不佳，交通不够便利。

（4）您来"甜蜜蜜"蜂蜜分销店消费几次了？

①1次（152　14.90%）　　②2次（506　49.61%）

③3～5次（159　15.59%）　　④6次以上（203　19.90%）

分析：消费2次所占的比例为49.61%，消费3～5次所占的比例为15.59%，消费6次以上所占的比例为19.90%，说明消费者的忠诚度不够高。

（5）您认为"甜蜜蜜"蜂蜜分销店的产品相比其他商店的产品价格怎样？

①普遍低（620　60.78%）　　②部分低（234　22.94%）

③相差不多（89　8.73%）　　④普遍高（12　1.18%）

⑤部分高（65　6.37%）

分析：认为"普遍低"所占的比例为60.78%，说明店铺的大部分产品价格优势十分明显；认为"部分低"所占的比例为22.94%，说明店铺有一部分产品价格优势不明显，必须加强市场调查。

（6）您在"甜蜜蜜"蜂蜜分销店能否买到所需的蜂蜜？

①能（468　45.88%）　　②基本能（423　41.47%）

③不能（129　12.65%）

分析：认为"基本能"所占的比例为41.47%，认为"不能"所占的比例为12.65%，说明店铺的产品品种不是很齐全，应根据市场特点及消费者的购买习惯进行调查分析，进一步完善产品结构。

（7）您在"甜蜜蜜"蜂蜜分销店是否遇到过质量问题？

①有（120　11.76%）　　②没有（900　88.24%）

分析：遇到质量问题的消费者所占比例为11.76%，说明质量问题有待加强，必须认真对待。

（8）您除了自己来消费还经常给别人代购产品吗？

①是（489　47.94%）　　②没有（233　22.84%）

③偶尔（298　29.22%）

分析：消费者给别人代购产品的比例为47.94%，说明店铺的产品价格与产品品种均存在一定的优势。

（9）您对促销活动是否感兴趣？

① 感兴趣（706　69.22%）　　② 好，应该多做（178　17.45%）

③ 无所谓，可有可无（136　13.33%）

分析：消费者对促销活动感兴趣，应具体调查其感兴趣的内容。

（10）您觉得店铺应该多做什么样的活动？

① 买赠促销（531　52.06%）　　② 抽奖活动（135　13.24%）

③ 知识抢答（26　2.55%）　　④ 产品推广（264　25.88%）

⑤ 其他（64　6.27%）

分析：消费者比较喜欢买赠促销活动，但产品推广活动也较为受欢迎，以后可在产品推广活动上加大力度。

（11）您觉得"甜蜜蜜"蜂蜜分销店的服务怎样？

① 好（867　85.00%）　　② 一般（127　12.45%）

③ 差（26　2.55%）

"一般"和"差"主要表现在哪些方面？

① 接待不热情（35　22.88%）　　② 介绍不详细（52　33.99%）

③ 对产品摆放位置不熟悉（60　39.21%）　④ 不礼貌（6　3.92%）

分析：消费者对服务的评价较高，但认为服务一般的比例也达到12.45%，说明服务意识有待加强；服务问题主要表现在接待不热情、介绍不详细和对产品摆放位置不熟悉3方面，说明营业员对产品摆放位置不够熟悉、主动服务意识不够强。

（3）试销或试营法

当大学生对某个产品或业务决策产生疑惑时，可以通过试营业或产品试销的方式来了解消费者的反映和市场需求情况。若某个产品在被调查时有超过80%的调查对象认为没有市场，那么大学生可能应尽早放弃；如果有50%以上的调查对象表示不看好，那么大学生可能应该再综合其他因素慎重考虑；若超过98%以上的调查对象表示看好，则表明该产品可能是很有市场发展前景的。

阅读材料　　因调查取样考虑不周全"错失"产品推荐

为了测试新的蛋糕是否符合消费者的口味，"味美乐"蛋糕坊进行了一次详细的市场调查。

调查的方法：在蛋糕坊的桌子上摆放不同口味的糕点，请调查对象逐一品尝这些糕点，并将口感写在卡片上。经过5轮的反复测试，几乎所有的调查对象都给新口味的糕点打了低分，于是该产品在调查中被否定了。

半年后，一款类似的糕点却在其他蛋糕店火爆起来。分析原因发现，"味美乐"蛋糕坊进行该款糕点的测试时间是冬天，调查对象从寒冷的室外进入蛋糕坊，还没等暖和起来就试吃新款的冰激凌糕点，因此影响了调查结果。

提醒

调查时的环境和对象对调查的结果具有直接的影响，因此，大学生需要谨慎选择调查的环境和对象，以免外在环境影响调查结果的准确性，造成不可挽回的损失。如进行化妆品调查时，调查对象应主要选择女性；若是有关男士护肤品的调查，就应该以男士为调查对象。

二、完善创业构思

在创业的过程中，有两种人是企业无法离开的：一是消费者；二是竞争对手。所以在创业前，大学生对消费者和竞争对手需要重点关注。消费者是创业者的衣食父母，没有消费者的青睐，产品就没有市场，创业者将无法获得盈利；竞争对手则是激励和促进创业者进步的动力。

1. 了解消费者

消费者就是购买商品的个人或组织。大学生在计划投放某种产品时，必须了解消费者的需要及市场的供求情况。大学生具体应从哪些方面关注消费者的需求？又该如何了解消费者呢？下面进行介绍。

（1）关注消费者哪些方面

大学生可以从以下 6 方面来关注消费者。

① 你的消费者都是哪些人？

首先，当大学生选择创业时，一定要把产品的消费者做一个细分，也就是消费者都是哪些人，包括消费者的年龄、性别、职业、收入水平和兴趣爱好等。

以下是调查消费者信息的常见问题。

问题 1：您的性别是什么？

○女性　　　　　　　　　　　　○男性

问题 2：您的年龄是多少？

○ 25 岁以下　　　　　　　○ 25 ~ 30 岁　　　　　　　○ 31 ~ 35 岁

○ 36 ~ 40 岁　　　　　　　○ 40 岁以上

问题 3：您的职业是什么？

○公务员 / 事业单位员工 / 国企员工　　○公司白领　　　　　　　○在校学生

○个体经营者　　　　　　　　　　　　○自由职业者　　　　　　　○家庭主妇

问题 4：您的家庭年收入是多少？

○ 5 万元以下　　　　　　○ 5 万 ~ 10 万元　　　　　○ 11 万 ~ 15 万元

○ 16 万 ~ 20 万元　　　　○ 20 万元以上

问题 5：您最喜欢的休闲活动是什么？

○看电视　　　　　　　　○上网　　　　　　　　　○与朋友逛街

○读书　　　　　　　　　○听音乐　　　　　　　　○运动健身

问题 6：您最喜欢看哪类电视节目？

○电视剧　　　　　　　　○体育赛事　　　　　　　○新闻调查

○纪录片　　　　　　　　○选秀类综艺

② 消费者需要什么样的产品 / 服务？消费者最看重产品 / 服务的什么方面？

一般是对产品的颜色、款式、价格、质量和售后服务等进行调查。

以下为某面包店对消费者进行的调查。

问题 1：您一般在什么时间段到面包店购买面包？

□ 6：00—8：00　　　　　□ 8：00—10：00　　　　　□ 10：00—14：00

□ 14：00—16：00　　　　□ 16：00—19：00　　　　　□ 19：00—21：00

问题 2：您经常为谁购买面包？

□个人　　　　　　　　　□小孩　　　　　　　　　□父母

□同事或朋友　　　　　　□其他人

问题 3：您喜欢购买哪类面包？

□蒸包类　　　　　　　　□烘烤类　　　　　　　　□蛋糕类

□吐司类　　　　　　　　□切片类

问题 4：您喜欢的面包口味是什么？

□咸味　　　　　　　　　□甜味

□原味　　　　　　　　　□其他：＿＿＿＿＿＿＿

问题 5：您希望面包的包装是什么样的？

□单独包装的面包

□盒装或袋装多个面包（类似白面包）

□盒装或袋装，多个独立包装的面包

□其他：＿＿＿＿＿＿＿＿＿＿＿＿＿＿＿

问题 6：您能够接受的面包的价格范围是多少？

□ 10 元以下　　　　　　□ 10 ~ 50 元　　　　　　□ 50 ~ 200 元

□ 200 ~ 500 元　　　　　□ 500 ~ 1 000 元　　　　□ 1 000 元以上

③ 消费者愿意出多少钱购买你的产品 / 服务？

消费者愿意支付购买产品 / 服务的金钱数额，代表着他们的消费层次与能力。仔细研究不同消费层次的消费者，可以更加准确地对产品进行定位。大学生可以围绕以下 4 个方面来了解消费者的消费层次与能力。

A．什么样的价格太便宜，以至于消费者会怀疑产品的质量而不去购买？

B. 什么样的价格非常便宜，并最能吸引消费者购买？

C. 什么样的价格是贵的，但仍是消费者可接受的价格？

D. 什么样的价格太高，以至于消费者不能接受？

④ 消费者喜欢在什么地方、什么时候购物？

不同的消费者，其消费习惯也不同，如有些人喜欢在 8：00—9：00 去逛早市；有些人喜欢在 10：00—11：30 和 14：00—17：30 这两个相对清闲的时间段购物；有些上班族只能在下班后（一般为 19：00—20：00）才能有时间购物。每个消费者喜欢的购物地点也不相同，如同是水果，有些人喜欢在农贸市场购物，有些人喜欢去超市购物，有些人喜欢在网上购物。

⑤ 消费者的购买量有多大？

购买量主要指消费者购买的数量和频率。消费者每次购买的产品数量越多，购买产品的次数越频繁，企业获得的收益也越大。消费者的购买量主要取决于消费者的购物欲望，当消费者的需求被充分满足，感觉自己受到重视时，就会肯定商品和服务的质量，就能促使消费者的购买欲望进一步提升。企业也可以通过一些促销手段刺激消费者购物，如打折、买赠活动等。

阅读材料　　　　　　　　"印花兑奖"促销

某大型超市每隔一段时间就会推出一种活动，叫"印花兑奖"。其要求如下。

① 在门店每消费 50 元可获得印花一枚。

② 集满 40 枚印花，即可换购指定锅具一款。

该活动一开始，超市的工作人员便在超市入口张贴了巨大的奖品宣传海报，并且在超市出口陈列柜放上了相应的奖品。这些奖品看上去都十分精致，有平底锅、煎锅、炒锅、蒸锅等，十分吸引消费者。

另外，由于超市设置的获得印花的条件很容易满足，只需消费 50 元即可，消费者觉得轻轻松松就能达到领取印花的要求。但若要换取奖品，则需要消费者不断地累积印花的数量，大大提高了消费者的购买欲。

经过超市工作人员统计，在活动期间，超市每日的客流量和销售量都比以往提高了不少，到活动结束后，奖品也全部被消费者兑换完了。

⑥ 消费者数量能增加吗？能保持稳定吗？

消费者的数量增加，会促进产品销量的增长，从而使企业的获利越来越多。那么应怎样增加消费者的数量呢？

首先，可以从企业或产品的曝光率上考虑，只有消费者知道了某个企业或产品的存在，才会有消费的可能性，因此，企业或产品的宣传是必不可少的；其次，产品的质量一定要有保障，要对消费者有吸引力，只有这样才能在保证已有消费者的前提下，吸引更多的消费者；最后，一定要提高服务意识，为消费者提供良好的售前、售后服务，解决消费者的问题。

贴心的服务才能赢得消费者的肯定

　　一次，程昱带着妹妹去成衣店定做衣服，当她们路过一家又一家的店铺时，妹妹不禁疑惑地问道："为什么还没到呀？这里不是有一家吗？"程昱笑笑不语，带着妹妹继续往前走，最后终于在一家看起来平淡无奇的店——"香草"前停下了脚步。

　　定做完衣服后，店员告诉她们两天后再来领取。当她们取衣服时，店员热情地帮妹妹试穿定做的衣服，妹妹对效果十分满意，不禁在试衣镜前照来照去，连连夸奖衣服做得又快又好。

　　离开时，妹妹还在购物袋里发现了一个香囊。当她询问店家时，店主亲切地说："这是送给您的小礼物，可以搭配衣服或挂在衣橱里，希望您能喜欢。"妹妹连连道谢，拆开香囊一看，里面有几枚扣子、布角、棉线和一张信誉卡。这时，程昱对妹妹说："这就是我为什么带你来这儿的原因！"原来，程昱经常在这家小店定做衣服。他们做的衣服质量上乘，店员服务热情，而且每次都会赠送贴心的礼物。所以，程昱才乐此不疲地将该小店介绍给亲朋好友。

（2）如何了解消费者

消费者对企业的发展至关重要，大学生可通过多种渠道了解消费者的需求，常见的方式如下。

① 自行推测

大学生可以利用自己的团队及亲朋好友的经验对消费者的需求进行大胆的推测。

② 利用行业渠道获得信息

大学生可以阅读行业指南，调查相关的行业，并通过商业报纸、杂志、电视和互联网等媒体来了解消费者的需求。

③ 与业内人士交换信息

大学生可以和竞争对手、销售人员等进行交流来了解消费者的需求。

④ 利用抽样访问获取信息

大学生可以通过抽样访问方式对选定的消费者进行访问，通过访问结果来了解消费者的需求。

综上所述，了解消费者可归纳为：在开办企业之前，必须先了解市场需要什么，即消费者需要什么，然后根据消费者的需求去组织生产或进货销售。这就需要大学生通过各种方法搜集消费者的相关信息，并全面地分析这些信息，若发现目前的项目不可行，则应另辟蹊径，换一个角度，重新思考创业项目。

2. 了解竞争对手

竞争对手是创业者前进的驱动力，竞争对手的存在可以使创业者不断地完善自我。

（1）怎么看待竞争对手

一个优秀的创业者往往会有这样的感慨：竞争对手不仅是自己的敌人，还是自己学习的对象。竞争对手不仅会给创业者带来压力，还能给创造者制造动力。一个优秀的企业离不开竞争对手。

（2）了解竞争对手的意义

通过了解竞争对手，大学生才可以在既定的市场环境下，迅速找出新的解决问题的办法，企业才能立于不败之地。

（3）从哪些方面了解竞争对手

竞争对手的情况通常是行业机密，如何了解竞争对手的相关情况，对大学生来说是一个非常重要的问题。大学生通常可以从以下 6 个方面来了解竞争对手。

① 竞争对手经营得好还是坏？为什么好？为什么坏？

② 竞争对手的产品价格是多少？生产产品的设备如何？

③ 竞争对手产品的质量怎么样？雇员的业务水平和服务意识怎么样？

④ 竞争对手是怎样推销的？是怎样进行广告宣传的？

⑤ 竞争对手有什么额外服务？怎样分销产品或服务？

⑥ 竞争对手的销售地点在哪里？长处和不足各有哪些？

（4）通过什么途径了解竞争对手

大学生可采取与搜集消费者信息同样的方法来了解竞争对手，也可以以消费者的身份，咨询竞争对手消费者的信息，以知悉竞争对手的相关情况。

（5）分析竞争对手

大学生了解并搜集到竞争对手的相关信息后，就可以对竞争对手进行分析，从而更好地开展创业工作。下面是常用的分析方法和后续工作。

① 5W 研究分析方法

5W 即 5 Why，又称"为什么 - 为什么"分析，它是一种探索问题原因的方法。对一个问题连续发问 5 次，每一个"原因"都会紧跟着另外一个"为什么"，直至问题的根源被确定下来。如在对竞争对手进行分析时，就可以依次问下面 5 个问题。

A. 竞争对手正在做什么？

B. 竞争对手为什么那样做？

C. 竞争对手没有做的是什么？

D. 竞争对手做得好的是什么？

E. 竞争对手做得不好的是什么？

② 有针对性地制订市场竞争策略

通过对竞争对手认真地分析、总结，大学生可以更深入地了解竞争对手，有针对性地制订系统有效的市场竞争策略。大学生可针对以下问题制订相应策略。

A. 分析竞争对手"没有做"的原因。

B. 针对竞争对手"没有做"的原因提出解决方案。

C. 针对竞争对手"做得好"的方面提出对策。

D. 针对竞争对手"做得不好"的方面提出更好的计策。

E. 选择有利的"进攻武器"，并制订相应的市场应对方案。

总之，大学生要善于从竞争对手那里获得信息，努力打造既满足消费者需求又优于竞争对手的产品或特色服务。

三、编写《创业计划书》

《创业计划书》是大学生寻找投资的"敲门砖",而编写《创业计划书》的过程,也是大学生审视、分析自身及产品的好机会。好的《创业计划书》不仅能够帮助大学生吸引到优秀人才,获得投资者、合作伙伴的支持,而且能帮助大学生理清创业思路,在后续的执行过程中事半功倍。下面对《创业计划书》的内容、编写要求和编写步骤进行介绍。

1. 《创业计划书》的内容

一份完整的《创业计划书》应包括封面、计划摘要、公司介绍、产品或服务介绍、行业分析、市场预测与分析、营销策略、经营管理计划、团队介绍、财务规划、风险与风险管理等内容。

（1）封面

封面的设计要给人以美感。一个好的封面会使阅读者产生最初的好感,形成良好的第一印象。《创业计划书》的封面应包括项目名称、团队、主要联系方式等内容,如果已经设计好了企业的Logo,也可以在封面中展示出来。

（2）计划摘要

计划摘要是《创业计划书》的主体部分,也是阅读者首先要看到的内容,它是整个《创业计划书》的精华和灵魂,因此,大学生在撰写计划摘要时要反复推敲,并涵盖整个计划的要点,以便在短时间内给阅读者留下深刻的印象。

大学生在编写《创业计划书》的计划摘要时,要尽量简明、生动,开门见山。一般而言,计划摘要包括公司介绍、管理者及其组织、主要产品和业务范围、市场概貌、营销策略、销售计划、生产管理计划、财务计划、资金需求状况等内容。虽然计划摘要是《创业计划书》的"浓缩版",但它不需要面面俱到,一般包括以下内容即可。

① 概述项目的亮点

大学生应采用最具吸引力的语言来解释为什么该项目是一个商机。通常,大学生可以直接、简练地描述解决某个重大问题的方案或产品。

② 介绍产品或服务

大学生应清晰地描述消费者当前面临的或未来会面临的某个重大问题,然后说明该项目将怎样来解决这个问题。应采用通俗的语言来具体描述公司的产品或服务,尽量不要使用专业术语。

③ 介绍行业前景

大学生应用科学、客观的语言来简要描述该项目的市场规模、增长趋势及美好前景。要有调查、有结论、有数据,必要时也可对调查的局限性做一个说明。避免使用空洞、宽泛的语句。

④ 分析竞争对手

分析竞争对手主要是描述该项目的竞争优势和核心竞争力,当面对竞争对手时,创业团队预先设计了什么样的解决方案,每一种解决方案有什么优势、劣势等。此外,对于如何保持该项目的核心竞争力也应该进行简短描述。

⑤ 团队介绍

大学生应用简洁的语言来展示自己和核心管理团队的背景及成就。注意,不要用一些标准的套话,比如"李萧,有8年的新媒体运营管理经验",比较理想的描述为"李萧,曾在互联网公司从事5年数据存储方面的研究"。

⑥ 财务分析

在财务分析部分一般是使用表格（如现金流量表、资产负债表、利润表）将未来 1 ~ 3 年的核心财务指标展现给投资者。

⑦ 融资说明

最后，陈述该项目期望的融资金额、主要用途及使用计划等。比如，融资 100 万元，出让 10% 的股权，用于新设备的购买。

🪂 提醒

需要注意，上面所列的计划摘要中的内容不能完全照搬，因为没有哪个模板是适用于所有创业企业的。对创业企业而言，需要考虑哪些要点是重要的，哪些是无关紧要的，哪些需要强调，哪些可以一笔带过，这些需要大学生根据企业的实际情况进行判断。

📥 阅读材料   计划摘要很重要

大四的学生张明，参加了本地各高校联合举办的创新大赛。在大赛上，张明展示了和校友们共同研发的室内绿化项目，引起了风险投资者的兴趣。尤其是张明展示的计划摘要起到了关键性的作用。那么，张明的计划摘要都有哪些内容呢？

（1）项目简介。本公司着力打造"人与自然"和谐共处的居住理念。随着社会经济的发展，人们的居住条件得到了改善，但其生存环境却在不断地恶化，尤其是装修污染问题日益严重。目前，新装修的房屋绝大部分的室内环境都达不到国家的环保标准，由于室内空气污染引起的支气管炎、呼吸道疾病及白血病患者的数量也在不断增加。如何通过室内绿化设计美化环境、消除污染已成为人们在装修时十分关注的问题。

（2）项目进展。项目初始投资 100 万元。经过 3 年的发展，公司的营业收入及利润将每年递增，到第 5 年营业收入将达到 460 万元，税后利润达到 120 万元。

（3）竞争优势。绿化环保产业是国家重点扶持和重点发展的产业。目前，市场上还没有将室内绿化设计与植物的特效功能（如清除有害气体等）联系在一起的公司，市场尚属空白。另外，各地方政府对该产业都有相关的补贴政策。

（4）产品介绍。通过室内绿化项目，消费者可以在健康与舒适的环境中生活，减少消费者因室内空气污染而引发的疾病。

（5）团队介绍。创业团队由一群充满激情与创新精神的大学生组成，该团队拥有园林植物与观赏园艺专业的研究生、技术经济及管理专业的研究生，以及植物相关专业的本科生。

（3）公司介绍

公司介绍是对创业团队拟成立公司的总体情况的说明，应明确阐述创业背景和企业发展的立足点，以及公司的经营理念、经营思路和公司的战略目标等。

（4）产品或服务介绍

在进行投资项目评估时，投资者非常关心的问题就是产品或服务是否具有新颖性、先进性、独特性和竞争优势，该产品或服务能否以及在多大程度上解决现实生活中的问题。因此，产品或服务介绍是《创业计划书》中不可或缺的一项内容。

通常，产品或服务介绍应包括以下内容。

① 产品的概念、性能及特性。

② 产品的研究和开发过程。

③ 使用企业的产品或服务的消费者。

④ 产品或服务的市场竞争力。

⑤ 新产品的生产成本和售价。

⑥ 产品或服务的市场前景预测。

⑦ 产品的品牌和专利。

在产品或服务介绍部分，大学生要对产品或服务做详细的说明，说明要准确，也要通俗易懂，使非专业人员也能看懂。通常，产品介绍应附上产品原型、图片或其他介绍等内容。

（5）行业分析

大学生在撰写《创业计划书》时，应该把行业分析放在市场分析的前面。在行业分析中，大学生应该正确评估所选行业的基本特点、竞争状况和未来的发展趋势等内容。可以从以下5个方面进行行业分析。

① 简要说明企业所涉及的行业。企业如果涉及多个行业，应该分别进行说明。

② 说明该行业的现状。这一部分尽可能多用数字、图表等方式来展示所要传达的信息，如行业增长率、销售百分比等。

③ 说明该行业的发展趋势和前景。在预测行业的发展趋势时，大学生不仅要考虑到微观的行业环境变化，还要考虑整个行业乃至整个社会经济的发展状况，并在此基础上对行业前景做简短的说明和预测。

④ 说明政府是否会对该行业产生影响。

⑤ 说明进入该行业的障碍及克服的方法。

（6）市场预测与分析

行业分析关注的是企业所涉及的行业领域，而市场预测与分析则是将产业细分，并瞄准企业所涉及的细分市场。市场预测与分析应包括以下4个方面的内容。

① 市场细分和目标市场的选择

市场细分和目标市场的选择是大学生在《创业计划书》行业分析的基础上，找到企业具体的目标市场，它可以是一个细分市场，也可以是两个或多个细分市场。大学生在撰写《创业计划书》时，要对每一个细分市场都进行详细的分析和说明。

② 消费者行为分析

消费者行为是专门针对目标市场的消费者所进行的分析。只有对目标市场的消费者进行深入了解后，企业提供的产品和服务才能满足他们的实际需求。在《创业计划书》中，这一部分一般采用调查问卷的形式对消费者行为进行分析。

③ 竞争对手分析

对市场的竞争情况进行分析，也就是确定自己的竞争对手，分析竞争对手所采用的销售策略及其所售的产品或服务的优势等。对竞争对手的详细分析有助于大学生了解竞争对手所处的位置，更好地把握市场机会。

④ 销售额和市场份额预测

市场预测与分析的最后部分是销售额和市场份额预测。有的《创业计划书》中将这一部分放在财务规划中进行分析。

（7）营销策略

营销策略是《创业计划书》中最具挑战性且非常重要的部分，消费者的特点、产品特征、企业自身状况及市场环境各方面的因素都会影响企业的营销策略。营销策略应当包括总体营销策略、定价策略、促销策略等内容。

（8）经营管理计划

经营管理计划旨在使投资者了解产品或服务的生产经营状况。因此，大学生应尽量使经营管理计划的细节更加详细、可靠。经营管理计划一般包括生产工艺/服务流程、设备的购置、人员的配备、新产品投产的计划、产品或服务的质量控制与管理等内容。

通常，在经营管理计划部分应阐述清楚以下7个方面。

① 企业生产制作所需的厂房设备和设备的引进与安装问题。

② 新产品的设计和研制、新工艺的攻关和投产前的技术准备。

③ 物料需求计划及其保证措施。

④ 质量控制方法。

⑤ 产品单位成本计划、全部产品成本计划和产品成本降低计划等。

⑥ 生产计划所需的各类人员的数量、劳动生产率提高水平、工资总额和平均工资水平以及奖励制度和奖金等。

（9）团队介绍

在《创业计划书》中，大学生还应该对团队成员进行简要介绍，对于管理人员要详细介绍，如介绍管理人员所具有的能力、主要职责及过去的详细经历与背景。

此外，大学生还应对公司目前的组织结构进行简要介绍，具体包括公司的组织结构、各部门的功能和责任、各部门的负责人及主要成员等。图8-6所示为一个模拟的公司组织结构图。该公司主要由总经理、采购部、销售部、客服部和财务部组成。

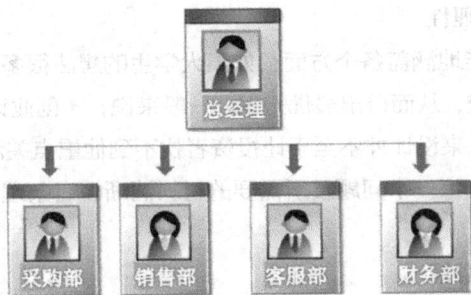

图 8-6 公司组织结构图

（10）财务规划

财务规划可以帮助投资者判断企业未来的财务状况，进而判断其投资能否获得理想的回报。财务规划的重点是现金流量表、利润表及资产负债表的编制。

① 现金流量表。流动资金是企业的生命线，企业在初创或扩张时，大学生需要预先对流动资金有周详的计划。

② 利润表。利润表反映的是企业的盈利状况，即反映企业在经过一段时间的运作后的经营结果。

③ 资产负债表。资产负债表用于反映企业在某一时刻的状况，投资者可利用资产负债表中的数据得到所需指标的准确值，进而衡量企业的经营状况及可能得到的投资回报率。

（11）风险与风险管理

在《创业计划书》中，大学生要如实向投资者分析企业可能面临的各种风险，同时还应阐明企业为降低或防范风险所采取的各种措施。投资风险被描述得越详细，交代得越清楚，就越容易赢得投资者的信任。

企业面临的风险主要有战略风险、市场风险、管理风险、竞争风险、核心竞争力缺乏风险及法律风险等。这些风险中哪些是可以控制的，哪些是不可控制的，哪些是需要极力避免的，哪些是致命的或不可管理的，这些问题都应该在《创业计划书》中做出详细说明。

预测企业风险后，大学生可以从以下角度来阐述自己的风险管理。

① 公司还有什么样的附加机会？

② 在最好和最坏的情形下，未来的 3 年计划是什么？

③ 在现有资本的基础上如何对企业进行扩张？

2. 《创业计划书》的编写要求

编写《创业计划书》是一项非常复杂的工作，大学生必须按照科学的逻辑顺序对许多可变因素进行系统的思考和分析，并得到相应结论。编写一份内容真实、有效并对日后的生产经营活动有帮助的《创业计划书》，应遵循以下基本要求。

（1）信息的准确性和可靠性

如果想要编写一份较为全面、完善的《创业计划书》，一项很重要的工作就是调研，并对所有的信息进行综合分析，以确定这些信息是否可以用来充实《创业计划书》。

因此，编写《创业计划书》的首要要求就是信息的准确性和可靠性。在信息高速发达的今天，大学生可以通过多种渠道来搜集信息。真实、可靠的信息不仅可以保证《创业计划书》的实用性，还可以让投资者更加信服。

（2）内容的全面性和条理性

《创业计划书》要尽可能地涵盖各个方面。如果大学生的想法很多，就要通过《创业计划书》对每一个项目进行分析和比较，从而得出最优方案。一般来说，《创业计划书》有一些固定的模式，大学生应尽可能按照这些模式来设计才不至于让投资者找不到他重点关注的内容。

除此之外，将创业涉及的每一个问题及所需要的材料清晰、有条理地展示出来，也是编写《创业计划书》的要求之一。

（3）叙述的简洁性和通俗性

简洁性指《创业计划书》的叙述语言应当平实，最好是开门见山，不使用过于艳丽的图片和过于夸张的版式。通俗性指在《创业计划书》中应尽量避免使用专业术语，使叙述通俗流畅。

（4）计划的可接受性和可实施性

大学生在《创业计划书》中，要明确有哪些资源是可以利用的，并分析计划的定位。不论是在编写《创业计划书》之前还是之后，大学生都应该通过市场调查、研究竞争对手等方法，对计划进行查漏补缺。通过这种经常性的研究及调查，大学生可以对《创业计划书》中的不足部分进行调整，提高其可接受性和可实施性。

3. 《创业计划书》的编写步骤

《创业计划书》应是在对行业、市场进行充分研究的基础上编写完成的。大学生在编写《创业计划书》时，要注意措辞准确、条理清晰、简明扼要。《创业计划书》的编写可以分为以下 6 步。

（1）学习经验

一般大学生并没有编写《创业计划书》的经验，此时，可以先搜集一些较为成功的《创业计划书》范文、模板及相关资料。通过研究这些资料的内容、结构和写作手法，大学生可以吸收其中的精华，理清自己写作的思路。

（2）进行创业构思

一个成功的企业源于一个优秀的创业构思。如果构思有误，企业后期可能会经营困难，甚至破产倒闭。因此，大学生在编写《创业计划书》时应有较为完整的创业构思，单纯地"东施效颦"，看别人的生意好就跟着做，容易导致创业失败。

大学生在进行创业构思时，要冷静分析、谨慎决策，考虑多方面的问题。比如，企业的名称是什么？怎样寻找合适的创业模式？企业的产品（服务）如何？怎样找到投资者？怎样预见可能遇到的各种问题？

📑 阅读材料

开店前的准备有哪些？

彭雨具有 8 年的计算机行业从业经验，最近他打算自己创业。在开店前，他做了以下考虑。

问：想要在哪个行业创业？

答：我大学所学的专业是计算机，对软件和硬件都非常熟悉，所以计算机行业比较适合我。

问：具体到经营门类呢？

答：我有 3 年的软件开发经验，5 年的计算机维修经验，我想开一家计算机维修店。

问：有创业资金吗？需要投资者吗？

答：计算机维修店的资金投入较少，我自己也有一些存款，同时打算找朋友合伙，资金完全没有问题。

问：进行消费者定位了吗？

答：主要针对镇上维修计算机困难的企业。

问：怎么维护与消费者的关系？

答：提供专业、全面的服务，并定期派技术人员上门维护。

（3）市场调研

市场调研就是市场需求调查，即运用科学的方法，有目的、有计划地搜集、整理、分析有关供求、资源的各种情报、信息和资料。市场调研是了解现有市场和预测市场未来发展趋势的调研活动，它能为大学生制订营销策略和企业决策提供正确、有效的依据。

（4）起草方案

搜集到足够的信息后，大学生即可开始起草《创业计划书》。《创业计划书》中包含的内容众多，大学生在起草时要明确各部分的作用，做到有的放矢。大学生可以制订一个任务表，在表格中将需要完成的各项任务细化出来，标明其先后顺序、负责人等。

同时，在编写《创业计划书》的过程中，大学生还可以咨询律师或顾问的意见，确保《创业计划书》中的文字和内容没有歧义，不会令人产生误解。

（5）修饰

大学生在编写《创业计划书》的过程中，要注意控制篇幅。简要的《创业计划书》一般为 4 ~ 10 页，全面翔实的《创业计划书》一般在 40 页以内。《创业计划书》的封面要简洁有新意，封面的纸质要坚硬耐磨，尽量使用彩色纸张，以增加文件外观的吸引力，但颜色不要过于耀眼。装订要精致，要按照资料的顺序进行排列，并提供目录和页码，最后还要附上《创业计划书》中相关材料的复印件。

（6）检查

最后应对《创业计划书》的文本和内容进行检查。对文本进行检查，主要是查看文字描述、语言措辞、数据运算等是否准确；表格图形、资料引用、模型格式、数据处理等是否存在不合理之处；排版是否美观。对内容进行检查则是从阅读者的角度进行审视，对《创业计划书》的完整性、科学性和合理性等进行核查。

第五节　新企业的设立与管理

大学生想要创业，就必须了解设立一家新企业的流程、要求和一些关键问题。下面对新企业设立前的准备、新企业的设立流程和新企业的管理等内容进行介绍。

一、新企业设立前的准备

大学生应该在充分认识环境、识别商机的基础上，认真筛选出新企业的创业机会和项目。企业必须依托一定的商业模式才能运转，因此，大学生有必要了解新企业的类型、组织形式，以便根据自身的条件和项目特点做出正确的选择。

1. 新企业的类型

根据创业资金来源的不同或主创人员构成的不同，新企业一般分为独立创业、家族创业、合伙创业、团队创业等类型。如何选择合适的新企业类型，是大学生在创业前必须面对的重要问题。

（1）独立创业

独立创业主要有个体工商户、私营企业和自由职业3种基本形式。

① 个体工商户：可以个人经营，也可以家庭经营。个人经营的，以个人全部财产承担民事责任；家庭经营的，以家庭全部财产承担民事责任。个体工商户创业领域主要涉及修理、服务、餐饮、商业等行业。

② 私营企业：指由自然人投资设立或由自然人控股，以雇佣劳动力为基础的营利性经济组织。它的劳动主体是雇佣劳动者，追逐的目标是私人利润。私营企业又包括独资企业、合伙企业和有限责任公司3种类型。在这3种类型中，只有有限责任公司可以依法取得法人资格。

③ 自由职业：指有特长的人从事的一种职业，如艺术家、律师、翻译等。

独立创业的优势是利益驱动力强、工作效率高、运营成本低、灵活性较大，劣势是经营规模小、经营方式单一、决策随意性大，大学生往往处于孤军奋战的境地。

⚲ 提醒

独立创业作为创业活动的基本形态之一，并不是任何一个创业者都适用的，它要求创业者必须具备一定的投资能力、极强的独立性、坚韧不拔的毅力、顽强的斗志和强健的体魄等。

（2）家族创业

目前，家族创业是主要的新企业类型。家族创业主要包括夫妻创业、父子创业、兄弟创业等。

家族创业具有成员关系伦理化、企业关系非确定性、创业动机非功利性等特点。家族创业的优势是可以以感情的力量团结、鼓励成员，不需要雇用大量的骨干员工，创业骨干队伍相对稳定等。

其劣势是企业成员之间往往缺乏明确的责任、权利和义务的明文约定，容易各行其是，造成企业成员角色被家庭成员角色代替，影响企业正常运转等。

（3）合伙创业

合伙创业指由两个或两个以上的创业者通过订立合伙协议，约定共同出资、合伙经营、共享收益、共担风险，并对合伙企业债务承担无限连带责任的创业模式。

合伙创业可以根据合伙人出资的形式和承担的责任分为普通合伙和有限合伙，也可根据合伙人身份的特点分为个人合伙和法人合伙。合伙创业的优势是资金一般较为充足，可以发挥集体的智慧，容易形成内部的监督机制，容易承担市场的压力和风险；劣势是由于每个合伙人承担风险的能力和心态不同，容易影响企业的发展决策，导致合伙人之间产生矛盾等。合伙创业适合于有协作意识、宽容精神和重视诚信的创业者。

📑 阅读材料

良好的合作关系很重要

彭玉是某大学艺术设计专业的大学生，毕业后自己开设了一间画室，从事美术类高考考生的考前培训。

彭玉在开设画室之前还有过一次创业经历。她投资了 1 万多元和别人合伙开了一家饰品店。由于对合伙人的了解不足，彭玉和合伙人在经营中产生了矛盾，导致饰品店的经营以失败告终，不但没有盈利，还亏损了 3 000 多元。这次创业的失败对彭玉的打击很大，但她并不甘心，经过一段时间的调整后，她又投资了 5 000 多元开起了画室。彭玉将通过美术考试升学的亲身体会和成功经验传授给学生，得到了学生和家长的肯定。画室的经营逐步走上正轨，并开始有了盈利。

（4）团队创业

团队创业，也称集团创业或法人创业。团队创业的成功率一般要高于个人创业。一个由研发、技术、市场、融资等各方面人才组成且优势互补的创业团队是创业成功的关键。

团队创业具有创业主体团队化、投资主体多元化、经营管理科学化、组织形式现代化等特点。其优势是具有较大的规模效应，可以承担较大的市场压力与风险，投资多元化，可使企业避免艰苦的原始积累阶段，可以发挥团队优势等；劣势是易造成依赖思想，企业经营费用开支较大，有时会抵消规模效益等。团队创业的适用人群是科技人员、在校大学生、在职人员等。团队创业主要以公司的形态出现，分为有限责任公司和股份有限公司。

📑 阅读材料

团队创业的力量

在某大学的商学院，有一个由 4 名大学生组成的创业团队，团队的核心领导叫魏江。魏江带领这个团队成立了一家公司，将公司定位为考证培训服务类企业。由于缺乏经验，他们只能进行一些小语种方面的培训。为了改善师资力量匮乏的局面，魏江打算再找一些有能力的、想创业的同学加入他们的团队。不少同学都有意加入，仅仅用了一周的时间，整个团队的规模就从最初的 4 人发展为 8 人。

目前的团队成员各有所长：有的口语能力强，有的擅长分析考试的重点和难点，还有的成员取得过雅思考试高分。这些富有创业激情和才华的合伙人一经加入，语言培训班就得以顺利开班，公司也开始盈利。

到了创业后期，由于团队成员专业知识扎实，公司形成了相对稳定的客户群，还增开了其他类型的培训班，如文员（秘书）职业资格认证考试、计算机等级考试的培训班。由于客户的考试通过率较高，所以公司的口碑越来越好，来参加培训的人也越来越多。魏江带领的团队将公司越做越大，使其逐渐成为当地较大的培训公司之一。

2. 企业组织形式的选择

新企业的组织形式不同，对创业者的要求也不同。只有对企业的概念、组织形式有了深入的了解后，大学生才能做出正确的选择，使新企业得以生存和发展。

企业指依法设立、以盈利为目的、从事商品的生产经营和服务活动的独立核算的经济组织。现代企业按照财产的组织形式和所承担的法律责任的不同，通常划分为不设立公司的企业和设立公司的企业。不设立公司的企业形式可分为个体工商户、个人独资企业、合伙企业。设立公司的企业通常称为"公司"，指依照《中华人民共和国公司法》（以下简称《公司法》）规定设立的企业，包括有限责任公司和股份有限公司两种。下面分别介绍。

（1）个体工商户

个体工商户指在法律允许的范围内，依法经核准登记，从事工商业经营的自然人或家庭。个体工商户业主只需一个人或一个家庭，人数上没有过多限制，注册资本也无数量限制，开办手续比较简单。个体工商户只需要业主有相应的经营资金和经营场所，到工商部门办理登记手续即可开业。个体工商户还可根据自己的需要起字号。

（2）个人独资企业

个人独资企业简称独资企业，指由一个自然人投资，全部资产为投资人所有的营利性经济组织。独资企业是一种较为古老的企业组织形式，至今仍被广泛运用，其典型特征是个人出资、个人经营、个人自负盈亏和自担风险。

（3）合伙企业

合伙企业指由两个或两个以上的自然人通过订立合伙协议，共同出资经营、共负盈亏、共担风险的企业组织形式。

（4）有限责任公司

有限责任公司又称为有限公司，指由符合法律规定的股东出资组建，每个股东以其出资额为限对公司承担责任，公司法人以其全部资产对公司的债务承担责任的经济组织。

（5）股份有限公司

股份有限公司又称为股份公司，其注册资本由等额股份构成，股东通过发行股票筹集资本。《公司法》规定，股份有限公司的股东以其所持股份为限对公司承担责任。

选择适合的企业组织形式

学过室内设计的李琴想开一个设计工作室，但由于资金不足，她决定先就业再创业。由于设计作品出色，李琴在人才市场上很快就赢得了4家设计公司的青睐。经过对比考虑后，李琴最终选择了一家当地的平面设计机构。在该机构工作2年后，李琴便辞职走上了创业之路。

为了节约成本，李琴租了一栋旧写字楼里的一间小办公室，然后在网上购买了一些二手的办公桌椅、文件柜等设备，还添置了一台彩色打印机，总共费用不到1万元。

一切准备工作就绪后，李琴却在选择企业的组织形式时犯了难。她不知道自己的创业项目适合哪一种组织形式，于是就在网上查阅了企业组织形式的介绍和办理流程。最终，李琴决定成立一个个人独资企业，其建立与解散程序比较简单，并且经营管理灵活自由。于是李琴就去登记机关提交了相关文件，办理了个人独资企业的注册手续。很快，李琴的设计工作室顺利营业了。

二、新企业的设立流程

设立新企业的第一步是工商注册。一般来说，工商注册的流程包括核准名称、提交材料、领取营业执照、刻章等。完成注册后，企业想要开始正式经营，还需要完成税务报到、开立银行账户等事项。具体流程如下。

1. 工商注册

一般来说，新企业工商注册的流程包括核准名称→提交材料→领取营业执照→刻章等。具体内容如图8-7所示。

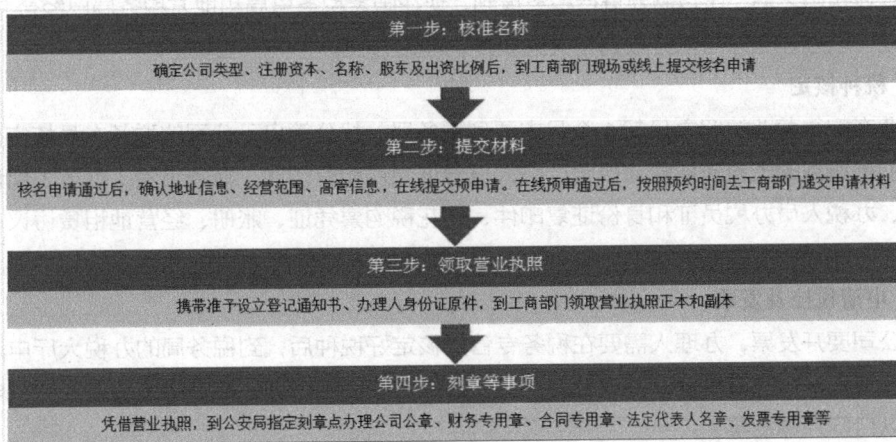

图8-7 工商注册的流程

需要注意的是，印章具有法律效力，不能随意刻制。申请刻制新成立的企业的相关印章时，办理人须持营业执照副本原件、营业执照副本复印件和企业法定代表人（或负责人等）身份证复印件各 1 份，以及由企业出具的刻章证明、法定代表人授权委托书到公安局指定的刻章点进行刻章。对一般企业来说，刻制公司公章、合同专用章、财务专用章和法定代表人名章即可。

（1）公司公章

公章是公司所有印章中的权威，它代表公司的最高效力。不管是对内还是对外，它都代表了公司法定代表人的意志。使用公章的情形包括代表公司对外签订合同、收发信函、开具公司证明等。

（2）合同专用章

合同专用章是在公司对外签订合同时使用的。签订的合同必须盖上合同专用章才能生效，其意味着公司享受由此合同产生的权利并承担相应的义务。一般情况下，公章可以代替合同专用章。

（3）财务专用章

财务专用章的使用比较专业化，一般只针对企业会计核算和银行结算业务。

（4）法定代表人名章

法定代表人名章就是公司法定代表人的个人用章，它对外具备一定的法律效力，可以在签订合同、出示委托书文件等时使用。

> **提醒**
>
> 工商注册需要提交的材料包括公司法定代表人签署的《公司设立登记申请书》，自然人股东身份证原件和复印件，全体股东签署的公司章程，董事、监事和经理的任职文件及身份证复印件，指定代表或委托代理人证明，代理人身份证原件和复印件等。

2．税务报到

多证合一后，税务登记证被合并到营业执照中，因此不需要再办理税务登记证了。但是企业在成功办理营业执照之后，还是需要进行税务报到。现在国家税务总局和地方税务局已经合并，因此，在税务局就可以办理全部与税务报到相关的业务，非常方便。相关事宜如下。

（1）税种核定

新企业在取得营业执照之日起 1 个月内要到税务局，找分管自己公司的税务专员核定公司的税种。核定税种所需的资料包括营业执照、法人身份证原件和复印件、财务负责人财务上岗证和身份证复印件、办税人员办税员证和身份证复印件、印花税购票凭证、账册、经营地租赁协议、银行账号等。

（2）申请税控及发票

如果公司要开发票，办理人需要在税务专管员核定好税种后，到税务局的办税大厅申请一般纳税人，然后签订一个三方协议，并申办税控器，参加税控使用培训，核定申请发票。完成申请后，公司就可以自行开具发票了。

> ### 提醒
>
> 　　公司自成立 1 个月起，需要专业的会计人员每月记账并向税务机关定期申报纳税；同时，还要购买申报纳税的电子钥匙，依法记账并根据核定的税金、税率进行申报与缴纳。

3. 开立银行账户

　　大学生要成立一家企业，往往需要通过银行账户来进行资金周转和结算，因此需要了解如何办理银行开户、销户等手续。按照国家现金管理和结算制度的规定，办理银行开户手续需要填制开户申请书并提供有关的证明文件。开立不同的账户，所需的材料也不同，具体如下。

　　① 基本存款账户：需要当地工商行政管理机关核发的企业法人执照或营业执照正本。

　　② 一般存款账户：需要基本存款账户的开户人同意其独立核算单位开户的证明。

　　③ 临时存款账户：需要当地工商行政管理机关核发的临时执照。

　　④ 专用存款账户：需要有关部门批准的文件。

　　当开户人出现下列情形之一的，应该向开户银行提出撤销银行结算账户的申请。

　　① 被撤并、解散、宣告破产或关闭。

　　② 注销、被吊销营业执照。

　　③ 因迁址需要变更开户银行。

　　④ 因其他原因需要撤销银行结算账户。

　　开户人撤销存款账户时，应与银行核对账户余额，经银行审查同意后，方可办理销户手续。销户时，企业应交回剩余的重要空白凭证和开户许可证副本。另外，撤销银行结算账户的方法为先撤销一般存款账户、专用存款账户、临时存款账户，将上述账户资金转入基本存款账户后，才能办理基本存款账户的撤销。

三、新企业的管理

　　为了促进企业管理水平的提高，增强企业的竞争能力和发展能力，大学生应掌握新企业管理的基本原理、方法及相应的管理知识，并能够运用这些管理知识和方法解决企业管理中的实际问题。

1. 企业管理的基本原理

　　企业管理的基本原理是管理理论的核心，是经营和管理企业必须遵循的一系列基本的管理理念和规则，也是实现企业有效管理的基础。企业管理的基本原理主要有以下 6 个。

（1）人本原理

　　人本原理指一切管理活动应以调动人的积极性、挖掘人的潜能为根本。人是管理活动中最活跃的因素，既是管理的主体，又是管理的客体。因此，现代企业管理强调以人为中心，要求对组织活动的管理既是"依靠人的管理"，又是"为了人的管理"。

（2）系统原理

系统原理指在管理活动中必须运用系统理论、思路、工程、方法进行系统管理。企业是一个系统，它由各子系统及要素构成。外部环境是一个大系统，管理者要正确掌握整体、局部及内外彼此之间的关系和相互作用，使企业整体效益最优。

（3）整分合原理

整分合原理指现代管理的高效率和高效益，必须在整体的规划下，进行明确的分工，并在分工的基础上，进行有效的综合。"整"是集权、统一，"分"是分权、分工，二者要妥善结合、互相协调。

（4）反馈原理

反馈原理指管理者为了确保及时、准确、高效地完成既定计划，达成组织目标，必须快速、准确地掌握组织内部和环境的变化，及时将系统的运行状态和输出结果与原计划和目标进行比较，以便出现偏差时立即采取行动加以纠正或修改计划、调整目标，保证组织目标的实现。

（5）能级原理

能级原理指管理者应建立一个合理的能级结构，并按一定的规范和标准，将管理内容置于相应的能级之中，以实现管理的高效能。不同的能级随组织机构的层次而不同，要各尽所能。

（6）弹性原理

弹性原理指管理必须保持充分的弹性，并留有余地，以适应客观事物可能发生的变化，有效地实行动态管理。企业管理应随时保持应变能力，运用弹性原理，将企业管理转化为一切工作的推进力。

企业管理的基本原理并不是孤立的，而是相互包容、相互联系、相互依赖、相互作用的。在企业管理实践中，综合掌握并运用这些原理，可使企业管理系统成为一个生机勃勃的有机综合体。

2. 企业管理的基本方法

企业的管理方法是管理者在管理活动中为实现管理目标、保证管理活动顺利进行所采取的工作方法，而基本方法是从各种具体方法中概括出来的，主要有以下4种。

（1）PDCA 循环

各种管理方法都有独特的个性，但深入探究各种方法实施的全过程时，会发现它们有相似的规律——按照计划（Plan，P）、执行（Do，D）、检查（Check，C）、处理（Act，A）（即PDCA）的顺序不断地循环进行。美国统计学家戴明提出的 PDCA 循环也称为戴明循环，在质量管理工作中得到推广。其实，它的应用大大超出了质量管理的范围，它不但反映了计划、组织、控制3项管理功能的有机结合，还反映了企业经营管理工作的一般规律。PDCA 循环是企业经营管理中的基本方法之一。

① PDCA 循环的含义：P（计划），根据企业的目标制订计划；D（执行），按照计划制订措施，组织执行；C（检查），对照目标，检查效果，发现问题；A（处理），总结经验，把成功的经验予以肯定并纳入标准，把遗留的和新产生的问题转入下一循环，然后制订新的目标，继续循

环解决。

②PDCA 循环的运行状态：PDCA 循环犹如车轮一般，按 P、D、C、A 这 4 个阶段不停转动，整个企业的管理系统构成一个大的 PDCA 循环，而各个部门、各个环节的管理又都有各自的小的 PDCA 循环，大环套小环、小环保大环、一环扣一环。PDCA 循环不停地转动，问题就随之不断地得到解决，经营管理水平也不断提高。

（2）目标管理

目标管理指管理者以企业总目标为依据，从最高领导开始，各级主管与下属协同制订本部门和每个人的目标，以及达到目标的计划和实施进度；然后据此填写目标卡，并记录全过程，到期做出评定，给予奖惩，而后重新制订目标，再开始新的循环的方法。显然，这种方法是 PDCA 循环在计划管理方面的应用。

实行目标管理，可以在指定时期内获得明显的效果。其优点是由于上下协调，层层落实，因此检查、控制、奖惩都比较易于执行；其缺点是容易忽视非定量的目标、例外事件或新的机会，外部环境多变时，容易打乱原定部署。

（3）满负荷工作法

满负荷工作法指管理者先对企业的各项工作提出较为先进的目标，然后把目标分成几个阶段逐步实现，而后层层落实，形成保证体系，并与个人报酬挂钩。满负荷工作法考核的主要内容有 9 项，即质量指标、经营指标、设备运转、物资使用、资金周转、能源利用、费用降低、人员工作量、8 小时利用率。此法一般适用于管理基础较差的企业，需结合具体情况推行。

（4）例外管理

例外管理指企业内部各级主管把自己部门中的工作分为两类：一类是常规工作，可以授权下级去做；另一类是必须亲自过问的例外工作。各级主管在进行工作分类时，应先制订一些必要的标准和规章，把第一类工作交给经过训练或有经验的下属，在规定范围内的事情，按章执行，定期汇报。而如果遇到例外的事情，下属必须立刻报告主管，由主管亲自处理。

例外管理的优点是主管可以集中精力处理重要事务，能充分发挥下属的能力；缺点是制订标准和规章需要技巧和经验，若下属未能及时汇报例外情况，容易导致失误。

3. 企业的基础管理

基础管理是企业开展专业和综合管理活动的最基础的工具和方法。企业要搞好经营管理，必须先做好基础管理工作，一般包括以下 6 个方面。

（1）规章制度

企业应根据国家的法令、条例和政策，结合企业的实际需要制订必要的企业规章、守则，建立严格的制度，使考勤、交接班、工艺操作、质量检验、财务出纳等环节都有章可循。在建立规章制度的过程中，要贯彻民主集中的原则，并且在执行时要严格，尤其是领导和管理人员要身体力行，不能例外。这样才能凝聚人心，促进企业长足发展。

（2）原始记录

企业要了解原始记录的重要性。企业一切活动的结果必须以一定的表格形式，用数字或文字加以记录。管理者要随时更新企业内部的各项原始记录，使其形成统一协调的企业信息系统，以适应现代企业经营管理的需要。原始记录是健全企业经营管理工作的重要内容，其信息务求准确，绝对不能主观估计，更不能凭空捏造。

企业原始记录的内容包括生产、销售、劳动、原材料（燃料、工具）、设备动力、财务成本等各方面。各种技术文件与管理文件，如产品设计任务书、设计图纸、各类工艺卡片、工艺操作规程、图纸及工艺更改通知单、产品品质鉴定报告、各种计划大纲及定额资料，都是企业生产活动必不可少的原始材料。

（3）计量监测工作

企业应根据生产规模和实际工作的需要，设置专门的计量监测机构，配备必要的人员，购置必要的计量监测器具，建立标准，加强对器具的检验和维修以保证其准确性。另外，企业还应健全工作责任制，制订工作规程，并严格执行，提高工作质量。这与保证产品质量、提高劳动效率、加强经济核算，以及管理材料、物资的收发和消耗，都有极大关系。

小型企业可能会因为财力不足，无法置备昂贵的计量或测试设备。针对这种情况，小型企业除了购置必需的器具，还可以与大型企业合办测试中心，或利用科研机构的设备进行这类工作。

（4）统计工作

企业有了比较完整的原始记录之后，就要进一步根据有关规定和企业需要，应用统计方法及时地加以统计分析，之后才能开展决策、计划和定额等工作，并以其作为检查考核的依据。统计工作以原始记录为基础，涉及整个企业。统计工作必须及时、全面、准确。做好统计工作有利于各级管理人员处理问题，做出决策，进行检查、控制和指挥。

（5）定额工作

在一定的生产技术和生产组织条件下，企业要规定人、财、物的消耗应当达到的定额标准。企业经常采用的定额标准有以下7种。

① 生产：生产周期、生产批量、产品定额等。

② 劳动：单位产品（或零件）的工时定额、工序工时定额、设备看管定额、工时利用率等。

③ 物资消耗：单位产品（或零件）和原材料（燃料、动力、工具）消耗定额、材料利用率、物资储备定额、采购周期等。

④ 设备：单位产品（或零件）定额、设备生产能力（容量）定额等。

⑤ 成本费用：单位产品（或零件）成本定额、企业管理费定额、车间经费定额等。

⑥ 财务资金：储备资金定额、生产资金定额、成品资金定额、资金利用率、百元产值占用流动资金、流动资金周转天数等。

⑦ 其他：工具消耗定额、单位产品面积产量定额、单位产量耗电定额等。

有了科学的定额体系，还要有科学的定额管理制度。良好的定额管理制度对企业组织劳动、推动经济责任制度、贯彻按劳分配、提高劳动生产率及降低产品成本都有重大作用。

（6）员工培训

企业应将员工培训作为一项基本建设，而进行员工培训的第一步就是确定培训目标。新企业根据一定标准招收员工后，员工要有一个熟悉业务、认同企业形象的过程。有些大型企业采取有计划地组织员工参加培训的方式，为员工开授企业文化、企业历史、经营思想、管理技巧等课程，并将其作为提升干部、补充中高级经营管理人员的手段。

自我测评

1. 我国为大学生创业推出了哪些帮扶政策？

2. 选择创业项目的策略有哪些？该如何有效地应用这些策略？

3. 阅读以下案例，分析李波和黄小双创业成功的原因。假如你想创业，你会选择什么样的成员来组成创业团队？

李波和黄小双在大学毕业后合伙创办了一家园林绿化公司。李波在大学所学的专业是园林绿化，公司成立后，他就负责园林景观设计工作。而黄小双则负责日常管理，虽然他并没有相关的行政管理专业背景，但他在大学的社团活动中表现出来的管理能力让李波很钦佩。就这样，两个人分工合作，开始为这家公司的发展共同奋斗。

经过 2 年的努力，李波带领设计团队为房地产开发公司、园林设计院等多家单位成功设计了不同风格和样式的景观，得到了商家的认可。而黄小双也在实践中不断学习，逐渐提升了自己的管理能力，把公司管理得井井有条。经过两人的团结协作，现在他们的公司年营业额已经超过 50 万元。但他们并未就此停止前进，年营业额突破 200 万元成了他们的新目标。

4. 如何通过模仿设计出一个属于自己的商业模式？

5. 列举几个不同商业模式的企业，并说明它们的特点和经营模式，填入表 8-1 中。

表 8-1　不同商业模式企业的特点及其经营模式

企业类型	企业（品牌）名称	特点	经营模式
电子商务领域			
服务业			
科学技术类			
创新型企业			

6. 假如你想实施一个创新项目，使用精益创业画布来设计商业模式，应该如何填写各个参数呢？

7. 阅读以下案例，分析易家通公司为什么要为居民发放免费平板电脑，如何衡量该商业模式的价值？

易家通 App

"易家通 App"是一款基于移动端，主打社区生活服务类的 App。在"易家通 App"上，用户可以入驻自己的工作地或居住地所属社区，领取易家通或商家提供的免费平板电脑，享受身边的生活服务和便利商品，同时进行邻里间的社交，让生活更便捷、更实惠。

"易家通 App"主要提供以下服务项目。

① 便民服务。其主要包括家政、教育培训、餐饮等 24 个种类。公司通过招标的方式，将项目承包给周围的商户，中标的商户可以在公司平台上开设网店，为小区居民提供便利服务。

② 日用品采购。发放的平板电脑上有一个采购图标，小区居民可以通过它订购日用品，商家会送货上门。因为网上订购模式能为商家节省店面租金成本，所以吸引了大批商户竞标，使公司可以从中选择最合适的合作商家。

③ 该 App 还有个最重要的作用——促进社区管理。小区居民可以通过 App 选举"业主委员会"的成员，还可以对家政、采购等服务提出建议或进行投诉，以及对服务态度进行评比等。让小区居民参与"业主委员会"的选举，等于是让居民们参与实际的社区管理，能够在很大程度上减轻社区管理工作的压力。因此，该 App 已被纳入政府的管理系统，为打造现代化的"智慧社区"贡献一分力量。

在这样的商业模式下，易家通公司可通过以下途径获取利润。

① 收取商家的服务费。凡是在"易家通 App"上开设网店的商家，每个月需支付 300 ~ 400 元的服务费。而那些同时使用了易家通下单系统的商家，每个月则需支付 1 000 元的费用。

② 广告费。易家通公司根据 App 中不同的广告位收取价格不等的广告费。

③ 佣金收入。通过将日常采购服务整体委托给大型供应商，易家通公司可从中收取采购金额 2% 的佣金。

8. 如果你准备创业，你计划采用哪种方式获取创业资金？将答案填写在表8-2中，并详细说明原因。

表 8-2 选择融资渠道

融资渠道	选择的原因	可行性分析

9. 《创业计划书》应包含哪些内容？

10. 认真填写表8-3。如果你想创业，你会选择哪种企业组织形式，为什么？

表 8-3 选择合适的企业组织形式

企业组织形式	优点	缺点
有限责任公司		
股份有限公司		
合伙企业		
个人独资企业		
个体工商户		

结论：

第九章
大学生创业案例剖析

大学生常常对创业怀抱着一种美好的期望，但真正成功创业的大学生却不多。对于这种情况，大学生应学习他人成功的经验，对他人失败的教训也要加以吸取。本章收集了一些大学生创业成功和失败的案例，以供想创业的大学生参考。

学习目标

- 了解适合大学生的创业项目。
- 从大学生创业成功的案例中吸取经验。
- 从大学生创业失败的案例中总结教训。

案例导入

2019年3月，张明军创办了自己的公司。张明军在大学期间品学兼优，颇具号召力，同学们在得知张明军创办公司的消息后，有不少人表示愿意加入一起创业。

公司创立之后，张明军把主要的精力投放在产品技术改进方面，而将公司的管理工作交给了团队的另一名成员——李珏。几个月下来，张明军发现公司的技术在不断提升，但管理却出现了问题，比如员工懒散、工作积极性不高、做事效率低等。于是，张明军找到李珏谈心，并主动提出要多承担公司的管理工作。李珏如释重负，他长长地舒了一口气说："我的专长在技术方面，管理真不是我的强项。"之后，张明军接过了管理的担子，在尝试了几个月的管理工作后，张明军发现自己也不适合做管理工作。于是，张明军从外部引进了管理人才，最终帮助公司度过了管理危机。

第一节 创业成功的经验

近几年，有许多大学生尝试创业，他们大胆开拓，勇于创新，开辟了许多不同类型的创业途径，大学生创业的成功率也有所提升。总体而言，大学生成功创业的案例主要集中在网上开店、凭专业创业、到农村创业、连锁店创业、校园内创业及新商机创业等方面。下面具体分析大学生创业的成功经验。

对绝大多数大学生而言，既没有太多的创业资金，又没有任何创业经验，所以，大学生的创业之路充满艰辛。大学生创业一定要做到知己、知彼、知市场，量力而行，才可能成功。首先，大学生要结合自己的兴趣和专业，选择适合的创业项目；其次，要紧贴市场需要，在"新、奇、特"上下功夫；最后，要量力而行，在创业初期可先选择一些门槛较低的项目，挖到"第一桶金"，增加了资本、积累了经验之后，再考虑做其他项目。

哪些项目适合有创业意向的大学生呢？创业指导专家认为，大学生可以选择以下项目。

① 借助学校品牌的项目：各类教育与培训、成熟的技术转让、各种专业咨询等。

② 具有优势的服务项目：家教服务、成人考试补习、会议礼仪服务、收售旧书、速记训练营、出租旅游用品等。

③ 可以独立运作的专业项目：图书制作前期、平面设计、各种专项代理业务等。

④ 对外合作的项目：婚礼化妆司仪、服装设计、各类信息服务业务、主题假日学校等。

⑤ 小型多样的经营项目：手工制造、网络维护、体育用品销售等。

另外，投入少、风险低的项目，非常适合初次创业的大学生。目前市场上的一些"小本经营"项目也可供大学生一展身手，如以下 8 种项目。

① 餐饮食品项目：奶茶店、社区小厨房。

② 咨询服务项目：水电维修中心、信息服务中心。

③ 服装时尚项目：服装店。

④ 美容护养项目：皮肤护理中心、美甲店。

⑤ 玩具投资项目：桌游店、玩具租赁店。

⑥ 宠物经济项目：宠物美容店。

⑦ 数码科技项目：自拍照相吧、老照片数码设计店。

⑧ 日化家居项目：眼镜店、日用品专卖店。

以上项目的可操作性较强，具有借鉴价值，大学生可以体验、尝试。

下面介绍 6 种大学生创业成功的途径。

一、网上开店

网上开店是一种便捷、实惠的创业模式。网络销售不受时间、空间的限制，网上的店铺也不需要像实体店那样装修，不会产生太多费用，利润会更丰厚。因此，网上开店成为许多大学生创业的首选。需要特别提醒大学生的是：网上开店，诚信尤重。

📄 阅读材料

网上开店是梦想的开始

　　网络购物为年轻人提供了不错的创业机会。琳达与本就是网上开店的受益者，他们是一对大学生情侣，没有任何创业经验。由于在网上开店没有太大的费用负担，于是琳达与本最终决定在网上开店。他们的网店名为"琳达与本的生活馆"。

　　由于有比较好的货源及比较适合的主营项目，再加上他们的不懈努力，店铺已经经营了9个多月，并且收益稳步提升。

　　虽然店铺的生意越做越好，但琳达与本认为，作为大学生，最重要的还是学习。他们说："我们的路还很长，在网上开店只是梦想的起点，作为有梦想的大学生，我们可以在这里积累经验，为今后实现梦想打下基础。在网上开店的过程中，我们体会到了创业的艰辛，也感受到了收获的幸福。"

二、凭专业创业

　　创业来不得半点盲目和草率，特别是对经验和财力有限的大学生来讲，更需要慎之又慎。一些大学生创业成功的主要原因在于选择的创业项目和自己的专业相关，他们可以发挥自己的特长。

　　① 在选择创业项目时，大学生应从自己比较熟悉的行业入手。在创业初期，不能盲目地搞多元化，而要突出企业的专业性。

　　② 大学生在学习知识的过程中，不要忽视社会实践经验的积累，要围绕自己的职业生涯规划，使知识系统化，为创业打下坚实的基础。

📄 阅读材料

凭借专业知识成功创业

　　江化磊是某科技大学物理系的大学生，在读书期间就意识到汽车蓄电池产业在我国将会有十分广阔的市场。

　　江化磊从大二起就开始着手研究汽车蓄电池。在课余时间里，江化磊不是在图书馆查阅资料，就是在宿舍里摆弄蓄电池。凭借对蓄电池研究的兴趣和对技术致富的渴望，江化磊毅然决然走上了这条艰苦的技术创业之路。

　　功夫不负有心人，经过持之以恒的努力，江化磊研发的节能汽车蓄电池获得了国家专利，得到多家汽车蓄电池生产厂家的青睐。江化磊也顺利地和上海的一家公司签订了以科技专利入股的合约，成为一名大学生股东。

　　专业是大学生就业的关键竞争力，也是大学生创业的优势。尤其是一些理工科专业和艺术类专业的大学生，若是拥有专业发明，更容易走上创业道路。案例中的江化磊便充分发挥了自身的专业优势，实现了创新梦想。

三、到农村创业

一些大学生在创业时选择到农村从事养殖业、种植业，经营特色农场旅游……广大的农村具有很大的发展潜力，是未来的创业基地。只要大学生肯动脑筋，并结合当地的特色，便可找到一些适合农村发展的项目。

阅读材料

"养鸡专业户"马俊的创业故事

马俊的父母是地地道道的农民，他们好不容易让马俊完成了大学学业，然而他们怎么也没想到，大学毕业的马俊却毅然决定回家养鸡。

从养鸡的第一天起，马俊就提出"轻松养鸡、快乐养鸡、养快乐鸡"的理念，而他也实现了这一梦想。经过马俊的努力，在他的养鸡场，一个人可以轻松地饲养 4 000 多只鸡。

马俊为自己养的鸡注册了商标：易兰质。"易"指容易饲养，"兰"即像兰花那样的优良品质，"质"指质量战胜一切困难。为了将"易兰质"轻松养鸡法传授给养鸡户，马俊创立了"易兰质"鸡业合作社，以连锁养鸡场的模式延续他的快乐养鸡法。有一位远在青海的养鸡户，不远千里来到马俊的养鸡场"取经"。看了马俊设计的科学饲养方案后，他激动地告诉马俊："我养了 1 000 多只鸡，每天要工作 8 个多小时，而且鸡还长得慢，成本高，按照你的方案，每天工作不超过 3 个小时……"这位养鸡户回家不久就开始扩建养鸡场了。马俊养鸡的成功经验使当地农民看到了科技与创新的威力，意识到要高速发展农业就要靠科学技术。

农村是片广阔的天地，除了养鸡，大学生还可以考虑在果树种植、农产品加工、农村文化产业等领域创业。大学生应该担负起应有的社会责任，将自己的梦想与祖国的发展结合起来，自发帮助广大农民致富。到农村创业既可以解决自己的就业问题，又可以带动农村经济发展，是双赢之举。

四、连锁店创业

事实证明，大学生如果能够准确地把握市场需要，巧妙地选择自己的业务范围以迎合特定消费者的需求，开店也是一种简单易行的创业途径。而连锁店创业就是坚持以消费者为中心，通过统一商品、统一价格、统一服务、广泛布点，及时地、最大限度地满足消费者所需的经营方式。

阅读材料

开创"风火轮滑"连锁店

欧阳酷爱轮滑运动。进入大学后，他发现很多同学也有同样的爱好，于是萌生了开创品牌轮滑店的想法，并进行了一定的市场调查，确定了创业方案。通过向朋友借款，再加上自己的存款,欧阳筹集了8万元资金,创办了自己的品牌轮滑专卖店——"风火轮滑",主要经营成人轮滑装备,进行轮滑技术培训与咨询,并承接各类有关轮滑的商业表演。

为了提升品牌的知名度,推广轮滑运动,欧阳频繁地在各大高校演出,结交志同道合的朋友,吸引更多热爱轮滑的人。

经过2年的摸索,"风火轮滑"已经初具规模,拥有3家连锁店,会员已有500余名,成为当地轮滑协会的合作伙伴。欧阳一边继续经营"风火轮滑",另一边也开始考虑经营其他体育运动装备。

欧阳的"风火轮滑"连锁店取得了成功,不仅在于他有精湛的轮滑技艺,而且在于他善于发现潜在的商业机会,并努力开拓市场。

五、校园内创业

大学生是一个庞大的消费群体,大学校园里时时处处潜藏着商机,这给大学生在校园内创业提供了良好的机遇。大学生在校期间应注意培养自己的创业意识,提高经商敏感性,为成功创业奠定良好的基础。

🗐 阅读材料

在校大学生走上创业之路

陈峰伟,某大学大二的学生,他个人投入和融资共100万元,在某市的大学城内建了一个100平方米的IT大卖场。卖场主要由大学生自己投资、自己策划,所有的工作人员也都是大学生。

从进入大学起,陈峰伟就一直在开拓自己的创业之路。在新生军训时,学校只发了衣服,没有配鞋,于是他立即从外面购进军训专用鞋向新生推销。暑假期间,陈峰伟先到某建设集团实习,回到老家之后又尝试做一些高校的招生代理。正是在校内推销的过程中,他发现了巨大的商机:"该市的大学城有12万名大学生,却没有一个专业销售数码产品的卖场。而该地区数码产品市场的年销售额达3.6亿元,仅手机一天就有300部的需求。"陈峰伟称这一结论来自他组织的3次市场调研。于是,陈峰伟决定开发这个大卖场。

陈峰伟之所以创业成功,两大因素起了关键性的作用:第一,陈峰伟善于捕捉校园内隐藏的商机,并不断积累创业经验;第二,陈峰伟做了详细的市场调研,发现了市场需求。

六、新商机创业

经验不足,社会关系浅薄,抗风险能力弱,这些都是大学生创业的弱势,大学生在创业之前应对这些弱势有清醒的认识。这些弱势使大学生如果选择一个比较成熟的传统市场创业,可能无力与其他同行竞争。而在一些新兴的市场，大家都处于同一起跑线，大学生可能因为没有传统经验主义的束缚，反而能够出奇制胜。

新商机又从何而来呢？细致观察和认真思考是必不可少的。只有通过对现有商品或服务的不足之处及消费者的个性需求等进行思考研究，才有可能发现新商机。大学生头脑灵敏，敢于创新，如果把这种优势充分运用到创业实践上，就有可能另辟蹊径。

第二节　创业失败的教训

大学生自主创业是一项利国、利民、利己的事情。大学生勇敢冲破传统就业观的束缚，主动开创属于自己的事业和天地，这种勇气和精神是值得提倡的。但是，目前大学生创业的成功率只有2%～3%，远低于一般企业的创业成功率。

那么，大学生应如何规避创业失败呢？下面总结了一些大学生创业失败的教训。

一、大学生创业失败的主要原因

造成大学生创业失败的原因大致有以下 10 种。

1. 能力不足

从零开始创办一个新企业要求大学生必须是一个能干的多面手，没有足够的能力很难办好企业。

2. 缺乏产品定位策略

在没有对消费者进行准确定位，没有对消费者的需求进行调研之前，就贸然推出新产品或服务，通常会导致失败。

3. 对市场规模了解不透彻

大学生在创业之前必须研究目标市场，了解企业的竞争对手，对市场的规模和前景做出实事求是的估计。如果对市场规模了解不透彻，就很容易导致失败。

4. 起步成本过高

大学生创立新企业必须勤俭节约、精打细算，尽量压缩不必要的开支，努力降低成本，不要把宝贵的起步资金投在装修、购置固定设施、设置重叠机构上。非生产经营性的成本过高必然会削弱企业的竞争力。

5. 选址不当

选择在何处营业或开店及房屋租金的高低对新企业来说都是非常重要的问题。选择店址既要考虑租金高低，又要考虑客流量的大小。如果没有消费者，那么即使租金再低也没有意义。大学生在选址前要认真进行市场调研，反复进行分析比较，确定合适的经营场所。

6. 缺乏流动资金

导致企业缺乏流动资金的原因有很多，所以大学生在制订创业计划时要对资金的需求有正确的估计，在资金的分配上要留有充分的余地。

7. 准备不充分

创立新企业不是一件容易的事情，开业前必须完成大量的准备工作，比如进行市场调研、制订创业计划、选择场所、装修店面、添置设备、招聘人员等。大学生不能低估起步阶段所需的时间，一定要合理计划。在某种意义上，时间的准备比金钱的准备更重要。

阅读材料

仓促创业终致失败

孙威早就想摆脱打工者的身份自己创业，但是由于找不到好的创业项目，他始终没有开始创业。一天，孙威在与一位亲戚的谈话中得知，当前生产塑料袋非常赚钱，而且那位亲戚经营塑料生意确实赚了很多钱。于是孙威抛开了创业应有的谨慎，没有做任何市场调查和前期准备，就投入了 4 万元资金，在当地办起了一家小型的塑料编织袋加工厂。

由于在前期没有充分了解该行业，在创业之初，孙威就犯了一个错误。孙威仓促地选择了一个很小的场地作为加工厂，在后续生产中发现没有空余的场地堆放大量的原材料，导致厂里的生产经常停工。同时，孙威在该场地上已经投入了不少资金，也没有足够的资金再去寻找其他场地了。

仓促创业，使困难接踵而至。除了场地问题，销路问题也让孙威烦恼不已。他本来以为亲戚能在销售上帮忙，可是孙威生产的是塑料编织袋，和亲戚的塑料袋销路不一样，亲戚根本不能提供任何帮助。他这才发现，凭自己的能力并不能顺利销售产品。孙威的创业很快走进了死胡同，这让他认识到仓促创业是无法成功的。

8. 选人不当

人才是企业经营的关键。企业的正常运作是团队协作的结果，一个优秀的企业需要有科学的组织结构和管理安排。因此，选人不当也会造成大学生创业失败。

9. 盲目扩张

"企业越大越好、发展越快越好"，这种观念是错误的。发展需要一定的条件，不切实际地盲目扩张，只能是揠苗助长，欲速而不达。

10. 急功近利

进行创业的大学生必然希望尽快实现盈利，但是有个别人致富心切，欺骗消费者，甚至生产、销售假冒伪劣产品，结果信誉尽失，导致失败。

二、大学生创业失败案例分析

大学生如果能从他人的失败中吸取教训，就可以避免一些不必要的创业风险，从失败中得到启迪，使创业的步子走得更稳。

1. 非法经营

企业的经营行为，主要指经营者从事某项能够为自己带来利益的活动。按照法律规定，非法经营罪一般指违反国家规定，未取得经营方面的行政许可，而从事扰乱市场经营秩序的行为，包括非法经营烟草，非法经营食盐，非法经营证券、期货、保险，非法出版等。大学生在选择创业项目时一定要注意是否合法。

阅读材料

创业首先要合法

姜杰曾是某大学公共关系学专业的学生。大四的时候，姜杰找到计算机专业的4个同学商量成立公司。经过3个多月的努力，一个注册资金为10万元的科技公司诞生了，姜杰为法定代表人。团队信心十足，准备在IT界大展拳脚。

然而公司步入正轨不久，资金运转就出现了问题。结果他们迷失了方向，选择在互联网上传播非法电影资源获取暴利，触犯法律，最终姜杰被判处有期徒刑1年6个月，并处以罚款，公司也倒闭了。

任何一名大学生创业者，都应该首先做一个守法者，然后努力成为一个经商者，最后才可能成为一个成功者。作为大学生，不要被一时的利益冲昏头脑，妄想通过非法的途径获取暴利，这是不可取的。只有合法经营才能被社会容纳，才能受到社会的支持和法律的保护。

提醒

大学生在经营过程中，应该注意自己经营的内容，特别是要注意在企业经营的某些特殊项目上，是否有行政许可。对于超出自己经营范围的内容，要多向有关部门咨询请示，多做相关调查。

2. 经验不足

大学生在创业前要考虑清楚自己的优势在哪里，熟悉哪一行。同时，大学生应尽量从小事做起，多积累经验，做到厚积薄发。创业之初，不要急功近利，不要过早地追求盈利，不要做损害长远利益的事情。

虽然大学生创业面临经验不足的问题，但是大学生可以通过自身的努力，并利用社会和学校提供的资源尽量弥补，从而提高创业成功率。

3. 受不了挫折

大学生在创业过程中遇到挫折是常有的事情，大学生必须提高抗挫折的能力。在创业的路上虽然充满荆棘，但只要大学生保持自信乐观，创业团队齐心协力、同舟共济，把困难当作磨炼，大学生就能走向成功。

正确对待挫折

蒋某和方某是大学同学，蒋某学的是法学专业，方某学的是电子信息专业。两人双双进入某国际旅行社兼职。两人共同负责大学生旅游市场的开发和经营。这段兼职经历对蒋某和方某影响很大：一是扩大了他们的交际网，使他们初步积累了社会经验；二是旅行社内部浓厚的团队精神及创业激情深深地打动了他们。从那时起，创业的种子就悄悄在这两个青年的心中萌发了。

当蒋某把创业的想法告诉方某时，二人一拍即合，随即决定创办一家广告策划公司。公司成立伊始，两人对公司未来充满信心。但是，热情并不能消除困难。虽然得到社会各界的帮助和支持，但由于缺乏成熟的企业管理能力和开拓市场的经验，角色的突然转变使他们难以适应，各种挫折应接不暇，使他们逐渐丧失了信心。后来，公司接到的 10 多笔订单一笔也没有完成。终于另外两个重要股东也动摇了，他们相继向蒋某提出了退股的要求。3 个月之后，公司面临解体，蒋某和方某只好从租来的办公场所里悄然撤离。

4. 创业计划不详

如果创业计划不详细，大学生在创业的过程中很难预测企业是否能达到预期目标，是否能保持可持续发展，不利于企业的成长。

创业计划不容忽视

孙兵是某大学的大四学生，通过在求职过程中与多家企业接触，他了解到企业存在着一些招聘应届毕业生的烦恼。因为缺乏对大学生的了解，企业仅通过一次招聘会或一次简单的面试就签订用人协议，事后却发现招聘来的大学生并不适合这份工作，为此浪费了人力、物力。于是，他萌生出一个想法——办一个不同寻常的求职网站，为企业和大学生搭建起一个长期稳定的接触平台。大学生和企业只要注册登录，双方就可以通过这个平台相互了解，企业甚至可以跟踪大学生在校期间的表现，在大学生毕业时决定是否予以录用。

在市政府举行的全市落实创业政策恳谈会上，孙兵提出自己想建立一个大学生求职网站的想法，当即得到不少企业的赞赏和支持。可是接下来，这个充满创业激情的小伙子却迟迟不能完善《创业计划书》，这让原本准备投资的企业对他丧失了信心。最终孙兵的创业计划以失败告终。

5．选错行业

大学生创业可以选择自己熟悉的行业，也可以选择新兴的行业，但都应当先对该行业进行深入的调研，并学习该行业的相关政策、法规等。一旦入错行，加之知识储备不全，大学生的创业很容易失败。

📥 阅读材料

入错行的小杨

小杨是在读的大四学生，读的是电子商务专业。小杨了解到针对大学生群体的城际包车业务前景不错，便决定毕业后与几个想创业的同学合作创立"大学生客运包车"公司，并选择了一条热门线路。小杨和同伴在当地的十几所高校进行宣传，有 500 多名大学生表示愿意乘坐他们组织的包车出行。

但小杨并未对客运车租赁的相关法律做深入的学习，完全委托给他人负责，最终引发了法律纠纷，使公司承担了巨额赔款，创业的梦想只得暂告中断。

虽然大学生租车出行的市场值得开发，但小杨作为电子商务专业的学生，选择自己不熟悉的行业进行创业，就增加了一定的风险。大学生如果决定在某个行业进行创业，大量学习该行业的知识是非常有必要的。而且在创业过程中，一些重要的环节一定要由专业人员负责，否则一旦出现问题，将很难得到圆满解决。

6．急功近利

企业成长如同人的成长一样，是一个从量变到质变的过程。在创业过程中，当企业效益逐渐凸显后，大学生不能一味地扩大企业规模，而应关注并妥善处理资金预算、市场预测，以及材料、人员相关要素的协调等管理问题。如果没做好充分的准备，高速的增长只会给企业带来巨大风险。

📥 阅读材料

一位急于求成创业者的败局

小柯是某大学工商管理专业的毕业生。他一毕业便接过父亲名下的家用电器公司。由于公司前期的运作和管理已经比较成熟，小柯上任之后并没有太大的压力。他渐渐不满足于公司已有的规模和效益，一心想要大干一场，这种心态使他忘记了要评估企业抵抗风险的能力。

通过一番调研，小柯决定扩大公司在电磁炉上的生产规模。小柯对这个电磁炉项目充满自信，认为这个项目一定能给公司带来不菲的收益，于是小柯千方百计地筹集资金。就在这时，一名技术员劝告他说："经理，你应该将新生产线的开工时间推迟 2 个月，这样我们就能安装调试好更先进的设备生产电磁炉，比现有的设备生产的产品质量要好，相信产品也会卖得更好。"

　　小柯听了却很不高兴地说："推迟开工 2 个月，那意味着我们将白白丢掉上百万元的利润。"于是小柯命令马上开工，连上两条生产线。企业的负债随着他的盲目投资迅速扩大，小柯却毫不在乎。在他看来，等企业正常运转起来，什么债都可以还清。但是，新生产线开工没几个月，就因为配套技术陈旧、产品科技含量低而使产品大量滞销，公司也面临倒闭。

　　创业者在初涉投资时，易受眼前利益驱动，而忽视长远利益，采取急功近利的短期行为。这样做虽然能够使企业一时获利，却会使企业丧失长远发展的后劲。投资是一项系统工程，大学生要克服急功近利的思想。

自我测评

　　1. 阅读以下材料，分析焦阳阳创业成功的原因，并谈谈他的创业故事对你的启示。

放弃高薪职业的大学生农场主

　　机械专业的焦阳阳大学毕业后进入一家大型企业工作，但每天朝九晚五的工作与平淡无奇的生活让焦阳阳渐渐感到迷茫。

　　对现有的工作、生活状态失去热情的时候，焦阳阳想到了回家乡创业。他回忆起在比利时出差时看到很多的家庭农场，人们用自动化程度很高的机械设备运作。农场主依靠技术过得轻松又快乐，这与家乡人的劳作情形相比，有着天壤之别。焦阳阳的梦想是开办一家比利时式的农场。

　　焦阳阳回家创业得到了所在乡镇的大力支持。他和一位农学专业毕业的同学共同参股，一起谋划生产，投入资金 30 多万元，添置了先进的机械设备，组建了种植专业合作社，还聘用了当地 20 多名农民前来打工。

　　创业之路从来不是一帆风顺的。第一道难题是农田病虫害的防治。沿用传统的治虫方法，效率低下，且人工喷药并不安全。焦阳阳运用自己所学的专业知识对无人机喷药控制系统进行升级改造，优化了农药喷洒系统，喷药时间大大缩短，3 个人只需要一天半的时间就能完成施药。不仅如此，与人工在田间来回走动喷药防治的方式相比，这样还不会伤害庄稼。焦阳阳还经常回母校，向农学专业的教授请教关于农业种植和农业机械方面的技术知识。

2019 年，焦阳阳与广州一家科技有限公司深度合作，通过代理的形式对外销售、租赁植保无人机，同时提供飞防植保服务和培训服务，让更多的农户享受到智能植保无人机精准喷洒和高效作业带来的实惠。与此同时，焦阳阳在当地县农委的支持下，拓展"互联网＋农业"创新发展模式，投入 30 万元注册成立了一家电子商务有限公司，在网上销售粮食。公司全年的销售额高达 130 万元，年利润达 30 万元左右，并吸纳当地 40 人就业。

如今，焦阳阳的创业已经走上正轨。在提高产量的同时，他正在筹划提高粮食质量，种植黑色大米、优质香米，从事粮食加工，由卖稻谷变成卖优质生态米。焦阳阳还申请注册了农业植保专业合作社，利用智能植保无人机为全国各地的农民提供防病治虫服务，将更多的种田人从繁重的劳作中解放出来。

2. 阅读以下材料，分析孟炎具有哪些不适合创业的缺点，以及他创业失败的原因。谈谈你从孟炎这次失败的创业中学到了什么。

短暂的创业经历

孟炎毕业后在一家销售轴承的公司工作了一年。因为长期与客户打交道，孟炎认为自己的业务水平已大幅度提高，从而渴望创业。一个偶然的机会，他得知同学小谢的家中有人做过机械轴承的销售，而且收入颇丰，小谢又称自己有过相关的工作经历，有一些老客户可以联系。于是孟炎心动了，很快就开始规划起创业的具体细节，他一直觉得自己的创业目的很明确：一是给将来打基础；二是提高收入。可是对公司具体如何运作，目前的市场前景如何，这个行业的特点是什么，以及具体产品的性能如何等问题，孟炎仍是外行。

孟炎在一座小写字楼里租了一间 70 多平方米的办公室，每月租金 5 000 多元，加上日常开支、电话费等，月支出在 1 万元左右（原本没必要租这么贵的办公室，但孟炎觉得搞轴承销售，公司的办公面积、装修都要体现一定的实力）。孟炎和小谢共借来了 8 万元作为启动资金。为了节省房租，孟炎和小谢都搬到了公司住。白天，他们与请来的两名员工一起打印各种资料，晚上就将这些资料装入信封发给各个企业。可是上万封信发出去后，如石沉大海，他们没有等来一个业务咨询电话，却等来了邮局退回的信件。

4 个月后，他们开始到各个机械设备展览会现场、轴承展览会现场，向往来的客商递送资料。最终他们收集了几百张中间商的名片。借着展会的后续效应，每天都有十几个客户打电话或上门谈业务。可是 1 个多月后，孟炎察觉有些不对劲："每天都有客户来咨询，要求提供样品或报价，但他们拿了资料和报价后就再没了回音"。孟炎着急起来，专门找了一些业内的人士请教，并分析原因，最后才知道机械轴承这个行业相对成熟，厂商和供应商之间的关系都较稳定，因此，产品质量好、价格低未必能争取到客户。

孟炎决定主动上门与客户洽谈，以增进与客户的沟通，于是动员了所有的同学、朋友、家人，帮他寻找相关企业的熟人。然而，隔行如隔山，没有一个人能帮上忙。孟炎感觉自己像陷入了一个旋涡。之后，孟炎决定再招几个业务员，并且草拟了一份销售计划。然而两个多月过去了，公司仍然没有生意，孟炎心急火燎。又过了很久，公司总算有了第一笔订单，合同金额为 7 万多元，孟炎将自己的利润降到了最低，一单生意下来只赚了 4 000 多元。接着，公司又陆续签了几笔业务，但也都是小单子。

几次生意后，孟炎创下了不错的口碑，上门的客户越来越多，虽然都是很小的订单，但是所得的利润也够公司维持每月的开支。孟炎再次看到了希望，但是，这并不能掩盖公司组织不健全、构架不合理、员工工作秩序混乱的问题，以及孟炎作为一名创业者在管理方面的欠缺。很快麻烦来了，业务员之间为了争客户明争暗斗。孟炎起初以为这是业务员竞争过程中的必然现象，并未加以重视，没想到事态逐渐恶化。一个业务员为了抢到订单，竟然与厂家做起了私下交易。可是当供货出现问题时，业务员早已走人，厂家找到孟炎要求赔偿。为了保护公司的声誉，孟炎做出了一定的赔偿，几个月的利润就这样被赔光了。更严重的是，客户逐渐对孟炎的公司产生疑虑，很快，公司的业务再次陷入僵局。

小谢终于绝望地提出退出，并且带走了仅有的几个客户。孟炎彻底陷入绝境，不得不停止短暂的创业。

第十章 中国"互联网+"大学生创新创业大赛

"互联网+"将互联网的创新成果与社会经济的各个领域深度融合,改变了人们的认知和行为方式。本章主要介绍中国"互联网+"大学生创新创业大赛,帮助大学生树立互联网时代的创新思维方式,引导大学生采用正确的思维模式来面对在就业与创新创业过程中遇到的问题。

学习目标

◆ 了解中国"互联网+"大学生创新创业大赛。
◆ 了解基于"互联网+"的创新思维。
◆ 了解"互联网+"与大学生创新创业之间的关系。

案例导入

在大学期间,陈浩有幸参加了中国"互联网+"大学生创新创业大赛。当时陈浩就读大三,在导师的带领下和其他3位同学一起参加了大赛。陈浩所在团队的参赛作品在经过校内竞赛后有幸进入了省级选拔赛。在准备省级选拔赛期间,团队成员分工合作,有的负责完善策划案,有的负责技术咨询,有的负责演讲,各司其职。可惜在经过选拔赛组织委员会的层层筛选后,陈浩所在团队的项目还是因为创新不足、可行性差而遗憾出局。虽然此次的参赛成绩不是很理想,但对陈浩了解创业、理解电商仍大有益处。同时,参加比赛也使陈浩的综合能力得到了锻炼,综合素质有所提升。更重要的是,此次经历对陈浩毕业后的自主创业也产生了重要影响。

第一节　什么是"互联网+"

"互联网+"是互联网思维的实践成果，它代表一种新的经济形态。简单来说，"互联网+"就是"互联网+各传统行业"，但这并不是简单地两两相加，而是在各传统行业中充分发挥互联网在生产要素配置中的优化和集成作用，提升实体经济的创新力和生产力，形成更广泛的以互联网为基础设施和实现工具的经济发展新形态。

当前，"互联网+"已经影响了多个行业，比如，互联网金融、在线影视、在线旅游等行业都是在"互联网+"作用下产生的。

第二节　中国"互联网+"大学生创新创业大赛介绍

中国"互联网+"大学生创新创业大赛首次举办于2014年。第一届到第五届大赛累计有947万名大学生、228万个团队参赛，其中，第五届的参赛人数和参赛团队接近前4届的总和。目前，大赛已经成为覆盖全国所有高校、面向全体高校学生、影响巨大的高校赛事活动之一。下面以第五届中国"互联网+"大学生创新创业大赛为例，对大赛的相关信息进行介绍。

一、大赛简介

第五届中国"互联网+"大学生创新创业大赛于2019年3月至10月举办，以"敢为人先放飞青春梦，勇立潮头建功新时代"为主题，由教育部与有关部委主办，杭州市政府和浙江大学承办。本届大赛有来自全球5大洲124个国家和地区、4 093所学校的457万名大学生、109万个团队报名参赛。其中，国际赛道有来自120个国家和地区、1 153所学校的6 000多名大学生参赛，使大赛成为一场"百国千校"的世界大学生创新创业盛会。

大赛旨在深入贯彻落实全国教育大会精神，加快培养创新创业人才，持续激发大学生创新创业热情，展示创新创业教育成果，搭建大学生创新创业项目与社会资源对接平台。

1. 大赛特色

本届大赛具有以下5点特色。

① 更全面。做强高教版块、做优职教版块、做大国际版块、探索萌芽版块，探索形成各学段有机衔接的创新创业教育链条，实现区域、学校、学生类型全覆盖。

② 更国际。拓展国际赛道，深化国际交流合作，深度融入全球创新创业浪潮。

③ 更中国。以大赛为载体，推出创新创业教育的中国经验、中国模式，提升我国高等教育的影响力、感召力、塑造力。

④ 更教育。促进创新创业教育与思想政治教育、专业教育、体育、美育、劳动教育紧密结合，构建德智体美劳"五育平台"，深入开展"青年红色筑梦之旅"活动。

⑤ 更创新。广泛开展大学生和中学生创新活动，助推科研成果转化应用，服务国家创新发展。

2．大赛目的

本届大赛的举办目的主要体现在以下 3 个方面。

（1）培养创新创业生力军

以赛促学，培养创新创业生力军。大赛旨在激发学生的创造力，培养造就"大众创业、万众创新"生力军；鼓励广大青年扎根中国大地了解国情民情，在创新创业中增长智慧才干，在艰苦奋斗中锤炼意志品质，把激昂的青春梦融入伟大的中国梦，努力成长为德才兼备的有为人才。

（2）探索素质教育新途径

以赛促教，探索素质教育新途径。把大赛作为深化创新创业教育改革的重要抓手，引导各地、各高校主动服务国家战略和区域发展，开展课程体系、教学方法、教师能力、管理制度等方面的综合改革。以大赛为牵引，带动职业教育、基础教育深化教学改革，全面推进素质教育，切实提高学生的创新精神、创业意识和创新创业能力。

（3）搭建成果转化新平台

以赛促创，搭建成果转化新平台。推动赛事成果转化和产学研用的紧密结合，促进"互联网＋"新业态形成，服务经济高质量发展。以创新引领创业、以创业带动就业，努力形成高校毕业生更高质量创业就业的新局面。

3．大赛安排

本届大赛举办"1+6"系列活动。其中，"1"是主体赛事，包括高教主赛道、"青年红色筑梦之旅"赛道、职教赛道、国际赛道和萌芽版块；"6"是 6 项同期活动，包括"青年红色筑梦之旅"活动、大学生创客秀（大学生创新创业成果展）、大赛优秀项目对接巡展、对话2049 未来科技系列活动、浙商文化体验活动、联合国教科文组织创业教育国际会议。

（1）比赛赛制

大赛采用校级初赛、省级复赛、全国总决赛 3 级赛制（不含萌芽版块）。其中，校级初赛由各院校负责组织；省级复赛由各地负责组织；全国总决赛由各地按照大赛组委会确定的配额择优遴选推荐项目，大赛组委会综合考虑各地报名团队数、参赛院校数和创新创业教育工作情况等因素分配全国总决赛的名额。

全国共产生 1 200 个项目入围全国总决赛（港澳台地区参赛名额单列），其中，高教主赛道600 个、"青年红色筑梦之旅"赛道200 个、职教赛道200 个、萌芽版块200 个。另外，国际赛道产生 60 个项目进入全国总决赛现场比赛。

> 💡 **提醒**
>
> 　　高教主赛道中每所高校入选全国总决赛项目的总数不超过 4 个，"青年红色筑梦之旅"赛道、职教赛道、国际赛道（国内外双学籍类）、萌芽版块每所院校入选全国总决赛项目数各不超过 2 个。

（2）赛程安排

本届大赛赛程分为参赛报名、初赛复赛和全国总决赛3个阶段。各阶段的时间安排和要求如下。

① 参赛报名（2019年4～5月）

参赛团队通过登录"全国大学生创业服务网"或微信公众号（名称为"中国'互联网＋'大学生创新创业大赛"）进行报名。

② 初赛复赛（2019年6～8月）

各地各院校登录"全国大学生创业服务网"中的"省级、校级管理用户登录"界面进行大赛管理和信息查看。省级管理用户使用大赛组委会统一分配的账号进行登录，校级账号由各省级管理用户进行管理。

初赛复赛的比赛环节、评审方式等由各院校、各地自行决定。

③ 全国总决赛（2019年10月中下旬）

大赛专家委员会对入围全国总决赛的项目进行网上评审，择优选拔项目进行现场比赛，决出金奖、银奖、铜奖。

大赛组委会通过"全国大学生创业服务网"为参赛团队提供项目展示、创业指导、投资对接等服务。各项目团队可以登录"全国大学生创业服务网"查看相关信息。各地可以利用网站提供的资源，为参赛团队做好服务。

二、参赛要求

参赛项目的具体要求如下。

① 参赛项目要求能够将移动互联网、云计算、大数据、人工智能、物联网等新一代信息技术与经济社会各领域紧密结合，培育新产品、新服务、新业态、新模式。发挥互联网在促进产业升级以及信息化和工业化深度融合中的作用，促进制造业、农业、能源、环保等产业转型升级；发挥互联网在社会服务中的作用，创新网络化服务模式，促进互联网与教育、医疗、交通、金融、消费生活等深度融合。参赛项目的主要类型如下。

A. "互联网＋"制造业，包括智能硬件、先进制造、工业自动化、生物医药、节能环保、新材料、军工等。

B. "互联网＋"现代农业，包括农林牧渔等。

C. "互联网＋"信息技术服务，包括工具软件、社交网络、媒体门户、企业服务等。

D. "互联网＋"商务服务，包括电子商务、消费生活、金融、房产家居、高效物流等。

E. "互联网＋"公共服务，包括教育培训、医疗健康、交通、人力资源服务等。

F. "互联网＋"文化创意服务，包括广播影视、设计服务、文化艺术、旅游休闲、艺术品交易、广告会展、动漫娱乐等。

② 参赛项目须真实、健康、合法，无任何不良信息，项目立意应弘扬正能量，践行社会主义核心价值观。

③ 参赛项目不得侵犯他人知识产权，所涉及的发明创造、专利技术、资源等必须拥有清晰合法的知识产权或物权，抄袭、盗用、提供虚假材料或违反相关法律法规一经发现即刻丧失参赛相关权利并自负一切法律责任。

第十章 中国"互联网+"大学生创新创业大赛 201

④ 参赛项目涉及他人知识产权的，报名时需提交完整的具有法律效力的所有人书面授权许可书、专利证书等。已完成工商登记注册的创业项目，报名时需提交营业执照及统一社会信用代码等相关复印件、单位概况、法定代表人情况、股权结构等。

⛱ **提醒**

> 参赛项目可提供当前财务数据、已获投资情况、带动就业情况等相关证明材料。已获投资（或收入）1 000万元以上的参赛项目，应在全国总决赛时提供相应佐证材料。

⑤ 参赛项目根据各赛道（包括高教主赛道、"青年红色筑梦之旅"赛道、职教赛道、国际赛道、萌芽版块）相应的要求，只能选择一个符合要求的赛道参赛。已获往届中国"互联网+"大学生创新创业大赛全国总决赛各赛道金奖和银奖的项目，不可报名参加第五届大赛。

⑥ 各省（区、市）教育厅（教委）、新疆生产建设兵团教育局、各有关学校负责审核参赛对象资格。

三、获奖作品

每一届中国"互联网+"大学生创新创业大赛都有许多优秀的作品。5届大赛获得金奖的作品如表10-1所示。

表10-1 历届大赛金奖作品汇总

参赛时间	获奖项目	学校
首届	"智能视力辅具及智能可穿戴近视防控设备"项目	浙江大学
	"Unicorn无人直升机系统"项目	北京航空航天大学
第二届	"翱翔系列微小卫星"项目	西北工业大学
第三届	"杭州光珀智能科技有限公司"项目	浙江大学
第四届	"中云智车——未来商用无人车行业定义者"项目	北京理工大学
第五届	交叉双旋翼复合推力尾桨无人直升机（高教主赛道）	清华大学

四、参赛指南

下面介绍中国"互联网+"大学生创新创业大赛的报名流程、参赛项目组别及对象、评审内容、提交资料等内容，帮助大学生更好地筹备大赛。

1. 报名流程

搜索进入"全国大学生创业服务网"的首页，单击网页左下角的"报名参赛"，进入"用户登录"界面。在其中填写账号、密码等基本信息，单击"登录"按钮（若未注册账号，则需填写手机号、身份证号、邮箱等，进行注册），在打开的网页中完善个人信息后提交申请。

成功登录账号后，即可通过图10-1所示的界面申报项目参加比赛。具体流程：在"身份选择"页面中单击"立即创建项目"按钮，在打开的页面中完善基本信息和学历认证后，单击"提交申请"

按钮；然后在打开的页面中单击"创建项目"按钮，根据页面提示完成项目的新建操作，包括项目介绍、认证信息、团队成员等；完成后单击"完成创建"按钮，进入"报名参赛"页面，在其中选择参赛赛道、组别、类别等内容后，单击"确认参赛"按钮，完成网上报名。

图 10-1 "请您进行身份选择"页面

> **提醒**
>
> 网上报名必须由学生报名，指导教师不能作为负责人报名，姓名要用汉字，不能用拼音代替。另外，网上报名填写的团队资料要与《创业计划书》中的相关信息一致；网上报名的项目名称要与《创业计划书》中的名称一致。

2. 参赛项目组别及对象

大赛分为创意组、初创组、成长组、就业型创业组 4 种类型。具体参赛条件如下。

① 创意组。参赛项目应具有较好的创意和较为成型的产品原型或服务模式。参赛申报人须为团队负责人，须为普通高等学校在校生（可为本专科生、研究生，不含在职生）。

② 初创组。参赛项目工商登记注册未满 3 年，且获机构或个人股权投资不超过 1 轮次。参赛申报人须为初创企业法人代表，须为普通高等学校在校生（可为本专科生、研究生，不含在职生），或毕业 5 年以内的毕业生。

③ 成长组。参赛项目工商登记注册 3 年以上；或工商登记注册未满 3 年，且获机构或个人股权投资 2 轮次以上。参赛申报人须为企业法人代表，须为普通高等学校在校生（可为本专科生、研究生，不含在职生），或毕业 5 年以内的毕业生。

④ 就业型创业组。参赛项目能有效提升大学生就业数量与就业质量。若参赛项目尚未完成工商登记注册，参赛申报人须为团队负责人，须为普通高等学校在校生（可为本专科生、研究生，不含在职生）。若参赛项目已完成工商登记注册，参赛申报人须为企业法人代表，须为普通高等学校在校生（可为本专科生、研究生，不含在职生），或毕业 5 年以内的毕业生。

3. 评审内容

无论是创意组还是初创、成长组的项目内容的核心，都不应仅仅是一个点子、一项发明或是一个实验室的成果。参赛团队应该从项目的"市场""产品""技术""团队""业绩""未来的发展"这 6 方面进行思考，并进行自查，明确项目的短板。

另外，对于参赛项目的评审规则参赛团队也应该有所了解，这样才能做到有的放矢。针对不同的组别，其评审规则有所差别。下面总结了初创组、成长组项目的评审要点供大学生参考，如表 10-2 所示。

表 10-2　初创组、成长组参赛项目的评审要点

评审要点	评审内容	所占比例
商业性	（1）在经营绩效方面，重点考察项目的存续时间、营业收入、税收上缴、持续盈利能力、市场份额等情况；团队是否结合项目特点制订出合适的市场营销策略，能否带来良性的业务利润、总资产收益、净资产收益、销售收入增长、投资与产出比等。 （2）在成长性方面，重点考察项目目标市场的容量大小及可扩展性，以及该项目是否有合适的计划和可能性来支持其未来 5 年的高速成长。 （3）在商业模式方面，强调项目设计的完整性与可行性，能否给出完整的商业模式描述，以及项目在机会识别与利用、竞争与合作、技术基础、产品或服务设计、资金与人员需求、现行法律法规限制等方面是否具有可行性。 （4）在融资方面，强调融资需求及资金使用规划	40%
团队情况	（1）考察团队各成员的教育和工作背景、价值观念、擅长领域，以及成员的分工和业务互补情况。 （2）考察公司的组织构架、人员配置及领导层成员。 （3）考察创业顾问、主要投资人和持股情况。 （4）考察战略合作企业及其与本项目的关系	30%
创新性	考察项目能否突出原始创意的价值，不鼓励模仿；强调利用互联网技术、方法、思维在销售、研发、生产、物流、管理等方面寻求突破和创新；鼓励项目与高校科技成果转移转化相结合	20%
带动就业情况	考察项目能否增加社会就业份额，发展战略和扩张的策略合理性如何，上下产业链的密切程度和带动效率如何	10%

4. 提交资料

中国"互联网 +"大学生创新创业大赛要求提交的资料有 Word 版和 PPT 版的《创业计划书》，其中，PPT 版的《创业计划书》由于参赛阶段的不同其内容也会有所差别。

在省赛或 600 进 120 的全国总决赛的网评阶段，评委一般是打开 PPT 版的《创业计划书》进行查看，如果对项目有疑惑才会打开 Word 版的《创业计划书》。所以，参赛团队提交的 PPT 版《创业计划书》应做到内容全面，不遗漏信息点，但是篇幅不宜过长。《创业计划书》的结构要清晰，

方便评委可以在短时间内找到想要查看的信息。

在全国总决赛现场，PPT 版《创业计划书》的主要作用是作为配合路演人演说的演示型 PPT，起到演讲大纲的作用，所以项目内容不需要全部罗列在 PPT 中。

第三节　中国"互联网＋"大学生创新创业大赛项目分析

"互联网＋"作为一种全新的经济形态，在"大众创业、万众创新"的政策鼓励下，为大学生创新创业提供了新的机遇。同时，政府对于大学生基于互联网的创业也给予了政策上的扶持，并鼓励大学生积极参与"互联网＋"大学生创新创业大赛。下面对中国"互联网＋"大学生创新创业大赛中的两个获奖项目进行简要介绍，加深大学生对基于"互联网＋"的创新思维和大学生创业的商业模式的理解。

一、"流云 π——标准化托盘循环共享"项目

"流云 π——标准化托盘循环共享"项目（以下简称"流云 π"项目）在第四届山东省"互联网＋"大学生创新创业大赛的"互联网＋"社会服务类别的创意组中获得银奖。该赛事重点关注参赛项目在互联网中所发挥的作用，比如互联网在信息化和工业化深度融合中的作用，互联网与教育、医疗、交通、金融、消费生活等的深度融合等。

"流云 π"项目取得了一定数量和质量的创新成果，该项目通过互联网与高效物流的融合，创造了一个标准化托盘循环共享平台，并设计了一个完整、可行的商业模式，同时还对项目的盈利能力进行了合理推导。下面对该项目的优势、产品与技术、商业模式进行简要分析。

1. 项目优势分析

随着互联网、物联网等技术的迅速发展，平台的建设也更为关键。对创业者而言，这既是一种机遇，又是一种挑战。在竞争如此激烈的情况之下，拥有足够的优势才有可能抓住机遇，打造出一个较为完善的服务平台。而"流云 π"项目的优势主要体现在以下 6 点。

（1）以厂建点——轻资产运营

"流云 π"项目提出"以厂带点——轻资产运营"的新模式，与现有的托盘生产厂商合作，向托盘池内投放标准化托盘，利用其现有厂房建设网点，负责托盘的收发及维修等服务，帮助用户实现异地还板，促进托盘生产商向托盘服务商转型。

（2）集中采购，降低成本

平台根据各托盘生产商的生产要求，统一集中采购进口樟子松，对生产所需的其他原料、设备等也集中采购，降低采购成本；对生产初加工的板材进行标准化要求，将初加工的板材分销到各托盘生产企业，使用统一的标准进行标准化生产，降低生产成本；实现从原料源头把控，将成本降到最低。

（3）托盘标准化一站式服务

托盘生产标准化，从源头抓起，不局限于微观的成品检验，而是从托盘生产的供应链的宏观

角度去把控，各托盘生产商使用标准的木材、标准的钉子、标准的规格等生产标准化托盘，在托盘的租赁共享平台中制定统一的标准价格、标准定损、标准二次售卖，让标准化托盘实现全程标准化。

（4）商业模式灵活

托盘的统一标准和严格的品控，规范了托盘的标准，提高了托盘的质量，当网点对于持有的托盘认为售卖收益大于租赁收益时，可向平台申请，将标准化托盘进行二手托盘售卖，以达到最大收益。

（5）前沿技术支持，打造智能体系

针对标准化托盘的生产、打包、定损、运输等问题，项目团队积极申请1项发明专利、4项实用新型专利和2项软件著作权，为托盘定值、托盘定位、托盘流转、托盘系统做技术支持。此外，项目团队与"临沂大学区块链技术推广应用与孵化中心"积极探索区块链用于本项目的切入点，利用其去中心化明确各个租赁节点，利用以太坊编程智能合约，保障合约正常履行，让整个线上租赁畅通无阻。

（6）资源对接，打通渠道

为使"流云 π"项目真正落地，带来巨大的社会效益，临沂大学专门对接"临沂大学区块链技术推广应用与孵化中心"，探索区块链对本项目的切入点应用，物流学院为该项目提供专业指导和相关资源的对接。"流云 π"项目已与山东鲁杰达成战略合作伙伴关系，并依托其山东省木制品包装协会会长单位和中仓协会员单位等身份，与山东省各地区 180 余家的木制品包装企业达成初步合作意向，共同打造带托运输业务。

分析结论：通过上述项目优势的介绍，不难看出，对"流云 π"这类与互联网相关的技术平台类产品而言，能够让投资人尽快了解产品的优势是非常有必要的。

2. 产品与技术分析

"流云 π"项目主营租赁和售卖托盘业务，并与当地托盘生产商合作开展"以厂建点"模式。团队始终秉持"质量第一，客户至上"的服务理念，对生产质量严格把关，对客户尽心负责。本项目的相关产品与技术分析如下。

（1）标准化托盘

不同型号的托盘具有不同的性能和价格等属性。"流云 π"项目主要经营3种标准化托盘，分别是 GS1（Globe Standard 1）标准化托盘、射频识别（Radio Frequency Identification，RFID）标准化托盘、物联网标准化托盘。3种托盘的相关介绍如下。

① GS1 标准化托盘：为了实现对托盘的精准管理，项目采用标识码来增加托盘编码的附加信息，包括托盘的生产厂商、时间、具体型号等信息，主要以一维条形码为载体制成标牌钉在托盘的侧面。

② RFID 标准化托盘：以 RFID 标签为载体，与 GS1 标准化托盘相比，RFID 标准化托盘使用更加便利，可以整批扫描，节约时间、提高效率。

③ 物联网标准化托盘：通过物联网对连接的设备进行相应的管理以及进行一些基础操作，同时能够对循环共享设备进行监控并收集相关的信息进行数据的反馈和统计。本系统还带有"设备管理""监测反馈"等功能。

（2）托盘性能

"流云 π"项目的托盘在生产过程中实行集中采购，统一规格。进口樟子松并统一使用型号为 Q235 的钢材作为原材料。相关性能主要包括以下 4 点。

① 托盘动载为 2 吨，静载为 4 吨。

② 进口的天然木材优势，强度和刚度高。

③ 含水率低，不吸湿，不变形。

④ 生产商制作工艺要求高，尺寸精度高，有质量保证。

（3）"流云 π"项目平台功能

"流云 π"项目平台主要开展租赁与售卖业务并提供网点异地还板服务，项目平台主要扮演了以下 3 种角色。

① 采购服务组织者

"流云 π"项目平台为实现"托盘标准化"一站式服务，建立规格的标准化。项目在源头就开始实行集中采购，统一进口樟子松并购买型号为 Q235 的钢材为原材料进行生产。

② 运营管理者

A. 租赁：不限定起租时间，不限租赁时长，同时也不限定起租量。不同的托盘价格不同，功能也不相同。但托盘租赁价格都相对便宜，占用资金少，为客户提供便利。

B. 售卖：无论是全新还是流转中的托盘，只要经过检验合格之后便可以进行售卖。厂商的托盘流转 35 次之后必须进行售卖。

C. 异地还板：项目通过全国各地的网点建设提供异地还板服务。与众多托盘供给企业（生产企业、运营企业、维修企业）合作使其成为线下网点，货物随托盘到达目的地，客户可就近选择网点完成异地还板，遂开始投入新一轮的租赁。

③ 资源聚集者

"流云 π"项目平台作为运营管理者的同时也扮演着资源聚集者的角色，运营首先要有资源，因此运营管理者会在初期与生产商合作——以厂建点。生产商能够提供项目需要的标准化托盘以及可以作为项目的网点开展租赁、维修、异地还板业务。"流云 π"在营销推广过程中会吸引越来越多的生产商及物流公司加盟，从而逐步走向全国，将全国的资源聚集在一起，促进标准化托盘的应用，推动商贸物流标准化。

分析结论：通过对"流云 π"项目产品与技术的分析不难看出，"流云 π"项目平台采用的是一个平台扮演多个角色的方式，这也体现了发散思维的实际应用，能够让投资人信服。

3. 商业模式分析

"流云 π"项目团队打破了传统的租赁模式，融合 RFID、GS1、物联网和区块链技术，旨在推行"托盘标准化一站式服务"的完整体系，即把原料、加工、生产、租赁的各个环节采用统一标准进行规范，打造一个集托盘生产商、平台、目标客户、物流企业多方共赢的标准化托盘循环共享平台。下面对"流云 π"项目的商业模式进行简要分析。

"流云 π"项目平台通过采用"以厂建点——轻资产运营"的新模式，与现有的托盘生产厂商合作，向托盘池内投放标准化托盘，利用其现有厂房建设网点，来完成线下的托盘租赁、维修和售卖，作为平台面向承租者的"柜台和窗口"；达成合作后，平台制定标准化托盘的标准，各托盘厂生产所需的原料、设备等，由平台负责集采，各方用统一标准的板材、钉子、设备等生产加工，平台对整个过程进行宏观的标准把控并对成品进行检验。检验合格，符合标准的托盘被投入托盘池内，进行租赁，对于租赁的托盘不限定起租数量，不限定起租时间，省外省内同一个价格，最低至 0.15 元 /（片·天）。只要承租者有需求，提供送托上门服务、异地还板服务。网点对回收地托盘进行定损，并根据损耗程度确定索赔，维修后托盘投入新一轮的租赁，当网点对于持有的托盘认为售卖收益大于租赁收益时，可向平台申请，将标准化托盘进行二手托盘售卖，以达到最大收益。

分析结论：总的来说，"流云 π"项目融合 RFID、GS1、物联网和区块链技术，并最终形成了"托盘标准化一站式服务"的完整体系，这不仅是创新思维在"互联网 +"中的应用，也是项目取得成功的关键。

二、"果鲜行"项目

"果鲜行"项目在第四届山东省"互联网 +"大学生创新创业大赛的高教主赛道中获得铜奖，该赛道重点关注参赛项目的商业性、团队情况、创新性和社会效益 4 个方面的内容。"果鲜行"项目不仅实现了技术突破，而且在产品服务、商业模式、市场营销等方面也做得很到位。下面对"果鲜行"项目的市场、研发创新点、营销策略、竞争优势及商业模式进行简要分析。

1. 市场分析

"果鲜行"项目主要定位于革命老区的果蔬农户，旨在打造果蔬物流企业和果蔬电商。项目在试运行阶段以临沂蒙阴水蜜桃基地为运行点，旨在打造一家延长果蔬新鲜时间，降低运输成本的保鲜公司。

（1）"果鲜行"项目的市场分析

自我国改革开放以来，果蔬产业迅速发展。蔬菜、水果已成为继粮食之后我国种植业中的第二和第三大产业。从 1993 年开始，我国的水果产量跃居世界第一位，2004 年全国蔬菜产量达 54 032 万吨，居世界第一。随着果蔬数量的增加，其损失数量也在急剧上升，在经济方面上折射出来的现象也更为明显。

同时，果蔬生产存在较强的季节性、区域性，其本身具有易腐性，这与消费者对果蔬需求的多样性及淡季调节的迫切性相矛盾，因此，果蔬保鲜工作越来越受到农户的重视。

"果鲜行"项目的产品以低价格、高效、环保等优势与时代大背景实现高度契合，为进入果蔬市场奠定了良好的基础。同时，团队通过保鲜技术的实用性、运营模式的独特性，可有效地降低革命老区的果蔬腐败率，带动沂蒙革命老区经济的发展。

目前国内应用的果蔬保鲜方法主要有物理法和化学法两类。物理法主要是根据果蔬采后生理特征，降低环境温度和果蔬体温，控制 CO_2 和 O_2 的浓度，从而达到抑制果蔬呼吸、延缓其衰老的目的，具体包括冷链运输、辐射处理等方法。采用物理法虽然保鲜的效果较好，但一般需要大型的机械设备，一次性投资大，资金回收期长，能耗费用高，技术要求严格，因此，物理法的应用率较低。化学法指利用化学涂层、熏蒸剂、防腐剂等化学试剂，对果蔬进行涂抹、熏蒸、浸泡等处理，以达到防腐保鲜的目的，此法虽然操作简便、成本低，但存在安全问题，大量使用会使病原菌产生耐药性，且易造成环境污染，对果蔬产生二次污染，有一定的毒害作用。近年来，抗菌肽的应用研究得到越来越多的关注，人们期待能找到可替代抗生素和化学杀菌剂的新型药物或防治方法。现存两种方法的优点和缺点都很明显，这是它们不能统一市场的原因之一。

"果鲜行"项目的产品通过酵母菌培养和基因重组技术进行批量生产，具有低价格、高效率、无毒害的优点，弥补了上述两种方法的缺点，从而使"果鲜行"项目的产品在市场上具有一定的竞争力。

（2）宏观环境分析

表10-3所示为对影响"果鲜行"项目的宏观环境的分析。

表10-3　宏观环境分析

政策（包括法律）方面	经济方面	社会方面	技术方面
政府鼓励大学生创新创业	国民消费水平不断提高	果蔬安全成为人们关注的焦点	基因重组技术、酵母菌发酵技术和蛋白质包裹技术
政府鼓励国民消费，拉动经济发展	果蔬电商软件普及，受到消费者喜爱	选择线上采购新鲜水果的消费者越来越多	物流标准化日益成熟
政府大力倡导种植无污染、无公害的绿色果蔬	物流果蔬保鲜行业发展蓬勃	人们对物质品质的要求提高	冷链物流行业发展迅速

（3）市场预测分析

针对当前沂蒙革命老区对农业相关政策的支持分析，果蔬保鲜市场前景良好。与此同时，随着人们生活水平的提高，果蔬安全问题及果蔬营养价值越来越受到人们的关注，人们对于果蔬防腐保鲜的技术要求也越来越高，不但要求防腐剂安全、无毒、无副作用，而且要求防腐保鲜后的果蔬尽可能好地保持其原有的品质。由于天然防腐剂具有抗菌性强、安全无毒、水溶性好、热稳定性好、作用范围广等其他化学合成防腐剂无法比拟的优点，"果鲜行"项目把目光投向天然防腐剂的开发。在天然防腐剂中，抗菌肽类防腐剂由于其安全无毒害甚至对人体有保健作用而受到人们的广泛关注，而基于抗菌肽型防腐保鲜剂的开发和利用也成为果蔬行业的一个热点。因此，"果鲜行"项目具有良好的市场前景。

分析结论：通过上述对"果鲜行"项目的市场分析可以看出，该项目对市场发展状况的分析让投资人对这个行业有了更深入的了解，然后项目在宏观环境方面对果蔬防腐保鲜技术的发展前景进行分析，最后还进行了市场预测，依据以市场为导向的原则选择"抗菌肽型防腐保鲜剂"技术，预测该项目在未来有巨大的发展空间。

2. 研发创新点分析

此前抗菌肽多是从昆虫身上提取出来的或是化学合成的，规模化生产程度很高。而"果鲜行"项目团队采用了参考发酵原理的抗菌肽生产制造工艺，极大地提高了抗菌肽的生产效率和产量，同时降低了产品的生产成本。此外，不同的果蔬容易受到侵扰的细菌种类也有所不同，"果鲜行"项目可以针对不同的果蔬种类，或是客户的特定需求，对不同种类的抗菌肽进行配比，以达到最优防腐效果。低成本抗菌肽的生产和配比存在较高的技术门槛，这也是"果鲜行"项目的核心竞争优势。

分析结论："果鲜行"项目的核心竞争优势是团队通过求变意识创造出一种采用发酵原理的抗

菌肽生产制造工艺,该项研发不仅增加了产品的竞争优势,而且可以进行专业定制,进而拓宽了产品市场。

3. 营销策略分析

"果鲜行"项目旨在在安全环保的前提下提高果蔬运送效率,降低运输成本。针对果蔬价值的高低,项目采用相对应的更加合理有效的方案。对于低价值的果蔬,"果鲜行"项目直接使用特有果蔬保鲜产品,即广谱抗菌产品;而针对高价值的果蔬,则采用广谱抗菌产品和冷链技术相结合的方式,在保障果蔬的质量、降低坏果率的同时做到公司和客户共同获利。"果鲜行"项目目前的营销方式根据客户群体的不同大致分为以下3类。

①以小型农户、蔬菜药品站点为目标,以产品零售为主。

②以低价值、产量大的果蔬基地、果蔬批发商、电商为主,通过为其进行相应的定制化服务进一步降低腐败率。

③以高价值、对存储运输环境要求高的高端果蔬为目标。通过定制化的产品服务和高端的冷链技术服务对线上线下的果蔬经营企业进行最有效的防腐,使腐败损耗成本降到最低。

"果鲜行"项目的产品以"安全、新鲜、高效、低成本"为原则,解决了我国冷链运输成本高、果蔬损失率高、防腐剂滥用等问题。公司遵循绿色发展战略,依靠沂蒙革命老区的特色物产和发展优势带动农村经济发展,提高农民收入,促进果蔬的进出口贸易。"果鲜行"项目不仅在减少果蔬流通损失、提高果蔬商业价值方面有重要意义,而且在增强国际市场竞争力方面也会做出更大的贡献。

随着科技的发展,果蔬的售卖方式也出现了新变化,在传统的农户与批发商、农户与商超的基础上,又增加了一种农户与电商平台进行合作运输的方式,这种方式促进了果蔬行业的发展。但由于消费者对果蔬质量的要求不断提高,且果蔬冷链运输的成本高昂,致使人们对符合现代行业需要的保鲜防腐方式的需求越来越强烈。针对果蔬客户的种类、规模大小,"果鲜行"项目对果蔬客户有不同的营销模式。据国家有关数据统计,由于我国防腐保鲜行业发展滞后,每年约有价值750亿元的果蔬因滞后买卖而腐烂。随着人们对果蔬质量要求的不断提升,这一数据也将急剧上升,所以保鲜市场前景空前广阔。

"果鲜行"项目的具体销售方式如下。

方式1:普通农户主要以少量产品、短途运输为主,其对成本控制要求较高,对降低腐败率的效果要求较低。所以以低价格且方便推广使用的零售产品为主。短距离果蔬保鲜实现了普通家庭式农户对降低运输成本和腐败率的要求。

方式2:果蔬基地和果蔬电商具有产品数量多、价值低的特点。产品运输以多批次为主,对成本要求中等,保鲜率要求中等。"果鲜行"项目以提供改进后的产品和服务方案为主。

方式3:价值高的果蔬基地和电商具有产品数量多、果蔬价值昂贵等特点。高价值果蔬对保鲜率的要求高,经营者不得不投入较高的运输成本。采用改进后的产品、服务和冷链相结合的方案,可以使运输存储过程摆脱完全依靠传统冷链物流的状态,采用定制化的产品服务,可极大地降低腐败率和运输成本。

分析结论:上述内容是对"果鲜行"项目的营销策略做的详细介绍。项目针对不同的客户确定了不同的销售方式,各种方案有理有据,能够体现出一定的优势和可行性。

4. 竞争优势分析

"果鲜行"项目在果蔬保鲜方面具有安全性高、生产价格低廉、使用环境要求低、效用时间长等优势，适用于市场上果蔬的防腐保鲜问题。

（1）成本低

在成本方面，1克抗菌肽干粉所配成的药物试剂可以为15千克的果蔬进行喷药，而1克抗菌肽干粉的成本仅在0.1元左右，性价比非常高。

（2）降低腐败率

"果鲜行"项目能有效控制果蔬的腐败程度，极大地降低果农的损失，并且"果鲜行"项目的产品具有处理费用低、操作简单、储藏条件容易控制和符合绿色环保要求的优点。

（3）降低物流成本

一般来说，批发市场的果蔬来源都是经过"种植户－产地收购商－本地批发商"这些环节，果蔬产地的收购商从种植户收购果蔬，然后运输到本地果蔬批发市场进行销售。任何果蔬对运输温度都有严格的要求，温度过高会加快果蔬的腐败变质；温度过低果蔬产品容易产生冻害或冷害，所以要防热、防冻。"果鲜行"项目通过对果蔬进行简单的喷洒就能起到延缓果蔬腐败的功效，再结合冷链运输，不需要过低的温度就能起到保鲜的作用，极大地降低了物流运输成本。

分析结论：上述内容对"果鲜行"项目的产品优势做了全面分析，包括成本低、降低腐败率、降低物流成本等，而这些优势也是消费者重点关注的。随着人们生活水平的提高，人们对于生鲜果蔬的需求明显增加，对生鲜果蔬的质量及保鲜效果也有更高的要求，"果鲜行"项目结合冷链运输应用到果蔬流通中很好地解决了人们的这一需求，市场前景巨大。

5. 商业模式分析

（1）价值主张

"果鲜行"项目致力于提供安全、有效的保鲜产品，也可帮助消费者降低运输果蔬的成本。

（2）客户细分

"果鲜行"项目的目标消费者为中小型果蔬农户和果蔬电商（可根据每个地区的水果生产规模来定义）。

（3）渠道通路

"果鲜行"项目通过建立线下实体店为消费者提供产品及服务，并通过与大型果蔬机构开展合作，建立网上线上平台，为客户提供多元的产品购买方式。

（4）收入来源

"果鲜行"项目的收入来源是产品销售收入、合同签订收入、加盟收入和授权合作收入及其他收入。"果鲜行"项目诞生后主要经历两个发展阶段：第一阶段为"推广普识"阶段；第二阶段是增收阶段。

（5）核心资源

"果鲜行"团队目前拥有的核心资源包括基因重组抗菌肽技术和实际运输的相关性分析方案，个性化配方研发制备平台，拥有的品牌、专利和版权及生产设施，团队成员、临沂大学校友的人力资源及政府的政策支持。

（6）成本结构

"果鲜行"项目的成本主要来源于基因重组抗菌肽产品成本、营销费用。"果鲜行"项目的目标是建设成为临沂保鲜行业先进、成熟化的保鲜公司，所以公司实体店的房租和装修费、基础设施购置也是不容忽视的成本。

分析结论：结合前面学习的精益创业画布模式不难看出，"果鲜行"项目团队设计了一个适合自身发展的商业模式，对诸如消费者在哪里、企业如何获取利润、企业在运营环节上具备的成本优势等信息，都进行了具体规划、展示。

自我测评

1. 中国"互联网＋"大学生创新创业大赛主要面向哪些群体？对于参赛资格有哪些具体要求？

2. 通过网络搜索中国"互联网＋"大学生创新创业大赛的其他获奖作品，分析这些作品主要运用了哪些创新思维，以及创业者为什么选择该项目。
